中國文化的展望（下冊）

殷海光 著

五南圖書出版公司 印行

序言

這本書的主題是論列中國近百餘年來的社會文化對西方文化衝擊的反應。以這一論列作基礎，我試行導出中國社會文化今後可走的途徑。

在我作敘述、分析和批評時，總是圍繞著這個主題而展開的。展開的程序是成一個準系統（system-like）的模態。在本書前面所陳示的是這個準系統的所設部分（given part）。從這個所設部分出發，我逐一討論有關中國近百餘年的社會文化的重要問題，再申論中國知識份子今後所可能而且必須努力的道路及指向的歸趨。

人所注意的問題，所思想的內容，所研究的題材，在或多或少的程度以內，常常受到他所在的環境和時代的影響。我之所以注意並且思想以及研究中國近百餘年來的這個重大問題，是下列條件造成的：

第一，不前不後，我可巧生長在這個時代。我親身經歷著中國社會文化的劇變及其刺激。如果一個知識份子的心靈不是已經麻木了的話，那麼他受到這樣非常的刺激，應該而且可能有非常的反應。除此以外，我個人的歷史，和我過去接觸的師友，加上我好思想的習慣，使我無法不關心這樣一序列的空前的基本變動。

第二，近若干年來關於中國文化問題的著作與或論爭也有時闖入我的意識天地。經我閱讀以後，我發覺只有極少數的言論是出於理知的；而極大多數的言論在基調上和中等學校的教材實在沒有不同之處，雖然學問上的鋪陳好像高深一點：都是在感情的浮島上面；都是一時一地的心理迷霧。分析起來，這類言論的基本因素不外下列三種：

1. 受挫折的群體情緒（group feeling），並且是被有意經營和加強了的群體情緒。

2. 傳統跟隨（tradition following）。這類傾向是出於以承繼「道統」和宏揚「歷史精神文化」自任。雖然這個世界早已不是朱熹等人的時代了，甚至也不是倭仁的時代了，但是近年來還有些人士做著那樣的美夢。那樣的美夢夠使他們忘記現實世界，因而夠令他們愉快。

1. 和2. 在實際上殆難分別。1. 從2. 那裡得到「哲學基礎」。2. 從1. 那裡得到掩護以及擴散。

3. 心理方面的違拗作用。有了這種心理作用的人士，有時標榜「全盤西化」。他們見了1. 和2. 就反。這也是缺乏理知的表現。

從這些來源出發的言論，對中國文化很難不落入「擁護」和「打倒」這一風俗習慣之中。當然，立意「調和折衷」也是不擅長講理的技術的人做的事。就我所知，幹調和折衷生涯的人士，一起腳就沒有想把真假對錯弄個一清二楚。他們碰到難題便自動打折扣。這類人士什麼也看不透。他們的生涯也許有調和感情的功能。但是，不幸得很，感情只是原始人的真理，它與現代人的真理毫不相干。幾乎不用說，在研究這類問題的時候，沒有有頭腦的人受流行的意見的影響，沒有有頭腦的人會盲目接受權威的觀念，也沒有有頭腦的人該未自覺地把他的情緒與獨斷的價值作出發點。然而，就我的視線所及，將近一百年來很少作品不是這些泥沼裡的產品。而且，近二十年來，有些人士有意以修築泥沼為職志哩！他們自己泡在泥沼裡取樂還不夠，並且拉人在泥沼裡一齊打滾，弄得大家昏頭昏腦，不知今日是何世！實實在在，我們的心靈需要多一點的成熟。然而，成熟的心靈竟是這麼少！

在這樣的背景下，我獨自出發來尋找出路和答案。當我出發時，我像是我自己曾經涉足過的印緬邊境的那一條河。那一條河，在那無邊際的森林裡蜿蜒地流著。樹木像是遮蔽著它的視線，岩石像是擋住了它的去路。但是，它不懈怠，終於找到了出路，奔赴大海，和百谷之王匯聚在一起。現在，我發現了自己該走的大路。我認為這也是中國知識份子可能走的大路。我現在看到窗外秋的藍天，白雲的舒展，和遙遠的景色。

這本書，算是我為研究並且思想中國近百餘年來社會文化問題的一個簡略的報告。我希望這個報告對追求這個關係重大的問題之解答上可能多少有些幫助。我自知我的能力是很有限的，可是我的願力卻無窮。我的這個工作只能算是一個草創的工作。我願意從我這點草創工作開始，激發出學問和思想上的許多探險家。在這樣一個悶塞的時代和環境，我們多麼需要在學問和思想上打開僵結的人物啊！

一本著作無論是成功或失敗，最低限度，著作人不希望它受到讀者不必要的誤解。根據我多少年來的經驗，除數學或物理科學等類的著作以外，當讀者看到一本書裡的某一個語句時，他往往憑他自己的心理活動作種種揣想。有的時候，他的揣想之野，簡直扯到西伯利亞去了！為什麼數學或物理科學等嚴格的科學著作不容易出現這種隨意揣想的情形，而此外的著作卻容易？至少，這裡有一種結構的理由。例如，我們在演證某一條幾何定理時，這一條定理前面的公理（axiom）是哪一條或哪幾條，該根據什麼以及引用什麼程序，可否推出什麼定理，或什麼緒論（corollary），都有明文條規可以標出—雖然往往也需要心智。然而，自古至今，此外的著作，其中的某一語句的上、下、左、右該是哪些語句，一個概念含蘊什麼概念，或被什麼概念含蘊，都常沒有明文規定。這樣一來，不同的讀者可以從不同的知識基線，不同的價值觀念，甚至不同的情緒反應來在某一觀念或語句的上、下、左、右任意加減一陣。所以，「解老」就有了那麼多的「家」。這好像畫潑墨畫似的。對於同一潑墨，不同的畫家可以憑各人自己的意匠在它上面作出不同的畫。然而，一部探理的論著究竟必須和潑墨畫不同。它多少得有個準兒，最低限度，讀者總不可把屬於自己的價值觀念和情緒成分有意無意算在著者賬上。

為了易於明瞭我所說的意思起見，我現在舉個例子。我說「西方宗教的真誠逐漸沒落了」。我說這句話的時候，我是而且只是作一事實敘述而已。就我的語意約定來說，這話既不表示慨歎，又不暗示要西方恢復宗教的真誠。如果我有這些意思，那麼我一定會明文說出。如果我並沒有這些意思而讀者因看到這句話而聯想起他自己內心本來就有的這些意思，那是讀者自己的事。其他類推。至少，這本書的關鍵，我都是明文說出的。任何一個嚴格的著作人沒有義務對讀者個別無窮多的心理聯想或情緒反應負責。他所必須負責的是語意約定乘以邏輯秩序，加上知識層界的真確或失誤。

實實在在，一本著作要能發揮它最大可能的效果，必須著者和讀者雙方密切合作。在著者這方面，他必須盡力之所及寫得清楚明白。固然，深高的書不易瞭解，可是不易瞭解的書卻不一定是深高的：也許根本就不通。羅素、懷德海、波柏爾、海耶克這些真正有學問的著作家從來不曾炫深以鳴高。如果一本著作發生閱讀困難的問題，那麼我認為首先需要檢討的是著者自己：不要動不動說讀者程度不夠。請問問你自己想清楚了沒有？而且寫清楚了沒有？在讀者這方面，他必須把自己的思緒或意境調整到他所讀的那本書裡。他做到了這一步以後，再看這本書的優點何在，或缺點何在。一個著作人的知識基線、情感基線，以及價值基線，可能和讀者不盡相同，而簡直實際不可能和所有的讀者完全相同。任何讀者不妨從他自己的這些基線出發來批評他所讀的一本著作「好」或「不好」。但是，他得明白他作這種評論時所根據的評準，即令是不錯的，也只是許多不錯的評準之一而已。世界上的道理原是多得很。讓我們擴大視野，盡情地欣賞，盡情地吸收吧！

也許，若干讀者會發現我並未完全分享目前流行的情緒和價值觀念。的確是這樣的。而且這正是我願意明明白白表示出來的情形。目前在若干人口頭流行的有關中國文化的意見，在我看是一點也經不起分析的。當然，我知道這也正是許多人討厭分析的原因。然而，在這一關聯中的認知，正像對別的許多是和非一樣，就我這個類型的專業思想者而言，幾乎是和生命共始終的事。依前所述，一個專業思想者也不能不受他所在的時代和環境的影響。可是，如果一個人的觀念和思想完全跟著他所在的時代環境裡的意見氣氛打轉，那麼他自己還有什麼呢？他何必再去思想呢？我在思考時，在作分析的批評時，有我苦索多年的前提擺在我心中。一切浮詞囂議和我所要追求的境地距離實在太遠了。一個真正專業的思想者，須有他經過相當訓練的思考程序，須有他經過自己設計起來的思想結構，須有他經過長期努力來選擇的若干基本觀念。任何真正從事過正式的思想工作的人將會知道，一個思想者建立他的思想系統所需要的智力、忍耐和勞動，一點也不下於建立紐約帝國大廈所需要的。

為了這一工作，二十多年來，我在思想上一直在探求中不斷轉進。這一經過，真像是梁啓超所說的「登高山復有高山，出瀛海更有瀛海」，箇中艱苦，只有自己才最清楚。許許多多人都知道，承繼前人的財產過活容易，白手起家難。然而，有幾個人清楚，在觀念和思想上「吃現成飯」容易，而自己獨立創構難？

我在少年時代，也曾受當時流行的觀念影響，也曾被當時高漲的思潮鼓舞。可是，現在回憶起來，那些都像已逝的煙雲，和我的距離是那樣渺遠。然而，我不停地追求。到大學時代，我深受教我邏輯和知識論的老師們的影響。他們給我關切的鼓勵。他們教我怎樣嚴格的思考。他們把我帶進一個思想的新境界。透過他們，我接近羅素。羅素的思想，甚至於他的行誼，深深地沁入我的心靈。近十幾年來，更進一步，我對專技哲學發生若干興趣。最近五年來，我對人理學（humanics）也發生興趣。由這一興趣，導引我接近海耶克（F.A.Hayek）和波柏爾（K. R. Popper）的學說。

千迴百折，我的運思和為學，分析到底層，是受這三個條件的主導：

第一，現代邏輯的工作者所說的邏輯。

第二，自休謨（D. Hume）以降的經驗論者所說的經驗以及美國實用主義者所說的實用之結合。

第三，必要時，價值觀念，尤其是道德價值觀念。

但是，價值氾濫會使人頭腦不清，並且可能形成人間的災害。所以，我們在作價值判斷時必須謹嚴地約束自己。

這三個條件對我運思和為學的主導作用，在本書裡處處可以看出來。我在從事構作這本書時，除了這三個條件以外，其餘的任何因素即令並非不在考慮之列，也只在次要的考慮之列。

正因如此，也許有些讀者站在他們自己的基線上來看，這本書裡所寫的古也不是，今也不是，中也不是，西也不是，樂觀也不是，悲觀也不是。然而，如果他們能夠真正把握住我在這裡所列三個主導條件，那麼他們就會明瞭古、今、中、外這些格式在我的思程裡毫無地位，一點也不起作用了。至於樂觀和悲觀，那更是小學生的情緒。就我二十多年來由實際的思想工作而得到的實際經驗來說，這些格式根本就是一個一個的觀念和思想的監獄。我們的觀念和思想被關在這些監獄裡，像籠中的麻雀似的，要飛也飛不出來。實在是可憐得很！我們運思在求通，求通在求解決問題。既然如此，我們只要想通了就行，管它古、今、中、外、樂觀悲觀做什麼呢？一個真正能思想的人，任何不相干的因數都攔不住他的運思。我們要想得通，必須貫徹一個原則：「是什麼就是什麼」。關於道德價值，範疇顯然不同，但是我們也可以把它放在經驗的平層上，重新處理。經驗知識有助於道德價值的建立。

如果讀者確實把握著上述的基層，那麼他在看這本書時，可能覺得古也是，今也是，中也是，外也是。蜜蜂所要採的不是花，蜜蜂所要採的是蜜。如果讀者對於我這本書想要得到深進一層的瞭解，至少不引起不必要的曲解或是誤會，那麼他必須瞭解我在思想和方法上的那些底蘊。如果他要瞭解我在思想和方法上的那些底蘊，那麼我希望他讀讀我寫的《思想與方法》一書，尤其是這書的「導論部」。

多少年來的經驗以及對經驗的分析告訴我，人間的一切想望，如果不放在一個理知的水平上，那麼很可能大都是海市蜃樓。如果有一個亞波羅（Apollo），又有一個岱俄尼塞斯（Dionysus），那麼我寧願跟著亞波羅走。我深知道，在這種歲月，亞波羅是夠寂寞的。他變成森林裡古堡前的一座石像，然而，他永恆，他經得起風吹雨打。在這個地球上將近三十億的人中，沒有任何人知道他什麼時候出生，也很少人確知他什麼時候死亡。人的生命像是漂木。個人的生命像一片漂木。群體的生命像一團漂木。沒有任何人知道他的生命從哪裡漂來；也沒有任何人知道他的生命將漂向何方。與生命的洪流比較起來，一個人的生命能量是多麼渺小和短暫。每一個人有而且只有一個一生。這一個一生極容易像朝露般地消失在廣漠的時空裡。可是，這並不構成生命的「無常」之感。只要我們緊緊把握著現今的實存，努力充分發展自我，我們便在「有常」之中，便有人生的真實感。「我思故我在。」我肯定自己，所以我存在。真正愛惜此生的人，何不盡他的能力之所及，做些對他同時的人有益的事？何不留點可能的好影響給後來的人？就我來說，我是一個知識份子，並且是以思想、讀書和教書為專業的人，我所能做的事就是把我所思想和研究的寫出來，引起大家對這本書所涉及的問題之思索與研究的興趣，讓荒蕪而又枯乾的思想和學術的原野長出新綠的草。這也許對中國社會文化的今後有些益處吧！我願意在這一原野上作一名拓荒者。太遙遠的景象我看不到。我希望我在這本書裡所作的展望能在今後五十年或一百年內露出些端倪。

這本書在心靈鼓動、資料徵引和出版方面，都有許多朋友及學生的生命在內。我現在衷心感激他們。

五四年十二月二十八日

目次

第九章　西化的主張

西化的主張和前章所說自由的傾向在內涵上大部分是相同的。因此，主張西化的人士常常是傾向自由的人士，而且傾向自由的人士也常常就是主張西化的人士。可是，至少在觀念上，「自由」和「西化」之間並不能劃一個等號。二者的重點也不一樣。所以，我們現在將「西化」和「自由」分開來說。對於同一個人像從不同的角度來攝影，可以獲取不同的效果。同樣，我們將中國近幾十年來這一文化思想的發展分開來觀察，可以獲得下同的效果。

同是西化的主張，有各個不同的程度。從恭親王開始，中間經過張之洞，一直到陳序經，可以依照西化主張的強弱或濃淡程度之不同而排列成一個等級。我們現在要徵引並要加以分析的，是在這個等級中較強的一等之言論。可是，我們必須明瞭，直到目前爲止，西化的主張祇在「應變」、「模仿」和「羨慕」這幾個觀念上打滾。就我所知，沒有人的思想跳出這個圈子的束縛。因此，西化的聲浪固然曾經很大，可是依然是情緒的要求或實際的需要重於認知的論證。當然，這話並不涵蘊反西化的主張言論更有理。我在後面所徵引及分析的，是主張西化的許多言論中比較有包羅性而且適於作選擇的。

一、西化言論的選擇

㈠胡適

如所周知，胡適是主張「往西走」的領頭人物之一。他在一方面批駁所謂「東方的精神文明」，在另一方面介紹西洋文明，雖然他避免用「全盤」西化的字樣，[1]可是，照他所說的推論下去，早期的胡適並不反對中國在和平漸進的程序之下，走上全盤西化的境地。

胡適說：

今日最沒有根據而又最有毒害的妖言是譏貶西洋文明為唯物的（materialistic），而尊崇東方文明為精神的（spiritual），這本是很老的見解，在今日卻有新興的氣象。從前東方民族受了西洋民族的壓迫，往往用這種見解來解嘲，來安慰自己。近幾年來，歐洲大戰的影響使一部分的西洋人對於近世科學的文化起一種厭倦的反感，所以我們時時聽見西洋學者有崇拜東方的精神文明的議論。這種議論，本來只是一時的病態的心理，卻正投合東方民族的誇大狂；東方的舊勢力就因此增加了不少的氣燄。

我們不願「開倒車」的少年人，對於這個問題不能有一種徹底的見解，不能沒有一種鮮明的表示。[2]

---

① 見〈充分世界化與全盤西化〉，《胡適文存》，第四集，卷四。

② 《胡適文存》，第三集，卷一，〈我們對於西洋近代文明的態度〉。

所謂「東方的精神文明」和「西方的物質文明」這樣的對分（bifurcation），的確是「最沒有根據」的。但是，近幾十年來這樣對分的人很多。儘管很多，卻無助於其「最沒有根據」，不僅無助於其「最沒有根據」，而且作這種對分的人愈多，愈是增加這一錯誤的收穫之面積。

這一對分爲什麼最沒有根據呢？

第一，在文化人類學中，的確有「物質文化」這一個大類名，但是沒有與所謂「精神文化」彼此排斥的「物質文化」。在文化人類學中，所謂「物質文化」意即人爲物件（artifact）的總和。人類文化除了人爲物件的總和以外，還有不止一個大類。例如，社會結構、習俗、禮儀、語言、體質等等分別。③

第二，依前所說，一切文化特徵或要件，無一沒有所謂「精神」的成素在內。一塊純粹自然的石頭，亙古以來兀立在山顚，任它風吹雨打，根本在人類文化的觸覺以外。當著我們的老祖宗把它磨圓打鳥時，它才受到文化的洗禮而變做「物質文化」裡的一個要件了。一塊頑石尚且如此，遑論一顆地球衛星？它需要多少「精神」元素才做得出來？邁達斯（Midas）「點石成金」，自然界的任何東西，有而且祇有與人的心智結合時，才可能成爲文化要件，或被賦予文化特徵。我們試看一塊小方印，我們試看偉大的金字塔，所需精神有多少？所以，「精神文明」和「物質文明」之分完全是痴人說夢。

第三，也許有人說：「信如君言，在『東方的精神文明』和『西方的物質文明』之間的確劃分不出一條幾何的界線，可是，東西文化所注重的層界不同，東方文化所注重的是『形而上』界；西方文化所注重的是『形而下』界。形而上界是屬於精神界的；形而下界是屬於物質界的。既然如此，我們還是有理由說東方文化是注重精神的，而西方文化是注重物質的。」

③ See *Notes and Queries on Anthropology*, 1954.

這是造名詞，兜圈子，玩弄字句。許多人的「哲學」就屬此類，這些人士費了成卷成帙的筆墨來從事這類工作，把陷於名詞字句森林裡而走不出來的人之神經弄疲倦了，他們的「文化哲學」就算建立起來了。

我現在不能在這裡分析「形上」和「形下」這種極困難的區別，因爲這是屬於哲學的專門問題。我們現在祇問：希臘人之「爲學問而學問」，算不算得「精神文明」？西方人演幾何學，構造邏輯系統，算不算得「精神文明」？牛頓和愛因斯坦什麼現實利益也不爲，長年坐在那裡深思自然宇宙的秩序。這算不算得「精神文明」？從亞里士多德到懷德海的思想構造。是「形上」的還是「形下」的？東方人一年到頭忙著製造澱粉來巴結肚皮，這是「精神文明」還是「物質文明」？用人來發動三輪車，這是「精神文明」還是「物質文明」？一個男人有許多外夫人，這是「物質文明」還是「精神文明」？

第四，也許有人說：「中國人特別注重道德。道德是屬於精神文明的。」這話要有意義（significance），除非能夠證明，在這個地球上，有而且祇有中國人把道德實踐當做人生第一要務，此外別國的人概不如此，顯然得很，誰都無法證明這一條。我們且把時下一般中國文化份子之標榜「道德」是否嘴皮上說說而已這個問題丟開不談。從一種我族中心主義出發，每個民族都自認爲是最道德的，而別的民族都是邪惡的。可惜這祇能算是一種「感覺」。從來沒有懷抱這種「感覺」的人願意並且耐心去求證。因爲眞要去作經驗的求證，也許這種可愛的「感覺」消失不見！

新新舊舊各式各樣的理學先生好高談「東方的精神文明」。就人類文化由生物邏輯層向上昇華來說，這未嘗不是一點也不足取的現象。可是，我實在懷疑，所謂的「東方的精神文明」究竟有多大一撮兒。依前面第四章所說，我們可知中國文化對於利用自然來滿足生物邏輯的要求不甚感興趣。中國文化沒有貯備足夠的知識和技術來應付自然的災害。自古以來，旱災臨頭，成千成萬的人乾死；水災來了，成千成萬的人淹死；蟲災來了，祇有眼巴巴等它過去；瘟疫流行，祇盼望留點人下來傳種。實情如此，怎樣能夠有多的「精神文明」？傳統中國社會主要靠農人的勞動力來支持。但是，農人終年爲了最低生活忙個不停，那有多少餘力從事「精神生活」？自昔至今，成千成萬的大腦沒有被發動來努力知識和藝術。絕大部分的智力活動被生活的重擔抵消了，被「法古」所限死了。剩下來的所謂「精神文化」，除了寶塔頂上的皇家以及周圍的輔治集團以外，恐怕祇有朱熹及其受人供養的徒子徒孫才配講。

依據以上的分析，可知所謂「東方的精神文化」和「西方的物質文化」這一對分是不能成立的。這一對分既然不能成立，爲什麼還有這許多人沿用了這麼久呢？胡適說是由於東方民族受了西洋民族的壓迫，用這種見解來解嘲，來自我安慰，並滿足誇大心理。這一解釋是不錯的。可是，除此以外，還有一個原因，就是，器用的利鈍，一經比較，立刻可以判斷，無法七說八說的躲閃。葉德輝總不好意思說菜油燈比電燈更亮。可是，一提到「精神文化」，高下就很難作直接的和明顯的決定。既然如此，就可以隨便揚抑了。

胡適接著說：

崇拜所謂東方精神文明的人說，西洋近代文明偏重物理上和肉體上的享受，而略視心靈上與精神上的要求，所以是唯物的文明。

我們先要指出這種議論含有靈肉衝突的成見，我們認爲錯誤的成見。我們深信，精神的文明必須建築在物質的基礎之上。提高人類物質上的享受，增加人類物質上的便利與安逸，這都是朝著解放人類的能力的方向走，使人們不至於把精力心思全拋在僅僅生存之上，使他們可以有餘力去滿足他們的精神上的要求。東方的哲人曾說：

衣食足而後知榮辱；倉廩實而後知禮節。這不是什麼舶來的「經濟史觀」；這是平素的常識。人世的大悲劇是無數的人們終身做血汗的生活，而不能得著最低限度的人生幸福，不能避免凍與餓。人世的更大悲劇是人類的先知先覺者眼看無數的人們的凍餓，不能設法增進他們的幸福，卻把「樂天」、「安命」、「知足」、「安貧」種種催眠藥給他們，給他們自己欺騙自己，安慰自己。西方古代有一則寓言說，狐狸想吃葡萄，葡萄太高了，他吃不著，只好說「我本不愛吃這酸葡萄」！狐狸吃不著甜葡萄，只好說葡萄是酸的；人們享不著物質上的快樂，只好說物質上的享受是不足羨慕的，而貧賤是可以驕人的。這樣自欺自慰成了懶惰的風氣，又不足為奇了。於是有狂病的人又進一步，索性回過頭去，戕賊身體，斷臂，絕食，焚身，以求那幻想的精神的安慰。從自欺自慰以至於自殘自殺，人生觀變成了人死觀，都是從一條路上來的：這條路就是輕蔑人類的基本的欲望。……④

就一兩個在道德方面有特殊修養的人來說，要貫徹「餓死事小，失節事大」的原則，已經是很難的事。要一大群人為了貫徹這個原則而不吃飯。那簡直辦不到。就一般人來說，要培養道德，必須首先滿足其基本需要。這裡所說的基本需要就是生物文化層的需要。例如，衣、食、住。滿足了這類需要，不一定即有高尚的道德；可是，如果這類需要未能滿足，那末連低度的道德也就難保。「荒年易子而食」，可為明證。如果在大家吃樹皮、吃草根、吃觀音土時，我們還要勸人「安命」、「知足」，這有誰聽？一個樓房要建造得堅固，必須底層基礎打好。同理，一個社會要有真實的道德，必須有相當的經濟基礎。但是，勸人「謀道不謀食」的「聖人」和後起的那一些理學夫子卻輕忽了這一層。在平時大家有點澱粉填肚子的

④ 同2，頁三~四。

情形之下，道德還能維持。可是，碰到災荒及動亂臨頭時，中國有些德目便現出是空中樓閣的德目。未切實建立於生物邏輯之上的道德要能維持，必須不斷施行加強激勵（secondary reinforcement）。⑤但是，過了一定的極限以後，加強激勵的次數愈多，效力就愈減。到了目前的程度，所謂道德，快要成爲道德空談了。時至今日，如果有人一天到晚說「君子謀道不謀食」，有幾個人眞的感興趣？

胡適進一步地說：

我們可以大膽地宣言：西洋近代文明絕不輕視人類的精神上的要求。我們還可以大膽地進一步說：西洋近代文明能夠滿足人類心靈上的要求的程度，遠非東洋舊文明所能夢見。在這一方面看來，西洋近代文明絕非唯物的，乃是理想主義的（idealistic），乃是精神的（Spiritual）。⑥

他列舉下面的理由：

我們先從理智方面說起。

西洋近代文明的精神方面的第一特色是科學。科學的根本精神在於求眞理。人士世間，受環境

---

⑤ 在學習歷程中，要學習獲致效果，有時可用激勵的方法。在由激勵所得效果之上，再加以激勵，便是加強激勵。就道德行為來說，例如，一再要人「你必須學好」、你「必須講氣節」、「你不可見利而喪失所守」。這些話初次說幾遍，也許有點效果；可是，如果老是說下去，而沒有任何酬報（廣義的）隨之而來，那就成了空話。甚至使人聽了厭煩。這是一個心理學的問題。傳統的道德夫子很少了解這個問題。彼等不了解這個問題與實際的社會文化情境的關聯，窮年單純地拿「義之所當為」來訓人。所以，結果常常空無所得。

⑥ 同2，頁四～五。

的逼迫，受習慣的支配，受迷信與成見的拘束。只有眞理可以使你自由，使你強有力，使你聰明聖智；只有眞理可以使你打破你的環境裡的一切束縛，使你戡天，使你縮地，使你天不怕，地不怕，堂堂地做一個人。⑦

有些中國文化份子好高談「東方的精神文明」。一個人或一群人在觀念上做古人的奴隸；在行爲上做風俗習慣的奴隸；說一句話時要看前後左右人的臉色，因而是人情世故的奴隸。他做奴隸都做不完，還有多少「精神文明」可言？眞正要講「精神文明」，首先必須是「精神的解放者」。一個「精神的解放者」，必須一不做古人的奴隸，二不做風俗習慣的奴隸，三不做人情世故的奴隸。人有免於做這些奴隸之自由，擺脫一切心靈的桎梏，才能勇往直前追求科學的眞理，胡適說：

東方的懶人又說：「眞理是無窮盡的，人的求知的欲望如何能滿足呢？」誠然，眞理是發現不完的。但科學決不因此而退縮。科學明知眞理無窮，但他們仍然有他們的滿足：進一寸有一寸的愉快，進一尺有一尺的滿足。二千多年前，一個希臘哲人思索一個難題，想不出道理來；有一天，他跳進浴盆去洗澡，水漲起來，他忽然明白了，他高興極了，赤裸裸地跑出門去，在街上亂嚷道：「我尋著了！我尋著了！」（Eureka! Eureka!）這是科學家的滿足。Newton，Pasteur，以至於Edison時時有這樣的愉快。一點一滴都是進步，一步一步都可以躊躇滿志。這種心靈上的快樂是東方的懶聖人所夢想不到的。⑧

⑦ 同2，頁五。
⑧ 同2，頁六。

希臘人有三種特殊的品質：第一，他們內心特別好奇；第二，完全信賴理知；第三，心智活動少受風俗習慣所拘束。這三種品質，作為一個群體來看，中國文化份子即令不是沒有也少得很。之所以如此，並不是有任何人類學的理由支持我們說，中國人的天生智力不如希臘人，而是泛道德主義的文化特徵使然。我們說任何民族天生的不如人這話之毫無人類學的根據，正猶之乎任何民族自誇為世界最優秀的民族這話之毫無人類學的根據。依前所說，我們要論斷這個民族是否比另一個民族「優秀」，必先定義什麼是「優秀」。如果我們根本就下不出什麼是「優秀」的定義，那末無論說一個民族優秀或不優秀，一概是廢話。但是，如果我們要論斷這個民族是否比另一個民族「有成就」，那末比較有辦法。我們的辦法就是找一個比較客觀和確定的參考點（point of reference）。我們現在找的參考點是前途科學。因為，以地球而論，地球上沒有兩種基本不同的科學。科學是純認知的產品。這種純認知的產品在各國民族之間可以互相兌換。希臘人在科學上作了一個比較順利的開端。為什麼呢？

在這個世界上，有些偉大的文化所含育的心智態度和上述希臘人的心智態度剛好相反。在埃及和巴比倫，一般人民的知識全被祭司所壟斷。祭司的地位、聲威和實際利益，是建立於操持對神的信仰和交通之上，而對神的信仰和交通是與知識之保有和傳授不分的。因此，他們要維護自己的地位、聲威和實際利益，勢必壟斷知識。壟斷知識者自然阻止知識的創新以及思想之自由而又獨立的發展，這跟商品壟斷和發明專利有類似的情形。這種情形是許多高級文化所共有的。中古以前的歐洲與埃及同巴比倫是相似的，中國古代的儒家之地位和功能也與巴比倫祭司相似。⑨幾何學及算術是埃及發明的；但祇限於量地皮之類的實用技術。這些技術到了希臘人手裡經過抽象的思考才變成科學。巴比倫人為了宗教和實用而研究天體現

⑨ 參看《胡適文存》，第四集，卷一，〈說儒〉。

象。在紀元前七六三年已有他們的日蝕紀錄。可是，他們的研究不是縛束在宗教上就是束縛在實用上。中國文化則把「正德」放在「利用厚生」上。就理知的解放來說，希臘實在高人一等。他們能較早地把科學與宗教分開。他們能藉「爲知識而知識」來獲致「心靈上的快樂」。所以，他們能夠開科學的眞正先河。

復次，胡適談西方的宗教與道德：

我們來談談道德與宗教罷。

近世文明在表面上還不曾和舊宗教脱離關係，所以近世文化還不曾明白建立他的新宗教、新道德。但我們研究歷史的人不能不指出近世文明自有他的新宗教與新道德。科學的發達提高了人類的知識，使人們求知的方法更精密了，評判的能力也更進步了，所以舊宗教的迷信部分漸漸被淘汰到最低限度，漸漸地連那最低限度的信仰——上帝的存在與靈魂的不滅——也發生疑問了。所以這個新宗教的第一特色是他的理智化。近世文明仗著科學的武器，開闢了許多新世界，發現了無數新眞理，征服了自然界的無數勢力，叫電氣趕車，叫「以太」送信，眞個作出種種動地掀天的大事業來。人類的能力的發展使他漸漸增加對於自己的信仰心，漸漸把向來信天安命的心理變成信任人類自己的心理。所以這個新宗教的第二特色是他的人化。智識的發達不但抬高了人的能力，並且擴大了他的眼界，使他胸襟闊大，想像力高遠，同情心濃摯。同時，物質享受的增加使人有餘力可以顧到別人的需要與痛苦。擴大了的同情心加上擴大了的能力，遂產生了一個空前的社會化的新道德，所以這個新宗教的第三特色就是他的社會化的道德。⑩

⑩ 同2，頁六～七。

胡適在這段話裡極力推崇西方的宗教與道德之理智化、人文化和社會化。歐洲自中世紀的制度消解，經過文藝復興、宗教改革和啓蒙運動，以及伏爾泰等文豪的鼓吹，宗教與道德本來早已逐漸走向理智化、人文化和社會化的道路。「智識的發達」的確是「不但抬高了人的能力，並且擴大了他的眼界，使他胸襟闊大，想像力高遠」，可是怎樣使人「同情心濃摯」？我們拿肉眼看星，與拿望遠鏡看星，祇是精密的程度不同，而不必然是所得知識的性質有何差別。同樣，除非我們本來有同情心，我們有知識看到或料到行爲的結果，我們的同情心才可能（但不必然）增加。都市人的知識水平比鄉下人高。都市人是否比鄉下人一定較富於同情心，實在令人懷疑。知識並非道德，但是知識有助於增益道德。

胡適這篇文章〈我們對於西洋近代文明的態度〉是一九二六年寫的。這時，「西洋近代文明」經過第一次世界戰爭大震盪，把它內裡的基本毛病震盪出來了。巴黎和會裡充滿了理想主義與現實主義的衝突，凡爾賽條約埋下了不安的種子。馬克斯的意底牢結在歐洲形成一股氣流，攪亂了基督教的傳統信念；波爾希維克這條亙古未有的毒蛇已經出籠，吞噬著自由與人權。一九二二年意大利法西斯黨人進軍羅馬。西方的民主和人道在震慄。史賓格勒（Oswald Spengler）的名著《西方之沒落》（*Der Untergang des Abendlandes: Umrisse einer Morphologie der Weltgeschichte*）早已問世。以胡適的博學多聞，應無不知歐洲這些變化之理。然而，他爲什麼對之視而不見呢？因爲他是一個「不可救藥的樂觀主義者」。他以維多利亞式的樂觀心情看西洋近代文明，祇看得見玫瑰色的一面，而看不見陰暗的一面。由此足見一個人的「選擇的注意力」對人的認知的影響可以多麼深。

胡適又批評道：

古代的宗教大抵注重個人的拯救；古代的道德也大抵注重個人的修養。雖然也有自命普渡眾生的宗教，雖然也有自命兼濟天下的道德，然而終苦於無法下手，無力實行，只好仍舊回到個人的身心上用工夫，做那向內的修養。越向內做工夫，越看不見外面的現實世界；越在那不可捉摸的心性上玩把戲，越沒有能力應付外面的實際問題。即如中國八百年的理學工夫居然看不見二萬萬婦女纏足的慘無人道！明心見性，何補於人道的苦痛困窮！坐禪主敬，不過造成許多「四體不動，五穀不分」的廢物！⑪

個人的修養誠然是德行的起始點，可是道德如不能社會化，它的功能是要大打折扣的。中國的傳統道德因不能全部替代宗教而在動亂不安時失去活力，以致流於形式。道德多重義理而少重體現的運作程序，影響所及，馴致許多人士認爲祇有道德原理不可動搖。至於怎樣實現道德原理，則可以「通權達變」，無關宏旨。這就爲後世「祇問目的，不擇手段」的出格人物大開方便之門。如果一個國家浸沉於「目的熱」之中但大家又是「手段盲」，那末甚難倖免於大災禍的。對個人而言，「向內用心」可能獲致很深的修養；但是，這同時也是「逃避主義」的方便法門。「越向內做工夫，越看不見外面的現實世界。」胡適這話實在說得對。時至今日，談心說性的人，其不爲「廢物」者，幾希！

在將他所認爲西洋近代文明的優點列舉了以後，胡適綜合地下了這個結論：

我們現在可綜合評判西洋近代的文明了。這一系的文明建築在「求人生幸福」的基礎之上，確然替人類增進了不少的物質上的享受；然而他也確然很能滿足人類的精神上的要求。他在理智的方

⑪ 同2，頁九～十。

面，用精密的方法，繼續不斷地尋求眞理，探索自然界無窮的祕密。他在宗教道德的方面，推翻了迷信的宗教，建立合理的信仰；打倒了神權，建立人化的宗教；拋棄了那不可知的天堂淨土，努力建設「人的樂國」、「人世的天堂」；丟開了那自稱的個人靈魂的超拔，儘量用人的新想像力和新智力去推行那充分社會化了的新宗教與新道德，努力謀人類最大多數的最大幸福。⑫

總括來說胡適所要大家走的道路，就是俗世化。他要大家「努力謀人類最大多數的最大幸福」，來實現「人世的天堂」。至少，美國人自開國以來，奉行這一「主義」不遺餘力。美國人的確是用機器來不舍晝夜地實現「人世的天堂」。人類自從神權之下解放出來以後，加上工業革命的大力推動，「俗世化」乃一無可避免的歸趨。在可見及的將來，無論任何人作任何努力，想要在現今的思想和制度上像往古一般蒙上一層「神聖的色彩」，一定是勞而無功的事——充其量祇能塗一層表面的油漆。雖然如此，人類的信持問題並不因此而得到解決。這是値得深究的問題。

在主張「往西走」的大前提之下，胡適藉著美國安諾德的話，勸人承認自己的錯誤，勸人要有新的覺悟：

這種急需的新覺悟就是我們自己要認錯，我們必須承認我們自己百事不如人。不但物質上不如人，不但機械上不如人，並且政治、社會、道德都不如人。

何以百事不如人呢？

不要儘說是帝國主義者害了我們，那是我們自己欺騙自己的話！我們要睜開眼睛看看日本近六十年的歷史。試想想何以帝國主義的侵略壓不住日本的發憤自強？何以不平等條約綑不住日本的

⑫ 同2，頁十三。

自由發展？

何以我們跌倒了便爬不起來呢？

因爲我們從不曾悔禍，從不曾痛責自己，從不曾徹底認錯。二三十年前，居然有點悔悟了，所以有許多譴責小說出來，暴揚我們自己官場的黑暗，社會的卑污，家庭的冷酷。十餘年來，也還有一些人肯攻擊中國的舊文學、舊思想、舊道德宗教——肯承認西洋的精神文明遠勝於我們自己。但現在這一點點悔悟的風氣都消滅了。現在中國全部瀰漫著一股誇大狂的空氣：義和團都成了應該崇拜的英雄志士，而西洋文明只須「帝國主義」四個字便可輕輕抹煞！政府下令提倡舊禮教，而新少年高呼「打倒文化侵略」！

我們全不肯認錯。不肯認錯，便事事責人，而不肯責己。

我們到今日還迷信口號標語可以打倒帝國主義。我們到今日還迷信不學無術可以統治國家。我們到今日還不肯低頭去學人家治人富國的組織與方法。

所以我說，今日的第一要務是要造一種新的心理：要肯認錯，要大徹大悟地承認我們自己百不如人。

第二步便是死心塌地的去學人家。老實說，我們不須怕模倣。「學之爲言效也」，這是朱子的老話，學畫的，學琴的，都是跟別人學起；學的純熟了，個性才會出來，天才才會出來。

一個現代國家不是一堆昏庸老朽的頭腦造得成的，也不是口號標語喊得出來的。……⑬

胡適在這裡所說的，牽涉的問題很不簡單。它牽涉到群體的自尊心、利害關係、氣度的大小、智慧的高下，和對道德眞誠的信守等問題。這些問題已經不是組織形式或制度建置的問題，而是人的品質之實質

---

⑬《胡適文存》，第三集，卷一，〈請大家來照照鏡子〉，頁二一～二三。

的問題。一袋麵粉是新的時，做成饅頭固然可能很好吃，做成花捲還是好吃。一袋麵粉霉了時，做成饅頭固然不好吃，做成花捲還是不好吃。

許多人士以爲當人站在眞理這一邊時便會理直氣壯，理曲時便氣餒。所以，我們必須把握眞理，藉眞理來戰勝邪惡。

這是小朋友的天眞見解，希特勒（A. Hitler）、史達林、柏瑞圖（V. Pareto），及其各式各樣的從徒可不是這麼想的。

首先，把「眞理」與「邪惡」並列就是不倫不類。眞理的反面是假理，道德的反面是邪惡。「眞理」與「假理」是相互對立地同在一個認知層界裡。「道德」與「邪惡」是相互對立地同在一個價值層界裡。眞假問題與善惡問題，就概念而言，毫不相干。雖然，在系統構造以外，眞假問題之釐清在經驗界域中有助於善惡問題之決定，可是二者的性質畢竟各不相同，如果波義爾定律（Boyle's Law）是一個眞理，那末它無所謂合於道德或不合於道德。如果波義爾定律不是一個眞理，那末它也無所謂合於道德或不合於道德。祇有頭腦糊混不清的價值迷（value fad）才把眞理和價值混爲一談。波柏爾在科學方法論裡所說的一種「價值」，根本毫無道德意涵。⑭

眞人（*Homo sapiens*）裡既然出現了一種哲學家及經驗科學家，這可以證明眞人「在天性上」有追求眞理的要求。眞人沒有追求到眞理常感到不安。「求眞」是人類文化進步的偉大動力之一。爲著容易了

---

⑭ 在科學方法論裡，波柏爾所說的「價值」，不是通常的意義，而是說我們在作一方法論的決定時所作的「權衡」。當一個理論科學家對於同一題材面臨兩個不相容的假設或理論時，就得作一選定的「權衡」。
See Karl R. Popper. *The Logic of Scientific Discovery*. London. 1969. Chapter I, Chapter II.

解起見，我們現在說「凡合於事實的語句」叫做眞理；否則就不是。這個定義，乍看起來，似乎很容易滿足。其實，稍一思索，我們將會發現，這是古往今來人類所面臨的大難題之一。自古至今，許許多多經驗科學家爲了能說出他所探索的範圍裡的眞語句，忙了一輩子。雖然忙了一輩子，他們所能說出的眞語句，也不過一兩個而已，這樣的語句，後世的科學家及科學史家管它叫做「定律」。這個問題的大難處之一是我們很不容易分別「客觀的眞理」和「我們所以爲的眞理」。在知識學中許多論辯尚不足以圓滿解決這個問題。在最大多數的情形之下，一般市民得到他們「所以爲的眞理」便心滿意足了。毛病就出在這裡。一般人有把握眞理的內心要求，但缺少判別眞理和假理的知識本錢和技術訓練。在這種情形之下，假理產銷公司的經理先生，派人四出推銷假理。一般市民遂把假理當眞理消而受之，那末怎樣辦呢？

胡適要人認錯。這話大概無可反對。但是，在要人認錯以前，必須證明他所持執的觀念是一錯誤的觀念，才談得上認錯或不認錯的問題。對於同一觀念，在胡適看來是錯誤的，可是站在他對面的一群人也許剛好認爲是眞理。這麼一來，胡適教人認錯，豈非等於教人放棄眞理？

據說臺北街上有賣假藥的。這事之成爲可能，至少有兩組構成條件：第一，買藥的人以爲假藥是眞藥。我想並沒有太多的人有故意買假藥的興趣，雖然以故意買假藥取樂並非邏輯的不可能。第二，賣假藥的商家唯利是圖。他祇要有利可圖，即令所賣假藥把人治壞了也無動於衷。在這一場合，賣假藥之所以可能成一行業，一由於買者對於藥物的知識不夠，一由於賣者的道德缺乏。這裡的道理也可以應用來說明別的情形。依照前段所說，我們要分辨「客觀的眞理」和「我們所以爲的眞理」爲事甚難，同理，我們要分辨「正確」和「錯誤」，也爲事至難。上帝迄未在「正確」和「錯誤」上面分別貼個條子。既然如此，打混的事就史不絕書。如果一個人或一群人的聲威、權勢和利益正好建築在一項錯誤之上，那末他們必定拼命把這一錯誤當做正確，在這種情形之下，怎能叫他們認錯？中古時代地球中心論（geocentric theory）是教權支柱之一。加利略說這一理論是錯誤的。這等於拆教權的台。所以，即令教士明知加利略（Galileo Galilei）是正確的，他們也不能馬上承認自己是錯誤的。教權雖然不能拿證據來證明「地球中心論」是正確的，但是它可以拿迫害加利略來保住它的聲威、權勢和利益。這種情形，不限於在歐洲中世紀才發生。

要人能承認自己的錯誤，除了須有相干的知識並能不以自己的聲威、權勢和利益為衡斷是非的法碼以外，還得具有相當的克己勇氣：

子貢曰：「君子之過也，如日月之食焉。過也，人皆見之。更也，人皆仰之。」⑮

但是，這要點「聖賢氣象」才辦得到。在「文過飾非」成為經常的正式業務的社會裡，如果有這種君子人出來說點眞實的話，他至少會成加利略第二的。

在一九二八年胡適似乎就已聽不慣當時瀰漫著的那「一股誇大狂的空氣」。這頗有點學究氣。須知人們在沒有眞正信持的道德理想時，在沒有確實大公無私的行為宗旨時，誇大的言詞便成一種廉價的代用品。誇大比沉默可使許多內心空虛的人增加少許痲醉性的自信力。

胡適要大家先「承認我們自己百不如人」，即在「政治、社會，道德」上「都不如人」，然後「死心塌地的去學人家」。姑無論胡適這話是否正確，即令百分之百的正確，要一般中國文化份子接受，中間尙隔著一道心理的牆，未知胡適是否看見這一道牆。顯然得很，在事實上，西方近代文化並非事事比中國文

---

⑮《論語》，〈子張〉第十九。

化「好」，中國文化也並非「百不如人」。即令眞是如此，一般中國文化份子也礙難接受胡適的話，爲什麼呢？如前第四章所述，中國文化最重聲威。因此，中國人最愛面子，面子是中國人的第二生命，跟中國人打交道，傷著面子就不好辦。胡適說中國「百不如人」，又要中國人「死心塌地的去學人家」，這話頗傷中國人的「民族自尊心」，因此就很難接受了。另外有人迎合中國人的「民族自尊心」，無條件地放些空砲，阿諛中國文化如何悠久、如何優秀、如何偉大，一般中國文化份子聽著很開心。如果有人問：是自認許多事不如人以發憤圖強要緊，還是空講「民族自信心來自我安慰」要緊？也許有人覺得自認許多事不如人以發憤圖強要緊，作這種反應，就需要比較成熟的心靈和理知的態度。可是，這不是一天養得成的。

(二) 陳序經

在積極主張全盤西化的中國知識份子裡，陳序經的態度比胡適還要突出。爲了闡揚他的主張，陳序經著了一本書，叫做《中國文化的出路》。在這本書的第五章〈全盤西化的理由〉裡，他列舉一些論據來證明在理論上和事實上中國已經趨向於全盤西化。可惜他的論據都是一些七扯八拉的話，一點也沒有扣緊問題。至於說中國之有全盤西化的必要，他列舉了下面的理由：

要是理論上和事實上中國已趨於全盤西化的解釋，尚不能給我們以充分的明瞭，則全盤西化的必要，至少還有下面二個理由：

1. 歐洲近代文化的確比我們進步得多。

2. 西洋的現代文化，無論我們喜歡不喜歡，它是現世的趨勢。

想對於第一個理由有充分的明瞭，最好把西洋文化的發展，和中國的文化的發展比較來看，周秦時代的中國文化，比之古代希臘的文北，沒有什麼愧色，這是一般人所承認的。漢朝統一以後，中國文化遂走入黑暗時代。然歐洲在中世紀的趨向，正像漢以後的中國。中世紀的歐洲和漢以後的中國的文化的異點，從大體來說，前者深染宗教彩色，後者偏於倫理。然而文化的性質，不但只包含宗教或倫理，而且包含了政治和其他方面，我們所謂深染宗教彩色或倫理彩色，不外是指其文化的趨向的重心所在罷。

但是歐洲的宗教彩色雖濃，歐洲中世紀的宗教和政治自始至終，成爲對峙的勢力。中國的政治道德卻互相利用。儒家給專制君主以統治的理論，而專制君主又給儒者以實力的保護和宣傳，這二者調和起來，所以延長的時間較久，而其勢力也大。反之，在歐洲政教分開，差不多是中世紀最流行的觀念，他們的意見是：教會所應管理的事是精神的（spiritual）；而皇帝所應管理的事是世俗的（temporal）。他們各人有各人的範圍而不能踰越。我們以爲事實上政教的關係是很密切的，正像我們上面所說的文化的各方面的密切關係而不能分開。理論上若硬要把他們來分開，結果是使二者互相衝突。歐洲中世紀的政教的衝突的原因，未嘗不因此。

……

歐洲因爲了常常和外界文化接觸，及內部的特殊環境，而時換新局面，所以他的文化裡所含的各種特性較多，而改變也易。我們試讀歐洲史，而見其像我們中國人對於外來文化那樣排除藐視的，能有幾人？我們的文化，所以到這樣單調和停滯，不外是不願去學他人。所以從東西文化發展上看去，不但這兩三百年來，我們樣樣的進步，沒有人家這麼快；何況二三百年前的西洋所佔的位置，已比我們好得多？文化本來是變化的，而且應時時變化，停而不變，還能叫做什麼化呢？⑯

⑯ 陳序經，《中國文化的出路》，上海，一九三四年，第五章，〈全盤西化的理由〉。標點符號略有改作。

他的西化主張，似乎比胡適還徹底。在這段論斷之後，他接著從中國的衣、食、住、農、工、商跟西方比較的結果，斷定中國文化不及西洋文化，他又說：

若把政治教育以及他方面的情況來和西洋比較，我們實在說不出來。我們要和西洋比較科學嗎？交通嗎？出版物嗎？哲學嗎？其實連了所謂禮教之邦的中國道德，一和西洋道德比較起來，也只有愧色。所以西洋文化之優於中國，不但只有歷史上的證明，就是從文化成分的各方面來看，也是一樣。[17]

陳序經所說的第一點是歐洲近代文化比中國文化「進步得多」。這一論斷要能成立，必須大家對於「進步」一詞有一個公認的定義。這是一個相當困難的事。

很多人喜歡用「進步」一詞。如果我們認眞地問他們「進步」究竟是什麼意義，那末我有理由相信能答出這個問題的人遠比用「進步」一詞的人爲少。人們對於自己所用名詞的確切意義往往是不甚了了的。羅素說：「變化是一件事，進步是另一件事。『變化』是科學的，『進步』是倫理的；變化是無可置疑的，而進步則易引起論爭。」[18]所謂「變化是科學的」意即變化是一個事實，而且這個事實是可以在科學裡去處理的題材。所謂「進步是倫理的」意指進步是一倫理的概念，而這一倫理的概念涵有價值觀念在其中。由此可見「變化」與「進步」是各屬不同的範疇。變化是由這一事件變成另一事件的一種事態。例

---

[17] 同16。
[18] B. Russell, *Unpopular Essays*, 1951, p.8.

如，一個蠶由蛹變成蛾，一個國邦由專制變成民主。進步是對於這一變化所作的價值判斷。例如，取暖由烤野火而變成用電爐，這算不算得是一進步，就牽涉到價值問題。也許有人認爲這是一個進步。可是，即令在電氣化的美國，有許多人還是以燒野火取樂的。變化是進步的一個必要件。這也就是說，沒有變化就根本無進步可言。但是，如果有變化是否即構成進步，那就很難說。某一變化是否爲一進步，那要視我們對它的價值判斷而定。就照明而論，由火把改變成霓虹燈，也許我們大多數人認爲是一個進步。可是，如果大家認爲抽鴉片煙是一個不進步的事，那末鴉片煙槍由竹製的改變成銀製的時，並不能使抽鴉片煙變成一個進步的休息方式。如果新幾內亞土人的獵頭祭不是一個進步的動作，那末上海黑社會飛刀取人首級也不是一個進步的動作。如果交通迅速是一價值，那末坐牛車到紐約不算進步，坐噴射機到紐約便算進步。可是，在教室裡向上帝祈禱時，「迅速」了事則很難認爲是一進步。這樣看來，價值是在事物以外的觀念。既然價值是在事物以外的觀念，於是進步是在變化以外的一種價值判斷。

就文化來說，如果我們說文化有變化，這無論爭可言。在一個文化體系中，祇要這一文化特徵變成另一文化特徵，祇要這一功能變成另一功能，祇要這一形式變成另一形式，祇要有新創出現，祇要舊的文化項目死亡，都足以構成文化變化。可是，我們要說這些變化是文化進步，便是一件極端困難的事。手工殺人法變成核子殺人法，算不算是進步？就殺人的效率而言，這也許是驚人的進步。可是，就道德而言，就大成問題了。保守與革新之事，分析到核心，在某些方面，實在是兩組不同的價值之爭。我們要確定某一文化的變化是否亦即爲一進步，必須首先把「進步」的公認評準定妥；否則我們說某一文化的變化是一進步或不是一進步都沒有意義。陳序經如果沒有把進步的評準定妥，就籠統地說歐洲近代文化比中國文化「進步得多」，那末他的話便很難成立了。

當然，這並不表示陳序經在前面所說的分開來看沒有值得討論之點。有的，有下列三點：

第一，他說近代歐洲是政教分離。而中國儒家給專制君主以統治理論，專制君主給儒者以實力的保護和宣傳，所以延長的時間較久。這是頗有見地的話，康熙皇帝說：「萬世道統之傳，即萬世治統之所繫也。」孔教雖然成了國教而取得權威地位，但也受到了這一地位的腐蝕。所以孔教到了後來多餘形式而愈少內容。凡與現實權力結合的教化或宗教都難避免這一不幸的結局。

第二，近代歐洲因常和外界文化接觸，及內部的特殊環境，時換新局面，因此它的文化之特性較多。相形之下，中國文化單調而且停滯。這是事實。

第三，他說中國的道德比西洋的差。這種說法含有方法學上的大困難。這一方法學上的困難也就是文化比較學上的困難。我們要比較甲乙兩種文化的「優劣」，究竟拿什麼作標準？如果這樣的標準還沒有拿出來，那末，如前所說，我們說近代歐洲文化比中國文化高，或說中國文化比近代歐洲文化高，都是無意義的話。這個道理與前面所說有關確定文化進步與否的道理有相同之處。即令我們一定要將這兩種文化加以比較，也因文化特徵所在層級之不同而有難易之別。⑲依此，如果我們要管兩種文化的器用特徵加以比較，那末還不太難評定「優劣」。例如，究竟是中醫較有效還是西醫較有效，究竟是電冰箱較合用還是北方冰窖較合用，我們上街實地觀察一下即可明瞭。可是文化的規範特徵之高下的決定就沒有這樣容易。道德是屬於文化的規範特徵裡的項目。所以，我們很難說中國道德比西洋差或不差。

陳序經又舉出中國不得不接受西洋文化的第二個理由：

應該全盤接受西洋文化的第一理由，略如上說。現在可以解釋第二個理由。西洋文化是世界文

⑲ 有的文化把規範特徵放在最高層級，有的文化把藝術特徵放在最高層級。這樣一來，就增加比較的困難。

化的趨勢。質言之：西洋文化在今日，就是世界文化。我們不要在這個世界生活則已，要是要了，則除了去適應這種趨勢外，只有束手待斃。我們試想：設使我們而始終像王壬秋，義和團那樣頑固，現在的中國又要怎麼樣呢？

試看美國的印第安人，爲什麼到這田地呢？照我的意見，不外是不願去接受新時代的文化，而要保存他們自己的文化。結果不但他們的文化保不住，連了他們自己也保存不住。反之，美國的黑人，能夠蒸蒸日上，不外是能夠適應新時代的文化，平心來說，美國白種人之仇視及壓迫黑人，比諸印第安人厲害得多。然一則以存，以盛；一則以衰，以滅。這種例子，可爲吾國一般躊躇不願全盤接受西洋文化的良劑。我們試想假使一個黑人願爲美國人照舊的做奴隸，而不願努力去同白種人作同樣的生活，我們必定看不起他。然一個中國不願去接受現代趨勢的西洋文化，而要保留過去的文化，從一個旁觀人來看起來，他必定說道：其異於奴隸者幾希？[20]

在陳序經所說我們不得不接受西洋文化的兩個理由中，第二個理由比較有力。他的第二個理由的中心論旨是說：「西洋文化在今日，就是世界文化。我們不要在這個世界生活則已，要是要了，則除了去適應這種趨勢外，只有束手待斃。」近代歐洲文化，因知識的解放而提高，並因工業革命進而強化。這個文化，在世界文化群之中，簡直成了一個征服性的文化。至少自十九世紀以來，堅船利炮所到之處，望風披靡，不接受它就很難活下去的樣子。這種情形，不僅中國文化爲然。印度、埃及、日本、澳洲，甚至非洲，都是如此。時至今日，凡輪船所到之處，凡飛機翅膀所覆蓋的地方，古老的文化的狀貌漸漸改觀了。阿斯萬（Aswan）水閘和金字塔媲美，綿延不盡的油管在沙漠裡爬行，最新式的雷達設備與冰島漁夫爲

---

⑳ 同16。

鄰。世界文化在激變中！誰是這一激變的主導力量？毫無問題，西方文化。

實質說來，對於近代西方文化的衝擊，各國地區所產生的基本問題，不是要不要反應的問題，而是怎樣反應的問題，以及反應得順利與否的問題。如果一個文化的積累不雄厚而且又反應不良，那末這個文化可能趨於消滅。像印第安人和澳洲土人就是這種情形。如果一個文化的積累雄厚但卻反應不良，那末倒不一定會「束手待斃」，而是引發政治、經濟、社會、教育、語言等等方面的種種嚴重問題。在這種種嚴重問題的大震盪之下，可能使原有舊文化在劇痛中轉形為一種新文化。百餘年來的中國文化就屬這類。

可是，無論我們是否接受西方文化，這根本不是陳序經所說「應不應該」的問題，而是一個「文化競存」的事實問題。除了上面所論列的以外，陳序經藉著批駁幾種反對西化的論調來結束這一章。這幾種反對西化的論調，雖在今天看來還是很新鮮的。他說：

我們已解釋全盤採納西洋文化的必要。我們現在可以將一般反對這種主張的人的意見，略為說明，以為本章的結論。

反對全盤採納西洋文化的人，以為每一民族，有一民族之文化，所以文化成為民族的生命。他們的結論是：文化亡，則民族亡。這種意見的錯誤，是在於不明瞭文化乃人類的創造品。民族的精神，固然可於文化中見之，然他的真諦，並不在於保存文化，而在於創造文化。過去的文化是過去人的創造品。時境變了，我們應當隨著時境而創造新文化，否則我們的民族，只有衰弱，只有淪亡。㉑

㉑ 同16。

以爲「文化亡，則民族亡」這種想法固然不一定對；但是陳序經以爲「民族的精神」並不在於「保存文化」而在於「創造文化」，這種想法也不一定對。以爲「文化亡，則民族亡」，這種想法可能係由面對在某些方面不敵的文化時產生的恐懼心理所致。依前所述，一個文化沒有適應力，不能吸收新的文化要素時，它可能衰亡，於是活在這一文化裡的民族也可能隨之衰亡。但是，一個文化有適應力，能吸收新的文化要素時，它不一定衰亡，於是活在這一文化裡的民族也不一定衰亡。創造文化與保存文化在實際上是不能分離的，如果沒有保存文化，那末就沒有文化的本錢。如果沒有文化的本錢，那末憑什麼來創造？

陳序經又駁一種說法：

> 又有些人以爲全盤採用西洋文化，就使民族不至於淪亡，然我們何忍把祖宗之創業，置於淪亡而不取？我們的回答是：全盤採用西洋文化，絕不會生出這種結果，因爲固有的文化乃文化發展史上一部分。固有的文化固不適用於現在，然在歷史上的位置，卻不因之而消滅。就使我們中國人而不顧及，西洋人也會注意。因爲他是世界文化歷史的一部分。十七世紀的歐洲學者，也許寫世界史而不包括中國史，然而二十世紀的歷史家，若對於中國歷史沒有相當的了解，他絕不敢去寫世界史。況且我們已說過，文化是變化的，我們祖宗曾經結繩以記事。我們用了文字，已是變化。我們若一定要保存祖宗的創業，吾們何不再結繩以記事？㉒

唯恐將「祖宗之創業，置於淪亡而不取」的想法，是「守祖業」的想法。這想法十足是古老文化份子的想法。我現在要問：守祖業是爲了什麼？第一，爲了紀念祖先以示不忘本。第二，爲了法古有據。

㉒ 同16。

第三，爲了炫示確有家財。第四，祇因它是我們的所以要守。這是爲保守而保守。爲了創造而保守是積極的保守。爲了保守而保守是消極的保守，消極的保守是文化蕭條的徵象。失去創造力的文化份子，面對空漠的現實，避免憧憬不可知的將來，祇好搬出過去的績業來安慰自己。其實，已逝的聲華無補於現在的寂聊。有爲者應須爲當前及未來的文化創造而努力。

他接著說：

又有些人說，西洋人曾竭力去提倡東方文化，難道中國人不要提倡自己文化嗎？我們以爲西方人提倡東方文化，是西方人的事。東方人要西化，是東方人的責任。其實西方人之於東方文化的研究，正像他們研究非洲土人的文化一樣。難道西方人去研究非洲土人的文化，是要提倡非洲文化嗎？㉓

這裡有一個問題我們必須分析清楚，提倡一種文化，與研究一種文化，根本是兩件事。這兩件事是從不同的態度和不同的出發點而出發的。提倡一種文化，可指接受其中的道德理想、人生態度，吸收其中的生活方式，或美好的事物。研究一種文化，可能是爲了好奇，可能是爲的欣賞，也可能是爲著了解它。西方世界之所以要了解亞非地區的文化，主要的目標是爲著便於同這些地區的人民打交道，以利於擴張他們的影響力。因此，他們致力於研究這些地區的文化特徵、基本前提、價值觀念、歷史對他們的當前狀況的影響等等。美國就有所謂「區域研究」，特別自第二次世界大戰以後美蘇競爭拉攏有色人種以來，這

㉓ 同16。

類研究更趨積極。固然，在提倡一種文化和研究一種文化二者之間不易劃分一條很清楚的界線，可是二者的動機和重點顯然各不相同。提倡一種文化必先經過研究這一文化的過程；但是研究一種文化時則不一定會進而提倡它。當著一種文化的聲威已成過去，而它現在則被另一種成就煊赫的文化掩蓋時，自覺有資格代表這一文化的文化份子便感到無名的挫折沮喪。這類人士常有意或無意地把他們自己認同於（identify with）這一文化。因文化的聲威喪失而感到挫折和沮喪的文化代表，無時不以恢復這一文化的聲威爲己任。因爲，在這一關聯中，恢復這一文化的聲威即所以恢復自己的聲威。從這裡出發，這類人士滋生出一種推銷文化的使命感（sense of mission）。這也就是說，他們認爲把自己的文化向世界推銷是一個義不容辭的責任。更進一步，如果在這類人士之中有人深信自己的文化道德理想是救世良藥，那末對他們自己的文化推銷工作更激起一種神聖的莊嚴感。正在這個時際，外方人來「研究」這一文化，他們就很容易誤會是「研究」並且「提倡」這一文化。這樣的誤會，是頗有自娛價值的。

二、對西化主張的批評

主張全盤西化的人士，要他們的主張能夠實現，必須解答兩個大問題：第一，全盤西化有否必要？第二，全盤西化有否可能？我們先討論第一個問題，然後再討論第二個問題。

㈠全盤西化有否必要？

如果說全盤西化是必要的，那末這一要求（claim）祇有在下列條件之下才有意義：西方文化百分之百的「好」，而中國文化百分之百的「壞」。事實上是否如此呢？顯然不是。如果西方文化是百分之百的「好」，那末西方世界應該是天堂。如果西方世界是天堂，那末對外不應該有侵略，對內不應該有戰爭，並且不應該有社會罪惡。可是，西方世界對外有侵略，對內有戰爭，並且有社會罪惡，足見西方世界不是天堂。既然西方世界不是天堂，足見西方文化不是百分之百的「好」。如果中國文化是百分之百的「壞」，那末中國文化份子應該一天也活不下去。如果中國文化份子一天也活不下去，那末中國文化份子老早應該死絕了種。可是，中國文化份子不僅沒有死絕了種並且還有許多。既然中國文化份子還有許多，足見不是活不下去。既然中國文化份子不是活不下去，足見中國文化不是百分之百的「壞」。在事實上，既沒有一個存在的文化是百分之百的「好」，又沒有一個存在的文化是百分之百的「壞」；而是有些文化的功能較暢旺，有些文化的功能萎退。

西方文化是有煊赫的成就。尤其是在認知特徵方面，毫無疑問它在世界上居於無可匹敵的地位。就憑西方文化在認知特徵方面特出的成就，益之以技術發展所放射出來的力量，它使整個人類近代文化爲之改觀。但是，這並不表示西方近代文化沒有缺陷。有的，而且很深刻。西方近代文化的成就確實是狀貌堂皇，可是它的「精神內容」卻多少走向空漠的原野。這由存在主義（existentialism）之盛行可以概見，耶司帕斯（Karl Jaspers）說：

今天實際上有形形色色的虛無主義。現在的人似乎把內心的一切都放棄了。人出現了，可是似乎任何事物對他都沒有價值。從這刹那到另一刹那，他在一個偶然的世界上躊躇徬徨。他對於死亡無動於衷，對於殺戮也無動於衷。他沉醉於物量，喜歡數量多。他似乎拿物量概念來麻醉自己。他對於這樣那樣的狂熱主義都可盲目信仰。他受最原始的，反理知的，激動的，但一下子就過去了的

情緒所驅策。到了最後，他受追求當前晷刻歡樂的本能所驅策。㉔

中世紀的信仰散消了。原始的衝動出柙了。於是，貓王成了他們的聖人，披頭使他們發狂，熱門音樂令他們陶醉。這種情景，不正是魏晉時代〈楊朱〉篇所描寫的嗎？

〈楊朱〉篇說：

……楊朱曰：「百年壽之大齊。得百年者，千無一焉。設有一者，孩抱以逮昏老，幾居其半矣。夜眠之所弭，晝覺之所遺，又幾居其半矣。痛疾哀苦，亡失憂懼，又幾居其半矣。量十數年之中，迴然而自得，亡介焉之慮者，亦亡一時之中爾。則人之生也奚爲哉？奚樂哉？爲美厚爾，爲聲色爾。而美厚復不可常厭足，聲色不可常翫聞，乃復爲刑賞之所禁勸，名法之所進退，遑遑爾競一時之虛譽，規死後之餘榮，偊偊爾順耳目之觀聽，惜身意之是非，徒失當年之至樂，不能自肆於一時。重囚纍梏，何以異哉？太古之人，知生之暫來，知死之暫往，故從心而動，不違自然所好。當身之娛，非所去也，故不爲名所勸。從性而游，不逆萬物所好。死後之名，非所取也，故不爲刑所及。名譽先後，年命多少，非所量也。」楊朱曰：「萬物所異者生也，所同者死也。生則有賢愚貴賤，是所異也。死則有臭腐消滅，是所同也。雖然，賢愚貴賤，非所能也；臭腐消滅，亦非所能也。故生非所生，死非所死，賢非所賢，愚非所愚，貴非所貴，賤非所賤。然而萬物齊生齊死，齊賢齊愚，齊貴齊賤。十年亦死，百年亦死，仁聖亦死，凶愚亦死。生則堯舜，死則腐骨。生則桀

㉔ Karl Jaspers, *The Perennial Scope of Philosophy*. New York, 1949. The Philosophy of the Future, cited from *Philosophy for a Time of Crisis*, edited by Adrienne Kock, New York. 1960, p. 323.

紂，死則腐骨。腐骨一矣，孰知其異？且趣當生，奚遑死後！」……㉕

在西方近代文化中，若干人們之抱持這種「且趣當生，奚遑死後」的人生態度，不能不說是已成普遍的趨勢。這種普遍的趨勢，正腐蝕著基督教信仰。

請問主張全盤西化的人士，這是否也包括在要採納的範圍以內？

我們看看美國文化的光景是怎樣的。弗洛門（Erich Fromm）說：

> 現代人已經把他自己轉變成爲貨物了。他將他自己的生命能力當做一項投資。他要藉這項投資獲得最高的利潤。他是在人的市場上來考慮自己的身價和行情。他跟他自己疏遠了，他跟儕輩疏遠了，他跟自然界疏遠了。他的主要目標是把他自己的技能、知識，連同他自己以及自己的「性格累積」在內，與別人作有利的交換。而別人也打算與他作一項公平及有利的交換。除了要動以外，生命沒有目的；除了公平交易以外，再沒有原則；除了消費以外，也沒有滿足。㉖

這種情形在美國之普遍，已經不用說了。我把這種情形叫做人之「貨化」。

請問主張全盤西化的人士：西方近代文化的這一方面是否也在吸收之列？

因技術的高度發展，對「人性」戕賊到的深刻程度，已經成爲精神病學上的重要問題。美爾樂（Joost A. M. Meerloo）說：

㉕《列子》，卷七，〈楊朱〉第七。

㉖ Erich Fromm, *The Art of Loving*. p. 3.

> 例如，我們是否意識到現代技術於人不經意之間塑造人的心靈？技術影響我們對人生的哲學態度。現代技術教我們，最短和最容易走的路是最好的路。現代技術要求「效力」，並且要使用魔術似的機械。這是違反心理規律的。這條心理規律是說，勞動、抵抗、挑戰，以及困難諸因素，形成我們的性格。因此，我們需要勞動、抵抗、挑戰和面對困難。心理健康和強健的自我之建立，不能靠事事被動和事事方便，不靠奢侈和貪閒。人的性格之成長是靠接受種種刺激的。
>
> 現代技術是怎樣於不知不覺之間侵入家庭，侵入親子關係，我們可藉一種叫做電視冷漠症（TV-apathy）的精神病來說明。這種病症的病象，就是除了守住迷人的電視以外，不願跟人發生關係。我曾看見從四歲到六歲的孩子成天看電視，可是不和他們的爸媽打交道。的確，他們的爸媽起先盯著看電視，所以引起這樣的問題。爸媽在看電視時，彼此很少交言；因爲這個新來的玩意著實太迷人了。媽媽白天在工廠做工。到了中午，孩子們自己跑到自動機那裡丟一個錢進去換取食物。在親與子之間，有一個技術性的機械世界進來了。它把親子的心理關聯隔離開了。結果，孩子們上學時不願意讀書，而老是跟老師講話。這是因爲他們渴望在老師那兒得到在家庭裡太缺乏的口頭交通。這種情形在今日已是不足爲奇的事。㉗

看電視看到這種地步，可說已經是「六親不認」了。技術文明像這樣發展下去，眞不知伊於胡底；而其所塑造的新的人際關係，也不知將會成個什麼面貌。

請問主張全盤西化的人士，這樣的西方近代文化特徵是否也要包括在西化裡面？

不止如此。現代技術文明對人類生存形態的改變，有非前人所能想像的。現在爲工程師所熱中的技

㉗ Joost A. M. Meerloo, Brainwashing and Menticide: Some Implication of Conscious and Unconscious Thought Control, in *Identity and Anxiety*, 1959. p. 514.

術發展是自動化（automatization）。但是，自動化所引起的「社會騷亂」也是或將會是廣遠得可怕。丹尼・柏勒（Daniel Bell）說：

> 美國人有誇大創新的趨勢。在這一趨勢之下，他們呪起對自動化所引致的變動之一種狂亂的恐懼。維納爾（Norbert Wiener）寫了一本有關電腦學（cybernetics）的書，這本書相當鼓起研究信息論（communication theory）的時髦。在這本書裡，他描寫世界的一種令人感到陰鬱的境象：從浩大無邊的工廠裡轉出堆積如山的貨物。可是，群衆卻失業了，無力去購買它，所以，這些自動化的設計是愚蠢的。即令自動化的管理，忽然被介紹給一切可以使用之的工廠，且不管成本如何，也只能影響到約百分之八的人工。
>
> 顯然得很，自動化會產生社會不安，許許多多工人，尤其是年老的工人，將會不易再找到職業。美國有些小的地區，當舊式工業凋零或移走以後，會變成「不景氣的區域」，雖然如此，實行自動化以後所產生的經濟效果並不能抵消因社會不安所引起的損失。因爲，生產方式實行自動化以後，人的趣味，對代用貨品的選擇，或是習俗，都會跟著改變。這些改變所引起的社會不安，又會引起經濟損失。而由自動化所獲致的利潤，則抵不過由社會不安所引起的損失。……㉘

請問主張全盤西化的人士，我們是否也得跟著西方人後面跳進自動化的陷阱裡去？

現代文明的最大特徵之一是追求速度。追求速度到了一定的限制，使人產生一種病症叫做恐速病（speedomania）。機械的無限使用，養成一般人對機械產生一種幼稚的魔術思想，並對機械的依賴態

㉘ Daniel Bell. *The End of Ideology*, New York, 1962, p. 267.

度。我看見一些人寧可鵠立街頭半點鐘等候汽車，而不肯安步當車地走二十分鐘到達目的地，這種情形發展下去，使我們在飲、食、起、住、行、衣等等生活節目上，事事要合於預先規定了的社會型模。「現代美國畢竟是一機械文明。」機械文明本來是人創造的。可是，機械文明發展到目前的狀況，人快要被機械所同化了。新式的工廠是機械文明的一個典型的縮影。現代工廠根本就是一個嚴密的組織體制。在這樣的工廠裡祇有刺激與反應，而且祇有工作的律動。奧都斯・赫胥黎（Aldous Huxley）說：「時至今日，每個有效的辦公室，每個新式工廠，是一個由中央管理系統所單一控制的監獄。在這一監獄中工人們意識到他們是在一個機器裡面。」這使人呼吸不暢通。

在實際上，近代西方文化不是許多人士所想像的那樣健全，也不是他們所想像的那樣「衛生」，因此也就不是那樣值得事事效法。海耶克說：「世界上大部分的人民借用西方文明，並且採用西方的觀念。當他們這樣做的時候，正值西方人對自己失去把握而且對構成西方文明的傳統大部失去信心的時候。」㉙這位卓越的西方思想家的話，值得我們深思。

(二)全盤西化有否可能？

我們在上面已經指出西方現代文化裡層的病況。我們藉此表明全盤西化並無必要。剩下的問題就是全盤西化有否可能。現在假定全盤西化有百分之百的必要，那末在實際上能否辦得到呢？

這個問題牽涉到人的基本性格結構等問題。一個文化份子有他的基本性格結構。一群文化份子有它的基本模式性格結構。一個文化份子的基本性格結構之與同一文化中別的文化份子的基本性格結構相同

㉙ F. A. Hayek. *The Constitution of Liberty*. The University of Chicago Press. 1960, p. 2.

的地方，就是他所住的文化塑造成的。我們要發現一群文化份子的基本模式性格結構，也須從這裡著眼。例如，中國農人的愛保守，安於現狀，容易滿足，不喜遠遊，並對新奇習俗趨向拒絕。之所以如此，主要係他們所住的文化環境形成。游獵民族的性格就不是這樣的。性格是人最眞實的一部分。要一個成年人改變住宅也許不難，可是要他改變性格等於要他的老命。依此，要我們放棄自己原有的文化來接受另一種文化，其引起的問題的深刻和嚴重與要成年人改變性格完全同質。尤其是中國文化，它的適應平面（adaptation level）這麼高懸，要它放棄自己而全盤接受西方文化，那簡直跟要一位「學富五車」的人盡棄所學而一切人頭學起那樣不容易。

中國能否把自己的文化完全洗刷乾淨，再來全盤接受西方文化問題，並不完全是中國文化和西方文化相對待的一個特殊問題。在中西文化之相對待的問題背後，尙有一個普遍問題。這個普通問題就是前述任何兩個文化相接觸時所發生的濡化作用的問題。這個問題，當西方文化和中國文化接觸時固然會發生，當西方文化和印度文化接觸時也會發生，當西方文化和非洲文化接觸時同樣會發生。這個問題的性質既是如此，於是我們談到西方文化時就快快不快固然大可不必，我們談到西洋文化時欣然色喜也是多餘的事。這個問題，固然容易引起情緒反應，可是在當今之世各種文化接觸頻繁的時候尤有實際的重要意義。

時至今日，群際成見、特殊利益、文化硬度、有害生物邏輯的特殊風俗習慣，正被一種日漸形成中的世界性的文化力量所沖洗著。這一世界性的文化力量就是從西方文化裡透脫而出的科學與技術力量，這一力量正在消蝕各種文化的獨特性。世界文化發展之大趨向的確是如此。不過，橫在這一趨向的道路上的問題並不簡單。文化是有慣性的東西。這種慣性並不藏在石頭裡面，而就在人裡面。華勒士（Anthony Wallace）根據他研究美國西北部艾科斯印第安人（Iroquois Indians）的文化濡化的結果，提出一項爲大家所接受的看法。他說，如果要將一個文化改變成爲一個外來文化，那未必須改變這一文化裡的文化份子之基本模式性格結構。如果這一外來文化的形式與之格格不和，那末要這一原有文化變成這一外來文化，在一代人之間根本是辦不到的事。佛教與中國人的性格比較調和，因此佛教在中國容易普及；而基督教與中國人的性格比較不調和，因此基督教在中國難得普及。這一對比可作證明。赫魯維勒（Hallowell）的看法更嚴格，他說要在三代人之間改變文化份子的基本性格結構，實爲不易想像的事。據奇森的研究，如果與新生代接觸的文化傳播者，尤其是像做母親的人，能夠充分接受新的文化傳統，那末文化的改變可望在兩代人以內完成。然而，即令這話是眞的，也不過是將同一問題挪到「與新生代接觸的文化傳播者能夠充分接受新的文化傳統」上。怎樣可能使他們能夠充分接受新的文化傳統呢？這個問題還是不易圓滿解決。我看見有些大學畢業的年輕母親，她們也讀得懂施巴克（B. Spock）的《育兒法》（*Baby and Child Care*），可是她們養孩子還是攙有古法。如果她們上面有公婆，那末她們育兒時所用古法可能更多。實際的情形如此，怎能全盤西化？拿我自己作個實例。我是一個有西化意向的中國知識份子。經過二十五年以上的努力，我的思維方式與認知活動已經頗爲西化——不，應該說是現代化。可是，我的基本生活情調，無論怎樣變動，總脫不掉五四運動以後的文化氣氛裡培養出來的中國人情調。在我的眼裡，我總覺得美國人不必太忙，金錢太多並無益於人生。一個人尚且如此，何況是一群人？

時至二十世紀六十年代，我們似乎已經很「文明化」了。在我們的性格中已經有了相當成熟的「自我」。即令是如此，我們依然保存著人類自古傳留下來的古老遺產。[30]這些古老遺產藉宗教和民俗傳襲下來。宗教和民俗對現代生活依然發生相當的支配作用，所以這些古老遺產對現代生活依然發生相當的支配作用。例如，受難節、端陽節、結婚宴客、野外營火等等。如前所述，傳統中國文化的基本價值取向是

㉚ Herbert Marcuse, *Eros and Civilization*. New York, 1962, p.53.

「好古」。任何文化都有古老的根源。這本不足爲奇。可是，在中國文化裡，居於支配地位的思想、倫理和制度正式地法古，並且又回過頭來把自己躲藏在古裡。好像越古越穩當。至少從「述而不作，信而好古」的孔仲尼認眞地開端，後來的大儒，一層堆上一層地在古根上塗油漆並加裝潢。如前所述，即令是在事實上反古的變法人物，也不得不「托古改制」，借古打古。二千多年來的中國文化，特別是在制度方面，主要是圍繞傳統的軸心來器化古道和補充古道。離開了古道，中國文化份子好像就走投無路了。古之支配力這麼大，古的珊瑚島堆積得這麼厚，要在短短的時間剷除，來實行全盤西化，其「礙難實行」，不是很顯然的嗎？

主張「全盤西化」的人士不明瞭文化的變遷不可能一蹴而就，文化特徵的吸收也不是說要吸收就能吸收的。任何人不可能把他們代代相傳的文化從後門完全趕出去，從前門把一個新文化像迎新娘子似的迎進來。文化的變遷無論怎樣是有連續性的。每個新的文化特徵，細細追溯及分析起來，常是以過去的文化特徵作要素組合而成的。我們試想汽車的出現，有賴於過去的發明有多少件！在社會組織方面的新發明，情形還是相似。歐洲同樣技術的工人工會組織導源於中世紀的基爾特（guilds），而基爾特又是早期城市商人因要抵抗封建領主的侵略而互相組織起來的。這裡就有一個連續的發展。牛頓說：「我看得比較遠，因爲我是站在巨人肩背上。」這裡所說的巨人，就是人類。靠著人類的努力，大發明家才有所憑藉。我們不要想到實行一次「文化洗腦」，來歡迎西方文化。這既不可能，又無必要。陳序經們熱心有餘，認知不足。[31]

㉛ 嚴格地說，主張全盤西化的人，連「全」、「盤」、「西」、「化」這四個漢字也不能用，用了就不算全盤西化。

第十章　中體西用說

一、時代的背景

我在這裡所說的「中體西用說」，是張之洞的「中學爲體，西學爲用」這一著名論說的縮寫。提起「中體西用說」，許多人士以爲是張之洞個人的創造。如果這是一個印象，那末是一個頗成問題的印象。張之洞的中體西用說之所以出現並且得到迄今爲止的這麼廣泛的贊同，是許多原因輻輳成的。第一，張之洞這種言論根本也是中國文化對西方文化衝擊的一個反應。一群文化份子，位於同一文化基線上，對於同一刺激，自然可能作相同或相似的反應。這是不足爲奇的事。

在張之洞發表中體西用說以前，若干比較通達的士大夫，尤其是必須處理實際事務的士大夫，已經滋生了中體西用的觀念。張之洞的高明處，是能對這類說法集大成。自南京條約簽訂以後，恭親王的思想裡，就有中體西用的觀念。我們看第七章所列他與倭仁的論辯就可知道。薛福成在一八九三年說：「夫道德之蘊，忠孝之懷，詩書之味，此其體也，而論致用於今日，則必求洞達時勢之英才，研精器數之通才，練習水陸之將才，聯絡中外之譯才。體用兼賅上也，體少用多次也。」鄭觀應在〈西學〉裡說：「……學校者，人才所由出。人才者，國所由強。故泰西之強，強於學，非強於人也。然則，欲與之爭強，非徒在鎗炮戰艦也。強在學中國之學，而又學其所學也。今之學其學者，不過粗通文字語言，爲一己謀衣食。彼自有其精微廣大之處，何嘗稍涉藩籬？故善學者必先明本末，更明所謂大本末而後可。以西學言之，如格致製造等學，其本也。（各國最重格致之製。英國格致會頗多，獲益甚大。講求格致新法者，約十萬人。）語言文字，其末也。合而言之，則中學其本也，西學其末也。主以中學，輔以西學，知其緩急，審其變通。操縱剛柔，洞達政體。教學之效，其在茲乎？」當時這類言論迭出。

第二，在中國文化的傳統裡，一種說法要獲得廣泛的贊同，通常有兩種對演的形式；而根本不是靠「拿證據來！」胡適提倡「拿證據來！」這好像是說，祇要拿出證據來，不怕你不相信。如果胡適眞的這麼想，那末眞是未曾透視到人類心靈的裡層。從古到今，從中到外，有許許多多的人，即令你把證據吊在他們的鼻子上，他們還是不相信的。這是怎麼回事呢？眞人（*Homo sapiens*）的奇妙之處就在這裡！㈠小問題容易訴諸證據來解決；大問題不容易訴諸證據來解決。考據上的問題，一般人士容易而且願意訴諸證據來解決。歷史性的重大問題就不容易訴諸證據來解決；並且即令拿得出證據出來，也很少人「願意」訴諸證據來解決的。胡適本人不是也不可能是事事求證的。他早期的「西化」和「自由」等言論，祇能算是一些大的主張。大的主張是非常之難得靠有窮程序來作決定性的印證的。至於胡適晚期的許多言論祇能算是附和一股煙霧的「客氣話」。這樣的話更談不上能拿證據來印證。㈡構造簡單的問題容易訴諸證據來解決，構造複雜的問題就不容易訴諸證據來解決。因爲我們要解決一個構造複雜的問題，所需要的知識構造通常也是複雜的。例如，我們要列舉證據來說明第一次世界大戰何以發生，這是一個相當複雜的問題，對於這個問題，歷史家不容易找出一個定論。㈢直接的問題容易訴諸證據來解決，間接的問題不容易訴諸證據來解決。例如，我們要證明一個人爲什麼手臂流血，我們很容易說是因爲一個精神病患者咬了他幾口。但是，我們要研究這個人爲什麼變成了一個精神病患者，就得明瞭他所在的社會文化背景，並且在這個背景中去找出他致病的特定證據。這是一件困難的工作。「拿證據來」不是一件簡單的事！

在中國文化的傳統裡，一種說法要獲得廣泛的贊同，首先必須取得大家所敬重的地位。一個匹夫，在他還是一個亭長或小和尙的時候，他說的話很少人理睬。可是，如果他的運氣佳，從血海骨坵裡爬出來作了皇帝，那末他說的話就成「聖旨」。「聖旨」是不會錯的，普天之下，都得對之洗耳恭聽。依此，任何言論，祇要經過皇帝的言論之欽可，也易頒行四海。另一種情形就是一個發言者取得了公認的「聖人」地位。任何人祇要是取得了這個奇特的地位，他的一言一語一字一句不愁沒有儒生來小心翼翼當做聖經聖典來注釋。當然，歷代的「聖主」也沒有不兼作「聖人」的。這是發言有效的「正統」類型。然而，一網打不盡所有的魚。中國歷代固然有這麼多的「聖主」兼「聖人」佔據著優越的發言地位，可是也常有言論上的陳涉吳廣從草堆子裡冒出來。這類江湖奇俠，常常利用一般人內心的焦慮，及生活的疾苦，說些柏拉圖式的天國。這種奇俠也常能贏得聽眾。在中國一治一亂的循環之中，夾在中間的老百姓，用右耳聽「聖君之言」，用左耳聽「惑眾妖言」。

張之洞在發表中體西用說時，他已經取得發言的優越地位。中國向來是人微則言輕，人大則言重。「張之洞出身科甲（同治二探花授編修），自同治十一年任四川學政，歷為顯宦幾四十年。其學識之贍博，足以代表當時知識份子，且足以代表通籍之文人。張氏勳業功名，於晚清已為海內重望，士大夫階級之表率，故其言論影響甚大。」①

這還不算。他的這種言論又得到皇帝言論的欽可。我們看「上諭」是怎麼說的：

光緒二十四年六月初七日奉上諭：「本日翰林院奏，侍講黃紹箕呈進張之洞所著勸學篇。據呈代奏一摺，原書內外各篇朕詳加披覽，持論平正通達，於學術人心大有裨益。著將所備副本四十部

① 王爾敏，〈張之洞與晚清中西調和之思想〉，《大陸雜誌》，第二十九卷，第一期，頁二十。

由軍機處頒發各省督撫學政各一部，俾得廣爲刊布，實力勸導，以重名教而杜危言。欽此。」②

有皇權來大力提倡，既可減少阻力，又可增加這種言論的地位和聲威。

第三，張之洞把中體西用說和禦夷圖存聯繫起來。倡一說而與禦外圖存或富國強兵聯繫起來，這在近百年來的中國知識界幾乎成了一個公式。中國近百年來的變法、維新、革命，講這種那種的意底牢結，從事這樣那樣的運動，都直接或間接與這個大題目有關；因此也可以拿這個大題目作軸心來說明。自甲午中日戰爭以後，德國佔領膠澳，俄國佔據旅順大連。列強瓜分中國的說法，震驚朝野。士大夫群起，奔走禦夷，呼號圖存。是在這樣的背景之下，張之洞提出他的中體西用說的。他說：

……魯弱國也。哀公問政，而孔子告之曰：「好學近乎知；力行近乎仁；知恥近乎勇。」終之曰：「果能此道矣，雖愚必明，雖柔必強。」茲内篇所言，皆求仁之事也。外篇所言，皆求智、求勇之事也。夫中庸之書，豈特原心杪忽校理分寸而已哉？孔子以魯秉禮而積弱，齊邾吳越皆得以兵侮之，故爲此言以破魯國臣民之聾聵，起魯國諸儒之廢疾，望魯國幡然有爲，以復文武之盛。然則無學、無力、無恥則愚且柔；有學、有力、有恥則明且強。在魯且然，況以七十萬方里之廣，四百兆人民之衆者哉？吾恐海内士大夫狃於晏安而不知禍之將及也，故舉楚事。吾又恐甘於暴棄而不復求強也，故舉魯事。易曰：「其亡其亡，繫於苞桑。」惟知亡則知強矣。……③

② 《勸學篇》，〈序言〉，一八九八年。
③ 《勸學篇》，〈張之洞自序〉，一八九八年。

第四，張之洞的舊學固然不錯，可是他服官幾四十年，畢竟不是一個純粹的書生。他是深明「現實政治」的。在現實政治的考慮之下，他藉《勸學篇》來實現兩件事：一，彌縫日漸滋長的漢滿之見。在《勸學篇》的開宗明義裡，張之洞勸人「同心」：「講求富強，尊朝廷，衛社稷為第一義」；並且要「君臣同心，四民同力」。他在〈教忠〉裡說：「自漢唐以來，國家愛民之厚，未有過於我聖清者也。」④二，他藉「正權」說，來阻抑當時日漸抬頭的民權思想。⑤合一與二，《勸學篇》隱然有鞏固皇權及平抑革命的作用。他的中體西用說是在這種作用裡烘托之下冒出來的。在從專制到革命的過程中，常有緩衝的人物和思想出現。張之洞就是這種人物，《勸學篇》所表現的就是這種思想。中體西用論是這種思想的文化層面。

二、中心的論旨

張之洞的中體西用說，並不是像幼稚園的孩子「排排坐，吃菓菓」，把中學與西學平等看待。這樣會損傷中國文化的尊嚴，因而不會爲士大夫所接受的。他是將中學爲主，西學爲輔；中學居先，西學居後；中學是本，西學是末；中學存於內，西學形於外。他說得很清楚：

---

④《勸學篇》上，〈內篇〉。

⑤《勸學篇》上，〈正權〉第六。他說：

今日憤世疾俗之士恨外人之欺凌也，將士之不能戰也，大臣之不變法也，官師之不興學也，百司之不講求工商也，於是倡為民權之議，以求合群而自振。嗟乎！安得此召亂之言哉？民權之說無一益而有百害。將立議院歟？中國士民至今安於固陋者尚多，環球之大勢不知，國家之經制不曉，外國興學、立政、練兵、製器之要不聞，即聚膠膠擾擾之人於一室，明者一，闇者百，遊談囈語，將焉用之？……

今欲強中國、存中學，不得不講西學。然不先以中學固其根柢，端其識趣，則強者爲亂首，弱者爲人奴。其禍更烈於不通西學者矣。近日英國洋文報譏中國不肯變法自強，以爲專信孔教之弊，此大誤也。彼所繙四書五經，皆俗儒村師解釋之理，固不知孔教爲何事，無責焉耳。淺陋之講章，腐敗之時文，禪寂之性理，雜博之考據，浮誕之詞章，非孔門之學也。簿書文法，以吏爲師。此韓非、李斯之學，暴秦之政所從出也。俗吏用之，以避事爲老成，以偷惰爲息民，以不除弊爲養元氣。此老氏之學，歷代末造之政所從出也，巧宦用之，非孔門之政也。孔門之學，博文而約理，溫故而知新，參天而盡物。孔門之政，尊尊而親親，先富而後教，有文而備武，因時而制宜。孔子集千聖、等百王、參天地、贊化育，豈迂陋無用之老儒，如盜跖所譏，墨翟所非者哉？今日學者必先通經，以明我中國先聖先師立教之旨；考史以識我中國歷代之治亂，九洲之風土；涉獵子集，以通我中國之學術文章。然後擇西學之可以補吾闕者用之，西政之可以起吾疾者取之。斯有其益而無其害。如養生者，先生穀氣，而後可飫庶羞；療病者，先審藏府，而後可施藥石。西學必先由中學，亦猶是也。華文不深者不能譯西書，外國各學堂每日必誦耶穌經，示宗教也。小學堂先習蠟丁文，亦存古也。先熟本國地圖，再覽全球圖，示有序也。學堂之書，多陳述本國先君之德政。其公私樂章，多贊揚本國之強盛，亦愛國也。如中士而不通中學，此猶不知其姓之人，無轡之騎，無柁之舟。其西學愈深，其疾視中國亦愈甚。雖有博學多能之士，國家亦安得而用之哉？⑥

這篇文章成了近六十餘年來許多人士關於文化思想的圭臬，張之洞認爲採西學是爲了「補吾闕」和「起吾疾」。復次，學人士子在習西學之先，必通中學，否則「其西學愈深，其疾視中國亦愈甚」。這樣的人即令學問很好，也不能爲國家所用。張之洞這種想法，近幾十年來，已經被鑄成半新舊人物的文化思

⑥《勸學篇》，〈循序〉第七。

想之基本型模。即令到了二十世紀下半葉，儘管許多人士喜歡電冰箱和電視機，這種想法卻改頭換面的時常出現。

關於當時的維新思想和守舊思想之爭，張之洞已經洞見：

……圖救時者言新學，慮害道者守舊學，莫衷於一。舊者因噎而食廢；新者多歧而亡羊。舊者不知通；新者不知本。不知通，則無應敵制變之術；不知本，則有菲薄名教之心。夫如是，則舊者愈病新，新者愈厭舊。交相爲瘉，而恢詭傾危，亂名改作之流，遂雜出其說，以蕩眾心。學者搖搖，中無所主；邪說暴行橫流天下。敵既至，無與戰。敵未至，無與安。吾恐中國之禍不在四海之外，而在九州之內矣。……⑦

於是，他提出調和的辦法。這種辦法，對於中國近六十多年的教育宗旨也是有相當影響的。他說：

……其學堂之法，約有五要：一曰新舊兼學。四書五經、中國史事、政書地圖爲舊學。西政、西藝、西史爲新學。舊學爲體，新學爲用，不使偏廢。……⑧

在這段話裡，張之洞用枚舉的方法劃分了他所謂的「舊學」和「新學」；並拿「不使偏廢」作爲他解決新舊衝突的辦法。「不使偏廢」這種話遺害無窮！

---

⑦《勸學篇》，〈張之洞自序〉。

⑧《勸學篇》下，〈設學〉第三。

三、批評的分析

從上面所開列的，我們可以明瞭張之洞的「中學爲體，西學爲用」說的論旨。他的這種說法問世以後，得到許許多多人士附和。梁啓超說：「甲午喪師，舉國震動。年少氣盛之士，疾首扼腕言『維新變法』。而疆吏若李鴻章、張之洞輩，亦稍稍和之。而其流行語，則有所謂『中學爲體，西學爲用』者。張之洞最樂道之，而舉國以爲至言。」⑨舉國以爲至言的話，不一定就是眞理。是眞理的話，不一定就舉國以爲至言。一種話是否眞理，與是否爲大多數人以之爲至言，毫不相干。張之洞的「中體西用」說，雖然舉國以爲至言，卻是根本不通。

何以呢？

這有下列幾個理由：

第一，張之洞把「體」與「用」分成兩橛，衹是字面上的功夫。在實際上而不是在純思辨中，任何文化要件的存在不可能有形上與形下的截然劃分。既然如此，於是「體」和「用」的劃分也就毫無依據了。我們在前面第三章說過，一個文化有規範特徵和器用特徵。我們說一個文化有這兩個特徵，嚴格說來，這是一種由抽象的思想作用而得到的構造。⑩就一個文化之實際的存在而言，並沒有這種分殊。這也就是說，就一個文化之實際的存在而言，器用特徵不能完全獨立於規範特徵；同樣，規範特徵多少係受到器用特徵的限制或影響甚至於支配的。如果一個文化發生變動時，出現了器用特徵改變規範特徵或迫使規範特

---

⑨ 梁啓超，《清代學術概論》，頁七一。

⑩ 一個「構造」並不一定是用來記述經驗事物。它是試用性的或說明性的概念有元，或範疇。科學家藉此來在特殊事例中找出共同的要點或徵性。例如，三角形、經濟人，以至於「聖人」，都是構造。

徵不得不改變，那末便是一件相當嚴重的事。保守人士對於這種變動尤會感到刺痛和沮喪，從這種刺痛和沮喪可反激起復古和衛道的情緒及其理由化。在一個文化的實際中，規範特徵和器用特徵常常是互相滲透的（interpenetrating）。住屋是屬於器用特徵的，但它常受到規範特徵的預先規範。同是住屋，「督軍衙門」和「農家舍」是不同的。同樣是穿衣，皇帝的「制服」和宰相的「制服」不可能相同。「男女授受不親」是屬於規範特徵的。「坐公共汽車」是屬於器用特徵的。現在女子可以乘搭公共汽車，男女雜坐，摩肩接踵。這一器用特徵就把「男女授受不親」的規範打破了。在文化變動時代，由器用特徵的改變而引起規範特徵改變的情形，眞是不勝枚舉。這類改變的事實，逼著所謂的「體」和「用」之分根本不能成立。我們在這裡引用李亦園所舉實例來證明：

> ……可是改變一件事也並非容易。有時操之過急，可以破壞整個文化的體系，而使該民族深受痛苦。一個最極端的例子是Yir Yoront族的澳洲土人與他們的石斧頭的故事（Sharp, 1952）。十九世紀的歐洲人把鐵斧子傳入，引起了澳洲土人經濟、社會、宗教各方面的大變革，並使他們的文化傳統、社會秩序瀕臨解體。這實非那些歐洲人所能料到的。在歐洲人沒有來之前，澳洲土人的文化仍停留在舊石器文化的階段，他們不知種植，更不知金屬器。他們以一小群人在一定的區域營最原始的採集、打獵生活。女人們採集樹根、野菜及蟲類；男人則獵取袋鼠等野獸。他們唯一重要的工具是裝有木柄的石斧子。這種石斧頭雖很簡單，卻與澳洲人的整個文化社會體系息息相關。在Yir Yoront族居住的區域中並沒有製造石斧的岩石。這種岩石必須經過一連串的交易從很遠的地區換來的。交換岩石通常在舉行「圖騰」儀式同時進行。由於這交換的行爲使各部族的人構成密切的關係圈。岩石交換後打製成石斧的手續祇有年長的男人才有能力爲之。因爲祇有年長的老人才能辨認石質而依其文理打製成斧子。所以石斧就成爲老頭子的「專利品」。家中的女人孩子要用斧子，必須

向老人借用。由此更增加老頭子的社會地位。老頭子是群中的首領。其他的女人、青年人、小孩都是從屬的地位。實際上石斧在這父系的社會中已成爲父權男權的象徵了。石斧子的存在不但代表男性父系的特權，而且形成了澳洲土人社會財產所有權的基本觀念。可是當歐洲人把鐵斧子傳入後，首先得到的是女人，青年人和小孩。因爲他們與傳教士的接觸最多。無疑的，鐵斧子傳入輕易地就把石斧子淘汰掉了，於是由石斧子代表其權力的老人便失去其重要性了。他們反而須求之女子和小孩以便借得鐵斧，整個社會的關係便倒置了。同時由於石斧被棄用，岩石的交易便不需要了。原有維持的族與族的關係以及圖騰儀式也就破壞無遺。更重要的是石斧子所象徵的財產所有權制度也破壞了。在這種情形下，作爲社會構成主要的因素的父權不存在。作爲一些行爲規範的所有權觀念沒有了。維持人類與自然和諧的圖騰崇拜以及部族關係消失了。（Radcliffe-Brown, 1952: 166-175）Yir Yoront族的澳洲土人便在無形中逐漸走上社會解體的道路上去了。⑪

照張之洞的說法，這一部族澳洲土人的宗教、父權、社會關係、文化傳統、所有權的觀念，以及行爲規範，構成所謂「體」；石斧子則是「用」。歐洲人闖入，沒有去碰這個部族的「體」，祇把鐵斧來換石斧，即將「西用」來代替「澳用」。這也是「澳體西用」。結果，整個「澳體」被這點小小「西用」所「顚覆」殆盡。這樣看來，張之洞及其附和者劃分體用，並要把西用附在中體上，是沒有可靠根據的。

也許有人說，澳洲土人部族的舊石器文化，怎可跟堂堂中國的高級文化相提並論呢？自然，中國文化還不至於那末不濟事，能被區區的鐵斧砍倒。可是，就中國文化的「體」和西洋文化的「用」之接觸廣袤來說，中國文化所遭遇的問題和澳洲該族文化所遭遇的問題完全相同。自西方近代工業文化勃興以來，

⑪ 李亦園，〈文化變遷經濟成長與模式行為〉，《思與言》，第二卷，第一期。

全世界一切古老文化所面對的問題與中國文化在基本上是相同的。祇是反應方式不一樣罷了。何況將那一個文化看作是「高級文化」，那一個文化看作是「低級文化」，這常常是民族文化詩人的心情流露呢？一個眞正本著客觀態度與科學方法來研究文化問題的文化人類學家，反而不輕易說那一個文化是「高級文化」，而那一個文化是「低級文化」的。

自中英戰爭以來，中國文化所面臨的大問題，就是「西用」大批湧到，搖撼著「中體」。中國老人目前的社會地位，比六七十年前怎樣？中國婦女一向是在嚴格的「禮教」籠子裡裝著的。在「禮教」籠子裡裝著的婦女，是不許和一般男性接觸的，一般男性也不許和她接觸。如果在六七十年前，婦女被陌生的男性婦科醫生在身上摸索敲打，這「成何體統」？可是，現在卻是司空見慣了。爲什麼有這樣的態度改變呢？因爲婦女們及關係人覺得健康比禮教更重要。這豈不是「西用」打翻了「中體」麼？自中西文化大規模接觸以來，這樣的事例眞是不勝枚舉。這類事例都實實際際地告訴我們，沒有能夠獨立於「用」而巍然自存的「體」。

第二，所謂獨立於「用」而且可與之截然劃分爲二的「體」，祇是一個玄學的構想（a metaphysical fiction）。這樣的構想，祇是玄學家的遊戲，對於「經世致用」毫不相干。如果張之洞及其附和者所作的與「用」相對待的「體」尚有與「經世致用」關聯的積極意義，那末他們所謂的「體」就不可能是所謂絕對的「道體」，而是在相對關係裡的相對的「體」，如果純粹科學是應用科學的「體」，那末應用科學相對於純粹科學而言就是「用」。然而，相對於增進人類福利及減少疾疫災害這些「用」而言，應用科學又是「體」了。許多人士認爲道德倫範及政教制度是不可侵犯的「體」。可是，相對於維繫人心及社會秩序而言，這些項目都是「用」。如果道德倫範及政教制度不能發生這些「用」，那末對人生和社會將毫無關係。如果道德倫範及政教制度對人生和社會毫無關係，那末所謂體用之分也就變得毫無意義了。

如果一定要分體用才覺過癮的話，那末中學有中學之體，也有中學之用；西學有西學之體，也有西學之用。在這個問題上，嚴又陵的見解比張之洞等通透：

善乎金匱裘可桴孝廉之言曰：體用者，即一物而言之也。有牛之體則有負重之用；有馬之體則有致遠之用。未聞以牛爲體以馬爲用者也。中西學之異也，如其種人之面目然，不可強謂似也。故中學有中學之體用；西學有西學之體用。分之則兩立，合之則兩亡。議者必欲合之而以爲一物，且一體而一用之，斯其文義違舛，固已名之不可言矣。烏望言之而可行乎？⑫

除了在文字上以外，我們在實際上找不到不出自「中體」的「中用」。文化的基本前提和價值是「體」。這個「體」對「用」就發生規導作用。中國有「皇帝至上」的「體」，就有臣奴百官的「用」。同是一個人，在把人當做「目的」來看的文化價值中，就是享有不可渡讓的基本人權的主體；在把人當做工具來使用的文化價值中，祇是一個小數點而已。自中英戰爭碰到西方文化以後，「中體」之不行，便由「中用」之不行而暴露。中國古人重仁義而不尙「機變之巧」。這一「體」發展下來，就不會產生如西方的工業文明。中國歷來自視爲「夏」，而以「夷狄」視人。有這樣的觀念橫在心裡，自然不求也不屑於了解外人；不去學習「夷語」；正科出身的人以進同文館爲可恥的事；爲辦理「夷務」而「去父母之邦」爲「事鬼」，所以，「體」不行，常使「用」不行。五行生剋的說法是中醫的「體」，樹皮、草根，蟲殼、

---

⑫ 引自周振甫，《嚴復思想述評》，頁八二～八三。為什麼混沌的思想容易流行，而清晰的思想少人注意？這是中國近幾十年來大值得研究的問題。

獸角、石塊，是中醫的「用」。我們認爲這些「用」不中用，改「用西藥」。這一改掉，連帶把五行生剋的神話也換掉了。我們進而採用西醫的科學醫理。這是由「西用」而推翻了「中體」，終於到達了「西體」的程序。經濟更是這樣。現在「經濟起飛」的發財實踐把「君子憂道不憂貧」等「中體」揚棄到九霄雲外。所以，「用」改變了，「體」也常因不易維持原有的內容而改變。

至少，在這種情形之下，所謂的「體」不能不受到拉德非得（Robert Redfield）所說的「彎曲」。一個舊社會在向新社會蛻變時，某些基本價值和道德倫範往往是變動最遲滯的一層，因此也往往是最後改換的一層。在這一交替的階段，有許多德目或倫範實在是行不通了，可是大家又不能不口頭奉行，或勉強敷衍。於是，有許多不調和或「不自然」的行爲出現。這就是德目或倫範被「彎曲」了的現象。例如，下車二人搶著付錢，上館子雙方搶著會賬，雖然大家並不一定十分熱心。在婚姻問題上，「父母之命」的倫範，老一輩的人常堅持，年輕的一代人常反對。現在，這一倫範在新舊二力的對拉之下，被「彎曲」得快要折斷了。在社會文化的激變中，這類「體」被新舊二力「彎曲」了的事例，簡直觸目皆是。由此可見張之洞所提出的「中體西用」說祇是一種觀念方面的糅雜，並沒有經驗的事實作基礎，在理論上尤其不通。嚴格地說，「中體西用」說是一種非驢非馬的說法。

四、影響廣大的原因

依據以上的解析，我們可知「中體西用」說是一種根本無法成立的說法。既然如此，何以附和的人這麼多呢？問題就在這裡，我們要分析一下：

第一，梁啓超說是由於「學問飢荒」。他說張之洞的「中學爲體，西學爲用」之所以「舉國以爲至言」，是：「蓋當時之人，絕不承認歐美人除能製造、能測量、能駕駛、能操練之外，更有其他學問。而在譯出西書中求之，亦確無他種學問可見。康有爲、梁啓超、譚嗣同輩，即生育於此種『學問飢荒』之環境中，冥思枯索，欲以構成一種『不中不西、即中即西』之新學派，而已爲時代所不容。蓋固有之舊思想，既深根固蔕；而外來之新思想，又來源淺觳，汲而易竭。其支絀滅裂，固宜然矣。」⑬

梁啓超的這一說法固然不算錯——他說對了一部分，可是他還沒有把基本的原因說出。

第二，從文化人類學的觀點看，「中體西用」說之所以這樣受一般中國文化份子歡迎，是由於文化的「綜攝作用」所致。在兩個不同的文化發生濡化作用時，甲文化將原有文化特徵與外來文化特徵聯結在一起。有的時候聯結得頗爲調和；有的時候聯結得不調和。在器用方面，既穿長衫又穿西裝褲；在行爲模式方面，既舉手行軍禮又點頭示意；在思想方面，既講宋明理學又大談康德、黑格爾，這都是文化的綜攝現象。一切民族對於不熟悉的事物尤其是觀念，常常藉著自己早已熟悉的事物和觀念來解釋。這也是把外來文化的要件綜攝到自己的文化裡去。例如，有人不懂得什麼是「社會主義」，宣傳人就說這是「國計民生」；有人不明白什麼是「民主」，宣傳人就說這是「民爲貴，君爲輕」。這麼一來，便是把外來文化的觀念納入自己文化的架構裡去了。「中體西用」說就含有這樣的綜攝情形。既然是「中學爲體」，就是原有的道統、基本價值，以及道德倫範等主柱和建構不改。既然是「西學爲用」就是把西方的器用之學補入這一建構中來。

這種想法，並不一定祇有在中西文化接觸的中國才發生。在文化的綜攝作用發生的許多文化域常易發生。埃及就是其中之一。埃及也有一個張之洞。他的名字叫做莫罕默德·阿布督（Shaikh Mohammed

⑬ 同9。

Abdu）。無獨有偶，他在埃及，像張之洞在中國一樣，也有顯赫的地位。張之洞做過學政，寫過《勸學篇》的著作。莫罕默德．阿布督起初作過回教寺院大學教師。在本世紀初他起而作埃及的大釋經官。他在自己的著作裡，企圖把伊斯蘭神學與近代科學調和起來，並且運用他的影響力，把科學課程包括在寺院大學裡。這正好是「埃學爲體，西學爲用」。

莫罕默德．阿布督的成功和失敗與張之洞的成功和失敗也很相似。他無力把埃及的烏拉瑪（ulamâ）與埃及神學同西方科學眞正融合起來。他的影響，跟中國的張之洞一樣，祇限於一般受過教育的人。埃及的烏拉瑪與西方近代思想是格格不入的。希瑞亞（shria）是聖律。這一聖律係由可蘭經和古代先知的傳統承襲下來的。正統的伊斯蘭教認爲它裡面包含人生的充足的規律。而烏拉瑪又因爲足以凝結希瑞亞聖律的官方要素，這更增加它與近代西方思想格格不入之處。⑭

第三，中國的傳統知識份子被教導以中國文化的優越論及萬事自足論。夷人的一切低於中國。中國要向夷人學習，乃一不可想像的事。中國什麼都有。萬一有什麼東西爲夷人所有而爲中國所無，那一定是東土失傳，流向夷域的。連代數學也是「東來法」。⑮自南京條約以後，由於抵不住堅船利炮，忽然要中土之士師事夷人，習夷人之學，這無異於宣告前此持執的那些觀念的總破產。這個「精神打擊」太大了，沒有幾個學人士子吃得消的。爲了守護自己的「心靈堡壘」，最便捷的法門是死守中學孔孟道統，堅不承認西學。但是，爲客觀的事勢所逼，又死守不下去。正在這一心情緊張的關頭，張之洞正式地提出「中學爲體」，這把本體顧住了，自尊心也保住了；又接著提出「西學爲用」，這無關宏旨，習點末藝可以禦夷。

---

⑭ See Clifford Geertz, *Old Societies and New States*, 1963, pp. 200-201.

⑮ 參閱全漢昇，〈清末的「西學源出中國」說〉，載於《中國近代史論叢》，第一輯，第五冊，臺北，一九五六年。

這種主張眞是「兩全其美」，恰合需要。所以，它能不脛而走。

第四，這一點是關於一般中國知識份子爲什麼在觀念上容易接受「中體西用」說，和經由什麼通路來接受這一說法。中國知識份子接受大規模的說法，極少主動地通過邏輯的思考和藉經驗知識來支持。一般而論，他們是常常被動地受已有的觀念勢力的支配。比如說，假若唯物論是一種流行的思想，唯心論也是一種流行的思想，並且二者勢均力敵，那末他們因受這兩種思想的壓力而常常在心裡向量地弄成心物二元論。許多中國知識份子常常把自己在思想學問上的見地和應世處群不分。依此，他們平時不喜所謂「趨於極端」，他們怕因思想見解太與眾不同而陷於孤立；他們平時就愛上了「折衷至當」這類可以不必用太多思想的思想方式，許多知識份子對於處理觀念問題的態度已經鑄成這樣的基本傾向。既然如此，正當中學及西學的主從之爭難分難解之際，張之洞提出「中學爲體，西學爲用」的說法，眞是渠成水到的一種排爭解訟的方式，大家不由得不接受。至於這一說法究竟通不通，就很少人認眞去分析了。

五、一個翻版

張之洞的「中體西用」說是一八九八年問世的。在這一說法問世以後三十七年，出現了一個翻版。張之洞眞是「精神不死」！一九三五年何炳松等十教授發表〈中國本位的文化建設宣言〉。這是有名的「十教授宣言」。宣言裡說：

在文化的領域中，我們看不見現在的中國了。……中國在文化的領域中是消失了；中國政治形態，社會的組織，和思想的內容與形式，已經失去它的特徵。由這沒有特徵的政治，社會，和思想所化育的人民，也漸漸的不能算得中國人。……要使中國能在文化的領域中抬頭，要使中國的政

治，社會，和思想都具有中國的特徵，必須從事於中國本位的文化建設。……⑯

爲著要建設「中國本位的文化」，他們將中國過去的文化作了一個梗概的回顧：

中國在文化的領域中，曾占過很重要的位置。從太古到秦漢之際，都在上進的過程中。春秋、戰國形成了我們的希臘、羅馬時代。那眞是中國文化大放異彩的隆盛期。但漢代以後，中國文化就停頓了。宋、明雖然有一個新的發展，綜合了固有的儒道和外來的佛學，然而並未超出過去文化的範圍，究竟是因襲的東西。直到鴉片戰爭纔發生了很大的質的變動。巨艦大炮帶來了西方文化的消息，帶來了威脅中國步入新時代的警告，於是古老的文化起了動搖，我們乃從因襲的睡夢中醒覺了。隨著這種醒覺而發生的，便是曾國藩，李鴻章的「洋務」運動；康有爲，梁啓超的「維新」運動；孫中山先生的「革命」運動。……民國四五年之交，整個中國陷在革命頓挫，內部危機四伏，外患侵入不已的苦悶中。一般人以爲政治不足以救國，需要文化的手段，於是就發生了以解放思想束縛爲中心的五四文化運動。經過這個運動，中國人的思想遂爲之一變。……⑰

中國的情形演變到這種地步，那末，中國的文化應該怎樣建設呢？爲了解答這個重大的問題，不同的看法產生了不同的答案；但他們都不贊同：

有人以爲中國該復古：但古代的中國已成歷史；歷史不能重演，也不需要重演。有人以爲中國

⑯《文化建設》，卷一，第四期。
⑰同16。

應完全模仿英、美：英、美固有英、美的特長，但非英、美的中國應有其獨特的意識形態；並且中國現在是在農業的封建的社會和工業的社會交嬗的時期，和已完全進到工業時代的英、美，自有其不同的情形；所以我們決不能贊成完全模仿英、美。除卻主張模仿英、美的以外，還有兩派：一派主張模仿蘇俄；一派主張意、德。但此錯誤和主張模仿英、美的人完全相同，都是輕視了中國空間時間的特殊性。⑱

他們要怎樣呢？

在建設的進程中，我們應有這樣的認識：

一，中國是中國，不是任何一個地域，因而有它自己的特殊性。同時，中國是現在的中國，不是過去的中國，自有其一定的時代性。所以我們特別注意於此時此地的需要。此時此地的需要，就是中國本位的基礎。

二，徒然贊美古代的中國制度思想，是無用的；徒然詛咒古代的中國制度思想，也一樣無用；必需把過去的一切，加以檢討，存其所當存，去其所當去；其可贊美的良好制度偉大思想，當竭力爲之發揚光大，以貢獻於全世界；而可詛咒的不良制度卑劣思想，則當淘汰務盡，無所吝惜。

三，吸收歐、美的文化是必要而且應該的，但須吸收其所當吸收，而不應以全盤承受的態度，連渣滓都吸收過來。吸收的標準，當決定於現代中國的需要。

四，中國本位的文化建設，是創造迎頭趕上去的創造；其創造目的是使在文化領域中因失去特徵而沒落的中國和中國人，不僅能與別國和別國人並駕齊驅於文化的領域，並且對於世界文化能有

⑱ 同16。

最珍貴的貢獻。

五，我們在文化上建設中國，並不是拋棄大同的理想；是先建設中國，成爲一整個健全的單位，在促進世界大同上能有充分的力。……⑲

這些言論，我看不出有多少實質。當時胡適力加評駁，胡適說道：

十教授在他們的宣言裡，曾表示他們不滿意於「洋務」維新時期的「中學爲體，西學爲用」的見解。這是很可驚異的！因爲他們的「中國本位的文化建設」正是「中學爲體，西學爲用」的最新式的化裝出現。說話是全變了，精神還是那位勸學篇的作者的精神。「根據中國本位」，不正是「中學爲體」嗎？「採取批評態度，吸收其所當吸收」，不正是「西學爲用」嗎？

我們在今日必須明白「維新」時代的領袖人物也不完全是盲目的「抄襲」，他們也正是要一種「中國本位的文化建設」。他們很不遲疑的「檢討過去」，指出八股，小腳，鴉片等等爲「可詛咒的不良制度」；同時他們也指出孔教，三綱，五常等等爲「可贊美的良好制度，偉大思想」。他們苦心苦口的提倡「維新」，也正如薩、何先生們的理想，要「存其所當存，去其所當去」。

他們的失敗是薩、何諸先生們在今日所應該引爲鑒戒的。他們的失敗祇是因爲他們的主張裡含的保守的成分多過於破壞的成分，祇是因爲他們太捨不得那個他們心所欲而口所不能言的「中國本位」。他們捨不得那個「中國本位」，所以他們的維新政綱到後來失敗了。到了辛亥革命成功之後，帝制推翻了，當年維新家所夢想的改革自然在那大變動的潮流裡成功了。辛亥的革命是戊戌維新家所不敢要求的。因爲推翻帝制，建立民主，豈不要毀了那個「中國本位」了嗎？然而在辛亥大

⑲ 同16。

革命之後，「中國本位」依然存在，於是不久大家又都安之若固有之了！

辛亥以來，二十多年了，中國經過五四時代的大震動，又經過民國十五六年國、共合作的國民革命的大震動。每一次大震動，老成持重的人們，都疾首蹙額，悲歎那個「中國本位」有隕滅的危險。尤其是民十五六年的革命，其中含有世界最激烈的社會革命思潮，所以社會政治制度受的震撼也最厲害。那激烈震盪在一剎那間過去了，雖然到處留下了不可磨滅的創痕，始終沒有打破那個「中國本位」。然而老成持重的人們，卻至今日還不曾擱下他們悲天憫人的遠慮。何鍵、陳濟棠、戴傳賢諸公的復古心腸當然是要維持那個「中國本位」；薩孟武、何炳松諸公的文化建設宣言也祇是要護持那個「中國本位」。何鍵、陳濟棠諸公也不是盲目的全盤復古：他們購買飛機、槍炮，當然也會挑選一九三五年的最新模特兒；不過他們要用二千五百年前的聖經賢傳來教人做人罷了。這種精神，也正是薩、何十教授所提倡的「存其所當存，吸收其所當吸收」。

我們不能不指出，十教授口口聲聲捨不得那個「中國本位」，他們筆下儘管宣言「不守舊」，其實還是他們的保守心理在那裡作怪。他們的宣言也正是今日一般反動空氣的一種最時髦的表現。時髦的人當然不肯老老實實的主張復古，所以他們的保守心理都托庇於折衷調和的煙幕彈之下。對於固有文化，他們主張「去其渣滓，存其精英」；對於世界新文化，他們主張「取長捨短，擇善而從」：這都是最時髦的折衷論調。陳濟棠，何鍵諸公又何嘗不可以全盤採用十教授的宣言來做他的煙幕彈？他們並不主張八股小腳，他們也不反對工業建設，所以他們的新政建設也正是「取長捨短，擇善而從」；而他們的讀經祀孔也可以掛起「去其渣滓，存其精英」的金字招牌！十教授的宣言，無一句不可以用來替何鍵、陳濟棠諸公作有力的辯護的。何也？何、陳諸公的中心理論也正是要應付「中國此時此地的需要」，建立一個中國本位的文化。[20]

---

[20] 胡適，〈試評所謂「中國本位的文化建設」〉，《胡適文存》，第四集，卷四。

「十教授宣言」，在現代中國討論文化問題的文獻裡。可以算是一篇典型的浮文。它不僅是沒有一絲一毫新的觀念和內容，並且文章裡充滿了浮詞泛語。例如，「存其所當存，去其所當去」；「應該吸收其所當吸收」，「不應連渣滓都吸收過來」。這些詞令似乎頗爲堂皇，然而，一究其實，誰能確指它們究竟說些什麼呢？所謂「當」，所謂「應該」，都是表示價值判斷的字眼。一談到價值判斷，便很難得項項作一致的決定了。某甲認爲是「當存」的，也許某乙恰好認爲是「當去」的。某甲認爲模特兒有傷風化，所以「當去」。某乙認爲爲了提倡藝術，所以模特兒「當存」。各人的價值觀念這樣不同，那怎麼辦？愈是文化變遷的時代，我們愈難事事求得一致的價值觀念。這麼一來，像「存其所當存，去其所當去」之類的話，成了一些空格子。這些空格子要怎樣塡，那就祇好「悉聽尊便」了。

「十教授宣言」說「在文化的領域中，我們看不見現在的中國了。……中國在文化的領域中是消失了；中國政治形態，社會的組織，和思想的內容與形式，已經失去它的特徵。」讀完了這些話，我對十位教授的文化常識感到困惑。中國這麼大一個文化域擺在十位教授面前，他們竟視而不見。那末，他們所謂「文化」究竟是什麼東西？別的暫且不提，就拿「十教授宣言」本身來說，可不是道道地地的中國文化產品麼？這樣的產品顯然不會在希臘、在法國、在土耳其出現的。依照我們在前面所已經說過的，在這個地球上，祇要是有人的地方就有文化。中國這樣大的一個文化擺在十位教授面前，他們尚說「在文化的領域中，我們看不見現在的中國了」。這可能是因爲他們「不識廬山眞面目，祇緣身在此山中」。他們說「中國政治形態，社會的組織，和思想的內容與形式，已經失去它的特徵」。這話更不知何所根據。他們的宣言所表現的「中體西用」說，不正是具有中國特徵的調和折衷思想麼？在一九三五年時，中國的政治形態在基本上不是中國固有的麼？中國的家庭組織、社會結構和人事關係，雖然已經在變，可是和德國的對照起來，還不是很有中國特徵麼？然而這一切，十位教授竟視若無睹。他們太恐惶了。他們恐惶在這一大變動時代中國文化特徵之消失。結果，中國文化的特徵在事實上並沒有消失，倒先在他們心靈中消失了。

從中國文化對抗西方文化入侵的形勢來說，提倡「中體西用」說的實際作用，是爲的在對西方讓步中求存。[21]中國從前「制夷」之法，爲同化、懷柔、和親、威鎮、安撫、剿辦等等。中英戰爭以後碰到了「西夷」，這些方法一概無用。這些「西夷」來自中國勢力所不及的遠方。他們有遠比中國優越的工業力、經濟力及軍事力。他們根本不需要向中國文化學習什麼。恰恰相反，中國要禦侮圖存，倒要向他們學習。在這一濡化的過程中，中國固然需要接受西方文化的某些要件，可是同時又惟恐失掉自己賴以顯示自己地位的文化特徵。處於這雙重的要求之下，中國在一方面必須完全忠於自己文化的基本價值，在另一方面又必須作有選擇的吸收或改變。主張「中體西用」說的人士認爲，即令是作這樣的適應，中國文化的優越之處依然保持不變。西學之用適足以維護中學之體。

這是主張「中體西用」說的人士打的如意算盤。他們難以思議這種「西用」對「中體」的滲透力之大。採納「西用」，促成中國知識份子的觀念逐步更新、思想方式漸漸改變、知識內容慢慢增加，並且打破了「獨尊孔孟」的迷執。「西用」刺激中國社會向工業和商業發展。這樣的社會愈來愈和「孔學」疏遠了。把水跟油裝在一個瓶子裡拼命地搖，等手一停，油還是油，水還是水。中國近百年來之吸收西學，基本的推動力，如前所述，除了應急以外，就是好新奇的心理。這樣一來，就容易走上「淺嘗輒止」的道路。結果，「中學」荒廢了，「西學」也祇抓著一點皮毛。所以，學術的園地這樣寥落。眞正要吸收「西學」，除了從語言文字的訓練入手以外，必須在理論構造（theory construction）上痛下功夫。「理論構造」是「西學」之「體」的核心。掌握了這個核心，「西學」之「用」就不難了。

㉑ See Joseph R. Levenson, *Confucian China and its Modern Fate*, University of California Press, 1958, Chapter IV.

第十一章　現代化的問題

中國的現代化的問題在基本上就是一個從古老文化過渡到現代文化的問題。這個問題是牽涉廣泛而且曲折又多的困難問題。

中國現代化的演變程序並不簡單。在一方面，中國文化必須在掙扎裡痛苦地拋棄若干障礙現代化的文化要件：在另一方面，中國文化必須調整其機能來吸收若干新的文化要件。

沒有任何文化份子可能是洛克（John Locke）所說的「心如白紙」（tabula rasa）。一個人既然是一個文化份子，於是他的內心便佈滿了價值觀念。他做任何事時總是考慮「值不值得」。這就是價值觀念在他心裡起作用。一個人是如此；由文化份子的互動而形成的一個文化也是如此。中國文化要放棄某些要件，又要調整其機能來吸收新的文化要件，這得重新更換它最深藏並且又很遍在的若干價值觀念。依照我們在前面一再所說，中國文化意識是崇古、拒變、輕外而又自足。中國文化要現代化，首先必須刷除這些觀念，而採取好新、迎變、明外，並且自覺到不足而有向外入學習的必要。然而，這一類的觀念與前一類的觀念剛好居於大反對的地位。所以，無可避免地，在中國現代化的過程裡，這兩類觀念常常發生衝突。復次，從觀念的接觸方面來看，中國近百年來的現代化過程，也就是中國文化的某些基本價值觀念和西方文化的某些基本價值觀念互相衝突的過程。

我們要明瞭關於中國現代化的種種，必須具有足夠廣闊的視野。這也就是說，我們必須從西方近代文化在世界規模上的擴張來看中西文化的接觸。我們有了這樣的展望界，既可以獲得一個比較的了解，又可以去除不必要的情緒反應。除此以外，我們又須明瞭西化結果的兩方面，以及從歷史的次元來觀察中國現代化的曲折經過。做了這些工作以後，我們才有所根據地規劃出中國現代化的基本。

一、西方近代文化的擴張

近幾十年來，有許多中國文化份子把西方近代文化對中國文化的衝擊說成「文化侵略」。這固然是爲了達到某種實際的目標。可是卻曾頗收反西方文化之效。既然如此，足證有許許多多中國文化份子在潛意識中本來就存有反西方文化的態度。這種態度的形成，是由於許許多多中國文化份子總是覺得西方勢力專一跟中國作敵。這種印象的形成，除了西方文化勢力對中國文化的衝擊所造成的一般中國文化份子的挫折和不安等等原因以外，是由於一般中國文化份子的視野不夠開闊，祇看見西方近代文化跟中國文化之一對一的遭遇，而看不見西方近代文化擴張時跟世界許多文化之一對多的遭遇。特別自十九世紀中葉以來，因著工業成就的推動，西方近代文化像一個發酵的麵包，向地球上的各方面膨脹，於是無可避免地和地球表面的許多不同的文化接觸。中國文化不過是其中之一而已。關於這種實情，我們試看這個圖表就可明瞭。①

我們看了這個圖解，可知西方近代文明所擴張的區域是全球規模的。這種情形尤以十九世紀中葉以來爲然。時至今日，甚至南北兩極冰天雪地人跡罕至的荒原，也有西方文化的腳印。在不久的將來，西方文化的勢力可能會征服冷寂寞落的月球，使月球沾染人生熱鬧的氣息。

① 這個圖是仿自麥克尼勒。See William H. McNeill, *The Rise of the West*. The University of Chicago Press, 1963, p. 727.

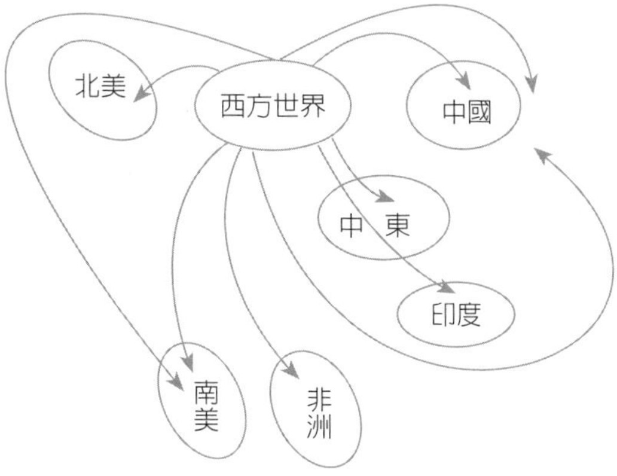

1850及其以後

當西方近代文化對地球上許多文化衝擊時，有的文化反應「良好」，有的文化反應「欠佳」。之所以有這樣的差別，是因爲各個文化的文化基線不同。這有點像同一題目，不同的人作不同的答案。依前所述，近百年來中國的現代化過程，就是對西方近代文化衝擊的一連串反應。我們要能更清楚的明瞭中國文化的這種反應，最好是與別的幾個文化對西方近代文化衝擊的反應對照起來看。在這樣的對照中，我們才能比較客觀地了解自己的問題。

圍繞著十九世紀中葉，有四件重大的變化使主要的亞洲文化遭到無可避免的搖撼。第一，在中國有太平天國運動之崛起。這一運動對中國近代諸巨大變動產生了空前的激發作用。它所產生的連鎖反應，使中國文化要回復到傳統的老樣子已成不可能的事。「同治中興」雖然現出了一點大病後的起色，可是畢竟是「夕陽無限好，只是近黃昏」（Indian summer）。第二，日本的幕府勢力破碎了；堅硬的社會控制崩潰；實施著由上至下的許多重要變革。自一八五四年起，日本對外發生有限度的貿易關係。第三，在印度，一八五七年到一八五八年的變亂，是替舊的社會秩序掘挖墳墓。在變亂平服後，西化大量推進，學校和鐵路相繼興辦。這種光景之出現，愈來愈使印度人不能把英國人看作祇是屬於一個封級（caste）的征服者。印度人在西方文化的遍在壓力之下，祇有愈來愈拋棄其傳統的外殼了。第四，在一八五三年至一八五六年的克里米亞戰爭（Crimean War）裡，土耳其雖然在英國和法國支援之下打敗了俄國，可是鄂圖曼制度反而更爲之毀損。戰爭是社會文化激變的觸劑。蘇丹帝國在西方國邦所提供的鐵路構築等技術的創新之下並未恢復。不僅如此，它並且在英國、法國和奧國的要求之下，正式給予一切人民以自由。這是一件新事。②

上面所說的四個文化，在十九世紀中葉以前本來是以完整而又獨立的地位和西方文化並存的。然而，到了十九世紀中葉，西方文化因受工業革命的推動而四向擴張以後，這些文化都紛紛作崩解性的激變，無論是從上至下也好，或是從下至上也好，舉凡政治、經濟、社會、思想等等變革，都在像放連串爆竹似的出現。這些變革猛烈地摧毀著古老的生活方式及藏在其中的價值觀念。這也就是說，上面所述的四種文化與西方工業文化接觸時引起了基本的損毀。因此，一個世界性的文化在互相衝突而又互相調整的程序裡塑成中。

這是我們必須把握的一個基本關鍵。

我們現在選擇來和中國文化對照的文化是伊斯蘭文化、印度文化，以及日本文化。③

(一)伊斯蘭世界

十九世紀的回教世界，在有財有勢的西方基督教的壓力之下，繼續衰落，直到它徐徐放棄伊斯蘭的許多重要價值觀念，以適應來自西方的政治和經濟技術。在第一次世界大戰以前，回教的政治主權迅速喪失。回教地區的整個東部陷於從印度向北延伸的英國勢力及從中亞草原向南進逼的俄國勢力夾擊之下。一九〇七年以後，整個鄂圖曼帝國邊疆以東的伊斯蘭地區都受到西方勢力的宰割。一九一八年土耳其人拋棄了鄂圖曼及帝國思想，並且採取了土耳其民族主義。到一九三〇年，歐洲的勢力才作有限度的撤退。第

---

② 同上書，Chapter XIII。
③ 同②。

二次世界大戰以後，回教地區才紛紛獨立成國。

伊斯蘭世界固然長期受到西方現代文化力量的支配，可是現代行政制度、現代軍隊，以及人民權利等現代觀念，都從西方世界介紹進來。不過，這些外路貨與伊斯蘭原有的古代權力政治觀念不大融洽。同時，回教人民對於他們那不可回復的古代文物制度仍有頗深的戀情。

這種情形與中國主張復古的人是相似的。

在實際上，過去百年來伊斯蘭人民暴露在民主和工業革命的力量之下，但沒有經過像歐洲的文藝復興及宗教改革。在歐洲近代之初，伊斯蘭人民從異教和革新面前退卻。他們無寧躲在權威主義和既有的階層之蔭蔽底下過日子。可是，在十九世紀，原有的正統制度失效，鄂圖曼不足以支配人的心靈和身體。在這樣的情形之下，伊斯蘭人民就得對他們從前之不肯改革償付代價。他們必須在短短一百餘年以內完成歐洲人在四百多年以內所完成的技術和複雜觀念的了解與運用。這麼一來，知識和制度上的混亂自然難免發生。

近代中國也正是如此。

伊斯蘭人民奉「聖律」爲依上帝旨意管理人事之唯一眞實的律則。可是，照著這種律則來行事，不易與由西方勢力所形成的激變社會適應；也不易與二十世紀俗世化的思想趨勢適應。伊斯蘭早年的博學之士把他們的時間、精力和聰明才智用來詮釋「聖律」。這種傳統，阻塞著後代伊斯蘭人民重新詮釋或應用聖律所亟需的心智努力。儘管原來樣子的聖律已不復能夠成爲行爲的規範，但很少人在口頭放棄它，也很少人在表面放棄他們所信奉的宗教。不過，大多數受過教育的伊斯蘭人對於傳統伊斯蘭的僵硬規律感到不耐。

中國的傳統也是如此。中國「聖書」的注解只有朱注才算數。這種傳統之發展所及，任何言詞。祇要是取得權威的地位，大家都奉若聖諭，對之祇會信從，不會懷疑。即令這種言詞已被證明爲不眞，或已與現實脫節，還是不可更新，而必須在口頭敷衍，一直到它完全失去票面權威而後已。在古典的文化裡，眞理和權威常常被看作一回事。結果，權威傾倒之日，也就是眞理幻滅之時。

伊斯蘭固有的正統思想和現代思想不相容，因而導致人的思想整合之破裂。於是，一般伊斯蘭人在口頭附和伊斯蘭教義，同時也在口頭附和西方近代思想。例如，他們常常談到民主政治的理想。可是，他們既不能眞正採納西方文化的新東西，又不能眞正復古，這使得一般受過教育的伊斯蘭人心挂兩頭。這種情況又令他們努力設法開闢一條逃避難局之路。俗世化便成爲現成易得的代用品。一九二五年瑞查夏（Reza Shah）即位以後就確定地採取俗世化的政策。這就是從事物質建設、政治改革和移風易俗等。一九三〇年代以來沙地阿拉伯的瓦哈比（Wahhabi）運動之火，即爲氣油所浸滅。氣油是俗世的利器。聖不敵俗。

中國的政治改革、五四運動，以至於終止讀經等等，也是從聖化至俗世化的過程。

在從「本位文化」出發同西方文化接觸而且又從「聖化」到俗世化的歷程中，易於出現弗勒斯（Lloyd Fallers）所說的二心（double-mindedness）。[4]如前所述，近東的伊斯蘭民族想要把現代化與傳統文化調和；可是，同時他們又要掙脫西方的統治。中古時期的伊斯蘭教比印度教更理性而少魔術成分。正統伊斯蘭教具有嚴肅的一神教的教義以及嚴格的法治。可是，伊斯蘭世界和西方世界數個世紀以來接觸的密切，後來它對西方世界之屈居下風，鄂圖曼勢力的衰落，西方勢力之巧取豪奪，以及少有負責的殖民

---

④ Lloyed Fallers, Equality, Modernity and Democracy in the New States, in *Old Societies and New States*, edited by Clifford Geertz.

主義，促使近代伊斯蘭世界陷於無政府狀態。而且在現代化的過程中，伊斯蘭世界沒有一種強力的推動要素。當然，這並不是說，伊斯蘭世界沒有現代化的思想家。我們祇是說伊斯蘭世界在把傳統思想和現代思想綜合起來的這一工作上，沒有出現印度那樣偉大的思想家。所以伊斯蘭人無法縫合新舊思想。於是，「二心」就出現。同時，近東諸國生出一個教育制度。這個制度在一方面承襲了過去伊斯蘭世界知識份子所享有的大部分聲威和地位；在另一方面又教育著新的政治和技術精幹。這麼一來，在傳統的領導人物和現代人物之間產生了鴻溝；而且後者顯然產生了「二心」。

現代化途程上的中國也發生類似的情形。以「中體西用」說爲典型的各樣各式的調和折衷論調，可以看作是縫合「二心」的產品。中國過去的教育建制裡，「正科」與習洋務者之間的分別，以及大學文科與理科之間的分別，也存在著輕重之分。

(二) 印度

印度之接受西方近代文化的觀念與技術，就一般而論，遠比伊斯蘭世界容易。在印度和西方之間沒有長期的衝突存在。印度宗教沒有主義式的定義。這使得印度人能夠比較容易就西方文化本身來考慮它的利弊；至少不常發生如同西方觀念和森嚴的回教聖律之間的衝突。復次，西方文化與印度文化的接觸比在亞洲任何地區程度深入並且範圍廣大。在十九世紀的時候，印度接受了西方近代的教育制度、良好的文官制度、近代法律、軍隊、警察、經濟、組織及交通系統。這些條件的建立更便利印度人學習西方的觀念、思想、文學等等。當然，印度的許許多多風俗習慣及神祇崇拜裡所含觀念與西方的近代觀念大不相同。但是，印度的知識份子可以調和於印度的本土文化和外來的西方近代文化之間。印度的青年知識份子一般的不崇拜偶像。他們住在半西化的都市，如新德里、加爾各答等處。如果他們必須回鄉的話，那末他們可以適應民間的封級的習俗與生活方式。

中國的新知識份子一旦「出洋」留學或到大都市求學，便多不願再回到鄉村裡去。他們不喜鄉村「落後」的及「閉塞」的生活方式。他們追求大都市日趨現代化的生活方式，以及較高的職位和報酬。鄉村社會裡的家庭也以自己家中「有人在外面做事」爲「有面子」和「有靠山」。這是清朝時候鄉村社會的家庭有人在外面——省城或北京——做官便覺「光宗耀祖」及「有勢」的新版。（現在若干人則以「到美國」取代了「到上海」的聲威地位。）自己的子弟在「學堂」裡畢了業，萬一在「外面」混不下去而非回家不可，鄉黨之間就叫他「回鄉寶」。回鄉寶儘管是回鄉寶，他還是不願跟鄉人過一樣的生活。上述的情形更擴大都市和鄉村文化發展的位差：鄉村滯留在半原始狀態，而上海、天津、漢口等大都市則向現代化前進。

在統治印度的期間，英國人不斷把印度原來的統治者變成傀儡，或者根本就換掉。行政部門藉英國式的教育換新人來掌管。這些印度人因常與英國人接觸，而且他們的職位之昇遷須合於英國上司的要求，所以他們極希望同化於西方的形式。這些印度人是印度社會的中堅份子。這些中堅份子對別的印度人有感染力，使他們也西方化。這樣一來，英國的西方近代文化特徵與印度本土文化的特徵得以結合在一起，使印度的新文化呈現一種頗爲殊異的色調。

在文化的綜攝現象中，印度也許是一個最有趣的例子。在一方面，印度有它傳統的神秘主義，以及神秘主義與森嚴的社會習俗的結合；可是，在另一方面，印度爲一切新興國邦中有現代化的職業組織之一。之所以如此，一部分的原因當然是前述英國之長期和深入的統治所致；另一部分的原因是印度的宗教傳統之特殊多元的分立。而印度的宗教傳統之特殊多元的分立，又與印度社會分裂情況互爲函數。印度社會是分成無數自婚群體的。自蒙古兒（Mogul）及英國統治以來，在數個世紀之間這些群體和中央政權的關係鬆疏。印度的教派經義中含有極多可以轉換成現代化的文化資源。那些群體分立的情境使得印度文化之較上層的部分不致因過分與政治組織發生關聯而被它拘束。

(三)日本

日本文化在幕府時代有一種顯著的雙重性格。它具有武士道的斯巴達精神；但卻又沉湎於一個「飄浮不定的世界觀」中。在這兩個極端之間，日本文化維持著勉強的平衡。十九世紀幕府勢力彼此衝突。在這一情境中，柏利（Commodore Perry）於一八五四年來臨，觸發了日本文化的激變：開始大規模西化。

從明治維新開始，直到第二次世界大戰以前，日本在政治和經濟方面的西化之速度和成就，於亞洲是首屈一指的。日本這種成就足以證明亞洲民族可以藉西化來趕上西方並且可以進一步地反擊西方的勢力。日本之所以能夠如此，是因為他能夠把舊的社會文化因素和新的西方文化因素很巧妙地配合起來。日本舊的社會結構是一個很嚴格的層級組織。這樣的層級組織次序分明，而且各層之間有不同的行為模式。日本的這種社會結構准許相對少數的領導人物於一代人之間，在軍事制度和經濟制度方面作深徹的改革。至於在政治制度方面，日本能夠依照西方的民主型模至少作表面的改造。

自紀元後第六世紀開始，日本在一千多年之間吸收著中國文化裡較高的文化要件或技術。這一事實，給予日本什麼暗示呢？這使他們覺得外國文化有比本國文化優越的地方，因此本國文化有向外國文化學習的必要。既然日本文化份子有這種感覺，於是他們向外國文化學習時他們不認為是丟臉的事。日本文化份子當論及本國歷史的時候，常常強調外國文化的輸入。他們不因顧到空虛的面子而拒絕模仿外國文化的事物。保全面子的要求阻擋不住他們模仿外國文化事物的要求。這是對現代化有利的心理條件。這種心理條件促使日本順利而又飛躍地接受從十九世紀到二十世紀的西方觀念和技術。日本文化份子崇拜祖先，他們也常照著祖先的腳步走。他們的祖先是學習外方文化的，所以他們也就很自然地學習外方文化。他們的祖先崇拜，不僅沒有妨害他們西化，而且爲他們的西化鋪平了通路。

中國的情形剛好相反。如前一再所述，中國文化份子一向認爲自己的文化最高，外方四夷的文化低於它，既然如此，於是外方四夷的文化沒有什麼値得中國文化學習的。而且中國文化也沒有什麼需要向外方四夷學習的。不僅如此，中國一般文化份子還發展出一種心理，即認爲向外方學習是一件可恥的事。因爲，向外方學習，意含著自己不行。康熙時代有一位叫楊光先的人。他上書反對西洋曆法，主張恢復舊曆法。可是，皇帝不聽他的感召，他對天象的算法錯誤因而下獄。他被赦以後還不知悔，著《不得已》說：「是以西洋邪教，爲中國之人而欲招徠之，授引之，自貽伊戚。無論其交食不準之甚；即準矣，而大清國臥榻之旁，豈容若輩鼾睡乎？」我們眞不明白他所說的「臥榻」不容外人「鼾睡」與曆算準確與否有什麼相干？艾儒略著《職方外記》：南懷仁著《坤輿圖說》。這些著作都是地理學的貢獻，紀昀竟不重視。胡禮垣說：「紀公曾於內庭管理四庫全書。阮公曾建設學海堂於廣東各省。南北學士，莫不資法於二公。二公博覽群書，不愧一代之文宗。今者艾儒略、南懷仁等遠涉重洋，來詣吾邦。二公表面勉爲敬崇，而不用其說。其意以爲我中華一統志，卷帙五百，至詳且盡。安用此淺近之地球說略，輿地圖說等爲？又以爲堯舜之時已創曆法，垂四千年而不變。彼瑣瑣之說惡足以易之？」

日本文化不尙這樣的一套想法，而中國文化尙之。這是爲什麼日本的現代化容易但中國的現代化困難之一重要原因。

除此以外，賴世和（Edwin O. Reischauer）提出了可接受的解釋。⑤他認爲要說明十九世紀日本和中

⑤〈日本與中國的近代化〉，賴世和作，王崧興譯，《文星》，六八期，臺北，一九六三年。

國之間近代化速率的差異，必須「闡明其社會構造、思想、價值觀等」。十九世紀的日本留學生的知識受到重視，他們在社會上佔有重要的地位；而中國留學生在中國則否。日本有封建制度下的「多樣性」；中國則否。「封建制度下的日本，國土被分割，各地呈現出各色各樣的反應。但中國的情形，儘管國土比日本廣大，反應則缺乏那種多樣性」。日本社會是屬於目標定向型（goal orientation）。中國社會是地位定向型（status orientation）。地位定向型是以官職的大小或身份的高低作社會地位的衡準。目標定向型是以成就內容和大小爲贊同與否的衡準。依據目標定向型而努力的人，能在自己所屬的社會階層裡幹出優異的事業，而不必投身政界。岩崎彌太郎生於武士家庭，但是立志做事業家。他對日本現代化有所貢獻。澀澤榮一做過明治初期新政府的官吏。他後來辭職不幹，轉而從事實業，卒致成爲日本早期經濟界偉大的指導人物。然而，反觀中國的盛宣懷，他在清末建立了近代工業基礎。但是，他寧可不做實業家而要保留他的官位。因爲，在傳統中國，官比商有地位。日本比中國有企業精神。賴世和說：「中國的癥結是強有力的中央政府。假如對政府有利的新事業興起，就課予重稅，變成國家的獨佔事業，扼殺民間的企業。」而「日本的商人被課以重稅或耽心被政府徵收比中國的情形爲小，而富農也感到更大的安全性。」⑥

依據以上的比較觀察，我們可以明瞭中國在近代化的途程中所遭遇的挫折和阻滯以及所發生的種種浪費，並不是單一的（unique）；更不是西方文化特別與中國文化爲難。如前第三章裡所說，這是不同質的文化接觸時難以避免的結果。西方文化對中國文化是如此，對伊斯蘭文化、印度文化，以及日本文化也是如此。祇因受西方文化挑戰的這些文化的「底子」各不相同，所以反應也就有所不同。我們除了歷史的眼光以外，必須具有這種洲際的文化展望界，才能把自己百餘年來所逢這一個大問題看清楚。

⑥ 中國左派的宣傳一直是把封建認作落後的標記：而賴世和則將封建看作現代化的基礎。這是一個有趣的對照。

自十九世紀中葉以後並經歷兩次世界大戰以至於今日，西方文化向亞非地區這些不同的文化伸出其有力的手以來造成種種問題。環繞著這些問題，又衍生出一個大的問題，就是：西方文化對亞非文化的衝擊，對亞非人民究竟是「有益」還是「有害」？所謂「有益」或「有害」。大大地不是純粹的記述事實的名詞，而是含有濃重的價值判斷。談到價值判斷，這是世界上最難解決的問題之一。不過，世界上有些最難解決的問題，往往也是最重要的問題。上帝作弄人類，使人類在這些問題上困惑、絞腦汁、流汗，甚至流血。關於西方文化之衝擊亞非文化，這對亞非人民究竟是「有益」還是「有害」的問題，不是學院裡純知識上的問題，而是開於人類今後的禍福問題。自由制度同極權制度在世界規模上的勢力之消長，在基本上，是以對這個問題怎樣解答爲一大樞紐。以蘇俄爲首的極權制度的勢力正在利用這個問題來推行它的世界政策。以美國爲主導力的自由制度正在藉對這個問題之合理的解決來爭取世界大局的逐步好轉。

亞非地區的一般文化份子，在不同的程度上，從民族自尊心、平等的要求。反「帝國主義」及殖民主義，以及我族中心的文化主義出發，自然而然地覺得西方文化勢力是可厭的，甚至是有害的。近六十年來亞非地區的許多重大變革莫不與亞非人民想擺脫西方勢力的傾向有關。從鬧「收回租界」，「廢除不平等條約」。到提倡恢復舊的文化；從甘地用手紡棉紗以示對英「不合作」，到印度獲得獨立；種種等等，都表示這一無可阻遏的反西方的傾向。然而，西方文化份子對於西方近代文化給予亞非地區人民的影響之看法可不是這樣。對於這樣重大問題的合理解決，不能完全訴諸情緒。我們對之必須有一個接近客觀的認知。爲了達到這個目標，像開辯論會一樣，我們必須聽聽兩方面的論旨。就這個問題來說，芬利士（Egbert de Vries）的指陳頗爲簡短扼要：

歐洲人在技術（包括軍事技術在內）、經濟，和行政上的成就遠優於亞非地區的人民。藉著這些成就，歐洲人能夠讓亞非地區的人民在世界市場上享有他們的成品，大量工業生產的利益、改進了的生產力、較佳的保健及教育、內政上的安全，以及改善了的行政。歐洲商人、工業家、拓殖者、工程師、教育家、行政者，往往包含傳教士的精力、技巧，和耐心，克服著亞非靜態社會對進步的缺乏興趣，並且把亞非地區導向一個技術與理知為基礎的世界社群。總而言之，這是白種人的責任。⑦

上列是白種人的看法。亞非地區的人民的看法則是另一個樣子：

歐洲人藉著濫用他們軍事上的優勢，並且受他們工業家渴求廉價原料所推動，以及為他們的大量生產找市場，歐洲國邦的政府把亞非地區獨立的人民拉到他們的軸心裡去，在經濟上剝削他們，挫折其本土經濟的成長和民族的生活，否認他們自決的天然權利，攻擊他們的文化，並且把他們暴露在所謂西方文明的罪惡之下。總而言之，有色人種的責任是醒覺，並且掙脫他們的鎖鍊。⑧

上列兩種看法頗不相同。那一個對那一個錯？都對，也都錯。這話怎講？如果上列兩種看法所指的是西方近代文化在亞非地區所造成的事實之全部，那末上列兩種看法全錯。如果上列兩種看法所指僅是西方近代文化在亞非地區所造成的事實之一面，那末上列兩種看法全對。就事論事，西方近代文化之入侵亞非

⑦ Egbert de Vries, *Man in Rapid Social Change*. New York, 1961. p. 27.
⑧ 同⑦。

地區，的確是為亞非地區之現代化鋪了路；可是，它同時也給亞非地區帶來了因社會文化激變所產生的不安。西方人的確在經濟上佔過亞非地區人民的便宜；但是，他們同時也的確開發了這些地區。西方人確曾藉著種種優越的力量把他們的支配之手伸向亞非地區；但是，這也激發起亞非地區一般人民獨立的醒覺，或民族意識的高漲。

我們不要因避害而棄利；我們也不可因取利而呑害。我們想不出任何理由一定要將自己的前途交給來自遙遠地方的陌生面孔來支配，正猶之乎我們想不出任何理由說在民主制度之下必須把大家的一切永遠交給固定的熟面孔來主宰。亞非地區的人民不接受外力的干擾，但是這並不涵蘊著不接受現代化。不接受現代化，衹有滅亡。我們不要西方人的警棒；但是，這並非不要現代技術、現代科學，尤其是現代觀念與思想。

二、中國現代化的發展

我們在上面是從西方文化對亞非文化衝擊的這一世界規模上，來展望中國在西化的途程上所受困難以及所處情境。這種觀察是一種外部的觀察。我們現在要進一步從中國文化自身的變動來觀察中國在西化的途程上所受困難。這種觀察是一種內部的觀察。如果我們僅作外部觀察，那末就不能明瞭中國文化變動的「內情」。如果我們僅作內部觀察，那末我們就不能明瞭中國文化在近代世界的「處境」。我們必須將二者配合起來看，才能對中國文化因西方近代文化的衝擊而發生的激變，得一比較完全的圖象。

郭廷以說：

中國的歷史並不孤立，歷史上很少孤立的國家民族。有史以來我們曾受過不少強大部族的憑陵，如塞外的匈奴、鮮卑、突厥、契丹、女真、蒙古以及西南的吐番南詔。但是他們僅恃一時的優越武力，經不起長期的磨鍊。我們也曾受過異域宗教思想的熏染，特別是佛教；然而印度祇有其消極性的文化，談不上別種企圖。近代我們所接觸的「前史所未載，亙古所未通」的西洋諸國，則大異於是：不僅有其強大的武力，而且有其積極性的高度文化。於是我們遇到了新的對手，向所未有的勁敵。誠如同光年間留心時務，目光犀利的郭嵩燾所云，西洋人之入中國是天地的一大變。李鴻章、嚴復也均說這是三千年來中國的大變局，是秦以來所未有過的世變。大家都知道時代走「變」了，外在的環境變了，而我們內在的生活方式未能切實有效的來趕上這個「變」，來適應這個「變」。因而諸事感到不「通」。一切受到威脅。這是由於我們知己知彼的工夫不夠，尤其是知彼工夫的欠缺，所謂認識不明，蹉跎遺誤，措施乖方，步驟紊亂，勞而少獲，甚至無獲。百年以來民族的悲運危機之所以致成，均須於此求之。⑨

當然，我們很不容易找到長期絕對孤立的文化，我們尤其不容易找到像中國傳統的文化這樣偉大的文化長期絕對的孤立。可是，相對孤立的古老文化是不難找到的。中國傳統的文化就是一個顯著的例子。中國傳統的文化之所以長期的相對孤立，最顯而易見的原因是西阻高山、東絕大海這類自然地理環境。然而，這不是唯一的重要的原因。除了這類原因以外，就是前面所說的價值觀念。價值觀念可以佈成一個幕。我把由此而構成的幕叫做價值之幕（value curtain）。價值之幕的作用可能相當於鐵幕，有時甚至於比鐵幕還有功效。鐵幕是有形可見的。有形可見的鐵幕能把人的身體關住，但不一定關得住人嚮往自由的

⑨ 郭廷以，〈中國近代化的延誤〉，《大陸雜誌》，第一卷，第二期。

心靈。柏林圍牆就是好例。可是，價值之幕是無形的。如果一個人或一群人被罩在某一價值之幕裡，那末他或他們與不分享那一價值的人即令是近在咫尺，也是咫尺天涯。例如，一個幹走私買賣的人的最高價值是賺最多的利潤。你跟他講老子道德經，他可能當耳邊風。我是一個以思想與讀書爲重要價值的人。如果有人跟我大談跳舞，那末我一定心煩，和他的距離祇有愈來愈遠。一個人的行爲被許多價値觀念所制定。同樣，一個文化的取向也被它具有的價值觀念所左右。如前所述，中國文化的基本價值是以政教禮俗爲天下最美，而且在經濟上什麼都有、無待外求。中國人是長期被封鎖在這個自足的「價值之幕」裡。所以，西方文化的衝擊來了，中國文化的反應方式是那樣彆扭。除此以外，中國的另一基本文化價值，如前所說，是不尚變；甚至以變爲不德。因爲中國文化份子長期在這一文化價值的習染之下，所以弄得知守常而不知通變。習於這種心性的人，置身在這一大變動的時代，是不易適應的。結果：

人家是一日千里的在邁進，我們是故步自封，孤陋寡聞，仍是吳下阿蒙。一旦集近代大變的大成的大英帝國爲了保持她的每年等於印度財政收入的十分之一的鴉片稅源，爲了推銷她的工廠的大量成品，爲了強以中西不同而爲中國所絕不暸解的國際觀念逼著中國接受，挾其十八世紀以來新生的力量，威臨到中國的大門，闖入了中國的腹地，我們自然是手足無措。明成祖靖難之役，建文帝的少子被圈禁了五十多年，一旦被釋，據說連牛都不知道了。我們對於一別百餘年的西方文化，自亦須重新認識，從頭學習。⑩

⑩ 同⑨。

中國文化發展成對西方近代文化之入侵「無所措手足」的光景，主要是因爲文化的負荷太重。如第三章所說，文化愈古，對於前此的文化成規之倚賴往往愈深，而且文化的繁縟化也愈多，以至於整個的文化動彈不得。這種情形，不僅中國爲然，許多「歷史悠久」的文化也會如此。即令是在軍事技術上銳意求新的日本和德國也多少不免受先在的成規所限制。據麥克尼勒所說[11]日本的第二次大戰計劃是在戰前仔細擬訂的。日本軍方在擬定作戰計劃時。係依一八六六年和一八七〇年普魯士戰勝法蘭西的計劃爲藍本。計劃擬訂好了以後，戰事開始。日本軍方並堅持付諸實行。可是，自一九四一年以後，日本在運輸及其他方面的短缺，使日本的工業和軍方難以維持，以致日本的行政者和設計者幾乎束手無策。德國的作戰計劃也多少與日本同樣有保守主義的成分。德國參謀本部認爲第二次世界大戰很快就會結束。像一八六六年及一八七〇年至一八七一年的普法戰爭一樣，在第二次世界大戰期間的每次新戰役之開始，德國軍方總是把作戰物資貯備在手邊。這些情形，都是原有的想法和實際情況脫節的現象。這種脫節的現象適足以例證「偉大傳統」的後裔不容易改變他們的方法來適應新的情境。梁啓超說得夠通達：

> 我想人類這樣東西，眞是天地間一種怪物，他時時刻刻拿自己的意志，創造自己的地位，變化自己的境遇，卻又時時刻刻被他所創所變的地位、境遇支配起自己來。……[12]

⑪ 同①，p.797, Note.

⑫ 梁啓超著，《飲冰室合集》，專集第五冊，《飲冰室專集》之二十三，《歐遊心影錄》節錄，〈歐遊中之一般觀察及一般感想〉：上篇，〈大戰前後之歐洲〉：二一，〈人類歷史的轉捩〉，頁二一。

中國傳統的文化份子是深受自己創造和熏習的文化所累的。蠶常「作繭自縛」。人這種動物創造了文化，但也常受文化之繭所縛。蠶蛹老是悶在繭裡會因與外界不通空氣而悶死的。牠需要咬破繭殼，變成蝴蝶，飛舞花間，欣賞大自然的美。同樣，中國文化份子不可一輩子悶在自己文化的殘骸裡。中國文化份子必須發揮創造的潛能，放棄腐朽的形式，變成大鵬，翱翔太空，飽吸自由文化的新鮮空氣，努力創建一個新型的文化。

然而，羅馬不是空想造成的。我們要創建一個新型的文化，必須明瞭中國文化在近百年來遭遇西方近代文化衝擊時所作實際反應的進程。中國文化所作實際反應的進程，大致地（roughly）分別起來，有下面所列三大步：

第一步，外層的改變。中國文化外層的改變即是開始吸收西方近代文化的器用特徵。學習西方文化的「船堅炮利」就在這一層。

第二步，中層的改變。中層的改變是制度的改變。康有爲和梁啓超等人所從事的「變法維新」屬於這一層。

第三步，內層的改變。內層的改變係指對中國文化的基本前提、基本價值、基本觀念，以及倫理規範的挑戰而言。文化的改變到了這一層，就是「太歲頭上動土」，一定引起嚴重的反擊。吳又陵、早期的胡適，以及後來許多要「改造思想」的知識份子的重要努力。就在這一層中。「打倒孔家店」是在這一層的中心節目。相應而起的「保衛孔家店」和「翻修孔家店」，也是在這一層的重要節目。

爲了使上述的意思更易明瞭，我現在作一圖解於下：

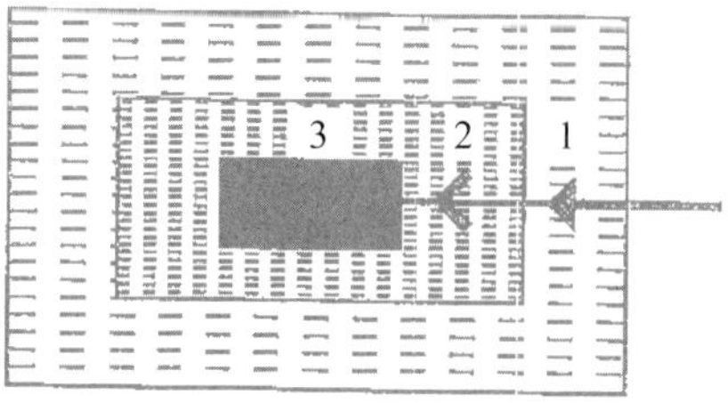

價值的分佈有密度的差別。這種情形可由上面的圖表看出。從外層定向中層，

從中層走向內層，價值的密度愈增加。反之，從內層走向中層，從中層走向外層，價值的密度愈減少。這一基本情形，可據之以說明並且預料在文化變動的過程中，文化價值抗阻力的大小。依照文化價值抗阻力的大小，我們可以預料某種改革的難易。價值體系有擴張的傾向。價值體系的擴張與文化域的擴張同其範圍。就大規模的事例來說，回教帝國的擴張、基督教勢力的擴張，根本都是各自文化域的擴張。中國文化也有類似的情形。當一價值體系碰至對它不利的境況時，它就向後收縮。它在向後收縮時，首先放棄的是外層，繼而放棄的是中層。到了放棄內層時，意即該一文化的死亡。因此，保衛一個文化的核心價值之戰，類似防守堡壘群的內衛戰。價值外層的放棄不會太困難。中層的放棄相當嚴重。這常需訴諸所謂「革命」或至少「改革」。近百餘年來的中國文化，一直是在拿新的價值代替舊的價值之更換期。首先是追求「船堅炮利」；繼而是藉「變法」以至於「革命」來改變制度；最後則攻到「孔家店」。倭仁大學士的一位高足徐桐仇視「夷人」到極點。他的住宅對面有一座洋樓。他看了不順眼。但是，他認爲他自己的住宅對他的官運亨通有幫助。他不願喬遷，於是想出一個妙法：在他自己屋子的另一邊開一個門出入。這樣就不會天天看見「夷樓」了。徐桐實在是固執得可愛。今日標榜恢復固有「文化精神」的人士比徐桐開通多了。彼等並不拒絕到「殖民地」去「吃夷飯」、「坐夷車」、「住夷屋」。中國近百年來文化價值的這三層變動，我們從許多方面可以觀察得到。從歷史的事件，我們可以看出這一發展的軌跡。從言論方面的表現。我們也可以看出這三層變動的進程。

(一)器用的現代化

中國文化因反應西方近代文化的衝擊而走上現代化的第一步是吸收西方近代文化的器用特徵。中國文化吸收西方近代文化的器用特徵之核心，就是我們在前面一再提到過的「船堅炮利」。在今日的我們看來，中國之必須吸收西方近代文化的器用特徵，尤其是「船堅炮利」，是不成問題的事。但是，歷史告訴我們，今日的我們認爲不成問題的事，正是當年大成問題的事。時至今日，即令最保守的國粹派，似乎很少人反對熱天吃冰淇淋，冬天用煖氣；尤其很少人反對用兵艦、大炮、飛機等等西方器用來保衛國土。可是，這在當時祇有極開明進步的人士才不反對；祇有很少數辦理「夷務」的人士，或領教過「夷人」利害的實務家，才主張採行這些「西法」。時至今日，即令是最高調「歷史文化」的人士，也很少不鼓勵他們自己的子弟攻習數學、化學、物理學，以及外國語文的。可是，這正是當年恭親王奕訢和理學名臣倭仁論爭的主題。我們不要動輒從我們今日的眼光來批評倭仁之流「頑固」。他們站在他們當時的文化基線上，頭腦裡裝滿了那些意識，來反應一個陌生的文化之衝擊，無寧是一件正常的事。當然，這樣一來，在實際上，就形成中國在近代化過程裡重大的阻力。這種實情，我們看鄭觀應之委婉論「西學」就可明瞭：

今之自命正人者，動以不談洋務爲高。見有講求西學者。則斥之曰：名教罪人，士林敗類。噫！今日之緬甸、越南，其高人亦豈少哉！其賢者蹈海而沉淵：不賢者靦顏而苟活耳。溝瀆之諒，於天時人事何裨乎？且今日之洋務，如君父之有危疾也。爲忠臣孝子者，將百計求醫而學醫乎？抑痛詆醫之不可恃，不求不學，誓以身殉而坐視其死亡乎？然則，西學之當講不當講，亦可不煩言而解矣。古曰：通天、地、人之謂儒。又曰：一物不知，儒者所恥。今彼之所謂天學者，以天文爲綱，而一切算法、曆法、電學、光學諸藝，皆由天學以推至其極者也。所謂地學者，以地輿爲綱，而一切測量、經緯、種植、舟車、兵陣諸藝，皆由地學以推至其極者也。所謂人學者，以方言、文字爲綱，而一切政教、刑法、食貨、製造、商賈、工技諸藝，皆由人學以推至其極者也。皆有益於國計民生，非奇技淫巧之謂也。此外有剽竊皮毛，好名嗜利者，則震驚他人之強盛，而推崇過當。但供談劇，亦實不能知其強盛之所以然。此則無本之學，不足登大雅之林也。夫所貴乎通儒者，博古通今，審時度勢，不薄待他人，亦不至震駭他人；不務匿己長，亦不敢回護己短，而後能建非常之業，爲非常之人。中外通商已數十載，事機迭出，肆應乏才。不於今日急求忠智之士，使之練達西國製造、文字、朝章、政令、風化，將何以維大局，制強鄰乎？且天下之事業、文章、學問、術藝，未有不積小以成高大，由淺近而臻深遠者。所謂合抱之木，生於毫末。九層之臺，起於壘土，千里之行，始於足下是也。（西人謂華人所學西法，皆淺嘗輒止，有名無實。蓋總其事者，不精其學。未識師授優劣，課藝高下，往往爲人矇昧。所以學生，每況愈下不如人。）論泰西之學，派別條分。商政、兵法、造船、製器，以及農、漁、牧、礦諸務，實無一不精。而皆導其源於汽學、光學、化學、電學，以操御水、御火、御風、御電之權衡。故能鑿混沌之竅，而奪造化之功。方其授學伊始，易知易能，不以粗淺爲羞，反以躐等爲戒。迨年日長，學日深，層累而上，漸沉浸於史記、算法、格致、化學諸家。此力學者之所以多，而成名者亦彌眾也。今人自居學者，而目不睹諸子之書，耳不聞列朝之史，以爲西法創自西人，或詫爲巧不可階，或斥爲卑無足道，噫！異矣！昔大撓定甲子，神農造耒耜，史皇剏文字，軒轅制衣冠，蚩尤作五兵，湯作飛車，揮作弓，夷牟作矢。當其創造之始，亦何嘗不驚人耳目，各樹神奇？況夫星氣之占，始於臾區。勾股之學，始於隸首。地圖之學，始於髀蓋。九章之術，始於周禮。不僅此也，渾天之制，昉於璣衡，則測量有自來矣。公輸子削木人爲御，墨翟刻木鳶而飛，武侯作木牛流馬，則機器有自來矣。秋官象胥，鄭註譯官，則繙譯有自來矣。陽燧取明火於日，方諸取明水於月，則格物有自來矣。一則化學，古所載爍金腐水離木同重體合類異二體不合不類，此化學之出於我也。一則重學，古所謂均髮均懸，輕重而髮絕，其不均也均，其絕也其絕，此重學之出於我也。一則光學，古云：臨鑑立影，二光夾一光，足被下光，故成影於上。首被上光，故成影於下。近中，所鑑大，影亦大。遠中，所鑑小，影亦小。此光學之出於我也。一則氣學，亢倉子蛻地之謂水，蛻水之謂氣。此氣學之出於我也。一則電學，關尹子石擊石生光，雷電緣氣以生，亦可爲之。淮南子陰陽相薄爲雷，激揚爲電。此電學之出於我也。古神聖興物以備民用，曰形，曰象，曰數，曰器，曰物，皆實徵諸事，非虛測其理也。童子就學，教以書數，窮理精義，實基於此。自學者騖虛而避實，遂以浮華無實之八股與小楷試帖之專工，汩沒性靈，虛費時日。率天下而入於無用之地，而中學日見其荒，西學遂莫窺其蘊矣。不知我所固有者，西人特踵而行之，運以精心，持以定力，造詣精深，淵乎莫測。所謂禮失而求諸野者，此其時也。近人江慎修融貫中西測算，兼能製造奇器：嘗製木牛以耕，造木驢代步：應聲筒之製，亦先生剏之。誰謂中人巧思，獨遜西人哉！以中國本有之學，還之於中國，是猶取之外廄，納之內廄。尚鰓鰓焉謂西人之學，中國所未有，乃必歸美於西人。西人能讀中國書者，不將揶揄之乎？尤有進焉者，國於天地，必有與立。盛衰興廢，各有所以致此之由。學校者，人才所由出。人才者，民所由強。故泰西之強，強於學，非強於人也。然則，欲與之爭強，非徒在槍礮戰艦也。強在學中國之學，而又學其所學也。今之學其學者，不過粗通文字語言，爲一己謀衣食。彼自有其精微廣大之處，何嘗稍涉藩籬？故善學者必先明本末，更明所謂大本末，而後可。以西學言之，如格致製造等學，其本也。（各國最重格致之學。英國格致會頗多，獲益甚大。講求格致新法者，約十萬人。）語言文字，其末也。合而言之，則中學其本也，西學其末也。主以中學，輔以西學，知其緩急，審其變通。操縱剛柔，洞達政體。教學之效，其在茲乎？

如前所述，中國文化的基本前提之一，是認爲軍事「我固有之」。因此，要中國文化份子接受外來的新東西，必須與這一基本前提接上了頭才行。否則便鄙而夷之，拒之於千里之外。所以，當時介紹「西法」與「西學」的人士，往往從承認「我固有之」的前提著手，移花接木，導誘出中國文化份子接受的態度。這類人士，可謂「用心良苦」。鄭觀應在這裡是用這種法門來介紹「西法」與「西學」的。

「癢趕急處抓」。中國西化之所以從學習「船堅炮利」入手，是因西方的「船堅炮利」對中國所造成的問題最緊急。中英交手以後，英國的「船堅炮利」造成中國海防上的嚴重問題。中國要籌辦海防，必須

「船堅炮利」。我們看左宗棠的〈請拓增船礮大廠疏〉就可清楚：

> 竊惟防海以船礮爲先，船廠以自製爲便，此一定不易之理。臣於同治五年奏設船政局於福建，仿造外國兵船。甫蒙俞允，即拜西征之命。一切製造，經歷任船政大臣斟酌辦理。所製各船，多仿半兵半商舊式。近年雖造鐵脅快船，較舊式爲稍利，然方之外洋鐵甲，仍覺強弱懸殊。船中槍礮概係購配，較外洋兵船所用，又有多寡利鈍之分。所以夷釁一開，皆謂水戰不足恃也。夫中國之地，東南濱海。外有臺、澎、金、廈、瓊州、定海、崇明各島嶼之散佈，內有長江、津、滬、閩、粵各港口之洪通。敵船一來，處處皆爲危地。戰固爲難，守亦非易。現今守口之礮，率購自外洋。子彈火藥，形式雜出。各礮各彈，南北洋雖能配補，而礮身槍管，久必損缺。各國既守公法，一概停賣，將來由雜而少，由少而無，誠有不堪設想者。臣去冬佈置閩海防務，親歷長門金牌，察看礮臺。飭將馬江被敵擊沉之礮起出安配，粗足自固。然礮位少而海口多，陸師仍不能省。兵多餉巨，司庫難支，不得已而有商借洋款之舉。夫借款必還，且耗巨息。幸而軍務順手，尚不失爲權宜。倘夷燄日張，海防日棘，而徒剜肉醫瘡，勉強支持，何以抑強寇而靖海疆？臣愚以爲攘夷之策，斷宜先戰後和。修戰之備，不可因陋就簡。彼挾所長以凌我，我必謀所以制之。因於船政局舊班出洋學士內，詢考製礮太略。據稱泰西礮廠不一，當以法華士廠，克虜伯廠，安蒙士唐廠，好雨鶯廠四處爲最。法、克兩廠，礮身礮筒礮箍皆煉成全鋼。安蒙士唐廠，筒用精鋼，身用熟鐵。好雨鶯廠筒箍用精鋼，身用鑄鐵。皆擅專長。然半鋼半鐵，製費雖減，惟有用久裂縫之虞。不如純用全鋼，價雖貴而無弊。參觀比較，仍以德國克虜伯、英國法華士作法爲妙，故中外各國用該局廠之礮爲最多。中國欲興礮政，必於此兩廠擇一取法。僱其上等工匠，定購製礮機器。就船政造船舊廠，開拓加增，剋日興土鑄造。雖經始之費需銀五六十萬兩，而從此不向外洋買礮。即以買礮經費，津貼礮廠，當亦有贏無絀。惟製礮之鐵，與常用鐵器煉法不同：必須另開大礦，添機煉治，始免向外洋購

鐵。查福州穆源礦苗極佳，閩中官民屢議開採，以銷路不旺而止。若用以製礮，取之甚便。如能籌得二三百萬金，礦礮並舉，不惟礮可自製，推之鐵甲兵船與夫火車鐵路，一切大政皆可次第開辦。較向外洋購買，終歲以銀易鐵，得失顯然。泰西各強國，於此等工程，斷不貪購買之便，而自省煩勞，良有以也。各等語，稟由船政局提調道員周懋琦，轉稟前來。臣查西洋各國二十年前，尚無鐵艦。所有兵船，與中國船政局現製相符。即礮位藥彈，亦多前膛笨重之物。論其昔年兵力物力，本非能與我爲難。孰料該夷逐漸講求，日新月異。兵船鐵甲，厚至一尺有餘。更以一二尺厚之陰丁魯泊，如蒙象皮膠者，貼襯其裡。以故剛柔摩盪，堅實異常。其後膛巨礮，全重能力，突過從前。上海製造局所譯克虜伯礮準心法，及兵船海岸礮位架圖說，言之甚詳。申報所載英國新造巨礮，可受藥彈一千餘磅之重，能洞穿五尺餘厚之鐵甲，聞者莫不咋舌。而自泰西各國視之，亦尋常工作耳。該夷修明武備，不惜財力，至於如此。此次法夷犯順，游弈重洋，不過恃其船堅礮利。而我以船礮懸殊之故，匪獨不能海上交綏，即臺灣數百里水程，亦苦難於渡涉。及時開廠製辦，補牢顧犬，已覺其遲。若更畏難惜費，不思振作，何以謀自強而息外患耶？穆源鐵礦，臣接見閩省官紳，均謂便於開採。似應委員試辦，並拓馬江船廠，興工鑄礮，臣又聞江南徐州礦鐵，礦苗之旺，甲五大州。若能籌款開辦，即於楚、吳交界之處，擇要設立船政礮廠，專造鐵甲兵船，後膛巨礮，實國家武備第一要義。臣老矣，無深謀至計，可分聖主憂勞。目睹時艱，不勝愧憤。惟念開鐵礦，製船礮各節，事雖重大，實係刻不容緩。理合請旨敕下內外臣工，迅速妥議具奏，仍乞宸衷獨斷，斯於必行，天下幸甚。

這疏可以代表中國文化份子對西方近代文化的了解及接受之初步。

㈡制度的現代化

西方近代文化力量的推移和中國自身的需要，使中國之近代化不能停在器用層，而必須再向前走一步。西方的器用後面還有許多非器用的東西。中國要把器用學好，必須學習那些非器用的東西。學習那些非器用的東西，乃中國近代化的第二步。

清代以「自強運動」爲中心的努力，主要的是圍繞著以吸取西方近代文化的器用特徵作目標的。這一階段的主要領導人物，除奕訢、文祥、曾國藩和左宗棠以外，最出色的人物要數李鴻章。可是，包括李鴻章在內，由於時代及環境的限制，這些人士對於西方的科學與技術以及世界大勢的了解，畢竟頗爲有限。他們在這些方面的知識雖然已經高出時人，可是要用來促進中國近代化，仍然是不夠的。正如蔣廷黻所說：「他們對於西洋的機械是十分佩服的，十分努力要接受的。他們對於西洋的科學也相當尊重。並且知道科學是機械的基礎。但是他們自己毫無科學機械的常識，此外更不必說了。他們覺得中國的政治制度及立國精神是至善至美，無須學西洋的。事實上他們的建設事業就遭了舊的制度和舊的精神的阻礙。」⑬梁啓超說他們「以爲吾國之政教風俗，無一不優於他國；所不及者惟鎗耳、砲耳、船耳、機器耳。吾但學此，而洋務之能事畢矣。」因爲他們自己在這些方面的知識不夠，同時加上他們所在時代的社會文化背景的限制，所以他們的成就僅祇如此。

然而，路是人探出來的。祇有相信黑格爾的玄學迷執（metaphysical myth）的人才認爲人類的歷史是理性的發展。彼以爲歷史像一頁一頁的程序單，各個民族像不同的演員，照著程序一幕又一幕演下去，

---

⑬ 蔣廷黻，《中國近代史》，長沙，一九三九年，頁六三。

最後歸結於他的德意志。我看不出這種想法有任何經驗基礎的根據。白雲蒼狗，變幻多樣。你說它像飛鳥，他說像一條大魚。它究竟像什麼，多少得憑詩人的想像來決定。實在。古往今來，從莊周到黑格爾，許多哲人之馳騁想像，和詩人之馳騁想像，並沒有基本的分別，祇是所用語言不同而已。我說黑格爾的理性歷史觀毫無經驗基礎的根據，這並不意含人類歷史的行腳全無「理性」作成分。從一長遠的過程來觀察，人類的活動確有「理性」成分作用其間。然而，「理性」的力量，若與人的食欲、性欲、妒嫉、恐懼、虛榮，或其他原始內驅力所滙成的力量以及這種力量所掀起的歷史壯闊波瀾比較起來，實在渺小得可憐。而且，作爲一種文化的動物，人類常不太願意把這些原始因子赤裸裸地暴露出來。他們常拿「理性」的大禮服披在這些原始因子外面。某種哲學正好作這種用途。馬克斯的「理論」，分析到裡層，無非是爲人該塡滿胃部找個堂皇的說詞而已。在歷史的某個相對短暫的片斷，我們可以看見理知的作用達到一個高峰。例如，德國的戰後復興。可是，在一長遠的過程中，我實在看不出歷史的行腳是受「理性程序」的安排。未來的演變怎樣，今天的人實在不能肯定。人類的生活，是在半理知、半非理知中摸索前進。近百年來的中國歷史就是這樣的。到了變法維新時代，康有爲和梁啓超的認識因前人之失而進了一步。梁啓超尤其是這一階段的健者。我們看他的《變法通議》便可知道他的認知確實超過曾、李之流。他在《變法通議》的〈自序〉裡說：

> 法何以必變？凡在天地之間者，莫不變。晝夜變而成日；寒暑變而成歲；大地肇起，流質炎炎，熱溶冰遷，累變而成地球，海草螺蛤，大木大鳥，飛魚飛鼉，袋獸脊獸，彼生此滅，更代迭變而成世界；紫血紅血，流注體內，呼炭吸養，刻刻相續，一日千變而成生人。藉曰不變，則天地人類並時而息矣。故夫變者，古今之公理也。貢助之法變爲租庸調；租庸調變爲兩稅；兩稅變爲一條

鞭。井乘之法變爲府兵；府兵變爲彍騎；彍騎變爲禁軍。學校升造之法變爲薦辟；薦辟變爲九品中正；九品變爲科目。上下千歲無時不變，無事不變。公理有固然，非夫人之爲也。爲不變之說者，動曰守古，守古。庸詎知自太古上古中古近古以至今日，固已不知萬百千變，今日所目爲古法而守之者，其於古人之意，相去豈可以道里計哉！今夫自然之變，天之道也。或變則善，或變則敝，有人道焉，則智者之所審也。語曰：學者上達，不學下達。惟治亦然。委心任運，聽其流變，則日趨於敝。振刷整頓，斟酌通變則日趨於善。吾揆之於古，一姓受命，𠝹法立制數葉以後，其子孫之所奉行，必有以異於其祖父矣。則彼君民上下，猶瞯焉以爲吾今日之法，吾祖前者以之治天下而治。薾然守之，因循不察，漸移漸變，百事廢弛，卒至疲敝不可收拾。代興者審其敝而變之，斯爲新王矣。苟其子孫達於此義，自審其敝而變之，斯號中興矣。漢唐中興，斯固然矣。詩曰：周雖舊邦，其命維新。言治舊國必用新法也。其事甚順，其義至明。有可爲之機，有可取之法，有不得不行之勢，有不容少緩之故。爲不變之說者猶曰：守古守古。坐視其因循廢弛，而漠然無所動於中。嗚呼，可不謂大惑不解者乎？易曰：窮則變，變則通，通則久。伊尹曰：用其新，去其陳，病乃不存。夜不炳燭則昧，冬不御裘則寒。渡河而乘陸車者危，易證而嘗舊方者死。今專標斯義，大聲疾呼，上循土訓誦訓之遺，下依矇諷鼓諫之義。言之無罪。聞者足興。爲六十篇，分類十二。知我罪我，其無辭焉。⑭

梁啓超的《變法通議》約有六萬字，眞可算是近代中國鼓吹變法運動中的皇皇大文。在這篇大文裡，他娓娓而談，力陳非變法不可的種種理由，情詞懇摯動人。他的認識高出曾、李一等，在提倡「變法」之中合有一個觀念，這個觀念就是中國要「變」。這是基本價值觀念的一大推進。

---

⑭《飮冰室文集》，第一冊，一八九六年。

後人看前人走過的腳跡是容易的；前人要看後人的路卻是茫然。從一個古老的文化到近代化怎麼走，我們從來沒有這個經驗。「他們在這條路上前進一步以後，就發現必須再進一步：再進一步以後，又必須更進一步。其實必須走到盡頭然後能生效。近代化的國防不但需要近代化的交通、教育、經濟，並且需要近代化的政治和國民。」在中國近代化的第二階段的旅程中，主張「變法」、「民權」和「新民」的梁啓超可以算是一個重要的指路人。

康有爲和梁啓超推動變法維新距今已經六十七年了。中國在這六十七年之間，除了幾度小康局面以外，眞可說是「禍亂如麻」，依據這六十七年之間的經驗事實回顧起來，康有爲和梁啓超所提示的路線實在比較平坦，少坎坷，少不必要的浪費，而導中國走上近代化之途。但是，他們畢竟失敗了。他們之所以失敗，有兩大原因：

第一，康有爲圖功太急，缺乏歷史感，把事情看得太容易。他對光緒皇帝說：「『變法的』章程條理，皆已備具。若皇上決意變法，可備採擇，但待推行耳。泰西講求三百年而治，日本施行三十年而強。吾中國國土之大，人民之眾，變法三年，可以自立；此後則蒸蒸日上，富強可駕萬國。」我不知道康有爲行的什麼推理（reasoning）。較小的日本變法，「施行三十年而強」；較大的中國變法，反而祇要三年。慢說光緒皇帝祇是一個有名無實的君主。即令他是康熙，他是威廉大帝，他是彼德大帝，以這樣一個「老大帝國」，在短短三年的時間以內要變法也變不了的。火車愈長愈難開動。

第二，這一變法維新的公事，不幸捲入皇家權力爭奪的私務。這是中國歷代「家天下」制度殆難避免的結果。中國歷來在這種奇妙的制度的擴張之下，個人的地位、聲威、成敗，以至於現實的利害，同行政事務甚至於政策施行，像鬍子與頭髮糾結在一起似的分不清。即令有人用梳子狠狠梳幾下，過不了多久鬍子與頭髮又長在一起了。傳統的中國文化份子喜歡這種「忘人忘我」的混沌境界。在二十年前，朋友借了錢要還，認為是不夠交情，而且格調低。嚴又陵的「群己權界」之分，提倡了六十年以上，很少成效。甚至到了民國，許多縣宮大老爺上任，小舅子、姨太太的哥哥、伯伯叔叔的兒子、外祖父的表弟，一大串一起跟著來，塞滿了衙門。結果，一個縣太爺光臨某縣，他後面的家族隊伍便陸續開到；一個縣太爺垮台，整個隊伍祇有回家「吃老米」。中國實際的社會結構是如此，於是政爭起來就沒有法子不攪動人事之爭。在光緒皇帝集團和慈禧太后集團為要「變法」和反「變法」而爭的幕後，藏有新舊兩種權力的消長。舊勢力為保持其聲威、祿位，和利害的實質而打主意。維新份子剛一上台就裁撤這個衙門，那個衙門。就廢除八股文，就改革科舉制度，就裁除空糧以節省餉糈，就鼓勵創辦報紙。這一下子等於沒收了許許多多荷包，打破了許許多多飯碗，摘掉了許許多多頂子，打翻了許許多多大官轎。他們當然要反撲。在一次苦迭打（coup d'etat）中，維新的幼苗被摧毀了。

守舊集團固然勝利了，但這一勝利導致自我毀滅。近百年來中國的歷史，正是保守勢力和進步勢力對演、消長、起伏的紀錄。中國文化受到西方近代文化衝擊以後所發生的總問題是要近代化。變法維新的溫和坦道既然被事實證明走不通，於是增加一般主張用激烈方法達到目的者之理由。這一個大轉變，給中國近代化以至深且遠的重大影響。一九一二年民國的形式是出現了。可是，如前所述，內容的更新實在沒有換個招牌那末容易。一家很老的商店，雖然換了主人，換了經理。換了字號，也換了組織形式，可是基本的營業方式仍舊，店員們的基本習慣仍舊，顧客們的心理仍舊。民國形式的出現，並沒有能夠給中國產生一個眞正的統一政府。在舊的統一政府的瓦解中，湧出一些大大小小自立為王的軍豪。這些軍豪除了從事了無已時的兼併殺伐以外，多不知現代化為何事。三十年代由南方衝出一個新的勢力中心。這個新的勢力中心可望形成一個推進中國現代化的動力系統。但是，時代和環境對它不利。它還沒有來得及確實鞏固它自己並發揮出足夠的新力量，就受到各種因素的合成剋害。舊社會腐蝕著它，軍豪直接打擊它，波爾希維克的狂風不斷從烏拉山過來吹襲，更加上日本軍人對中國發動武裝侵略，遂致中國不可收拾。對外的民族戰爭和對內的社會衝突一起迸發，野火燒遍了原野。以京滬為重心而向四面輻射的一點現代化的勞作變成了灰燼。[15]

(三)思想的現代化

中國現代化的內層是要改造中國文化的基本前提、基本價值、道德倫範和重要思想。關於這一層，我們的成績最差，而所引起的亂子也最大。這類問題是值得今日尚未淪於赤潮的中年以上的知識份子深深反省的。

我們可以從兩方面來考慮這類問題：

第一方面是破除舊的基本前提、舊的價值觀念、舊的道德倫範，以及與之相關聯的觀念和思想。正如我在前面第八章所說的，五四運動前後吳又陵等人對於這種工作極為熱心。他們的聲音很響亮，態度很堅定，言詞也頗潑辣。但是，關於他們所面對的問題，他們的感情反應多於認知努力。他們在挑剔舊的弊端方面有所啓發，但在開展新的路線上貢獻還不太多。他們很少碰到道德倫範問題實際的核心。結果，舊的問題依然存在。他們的努力所引起的混亂掩蓋了他們應得的功勞。

批評舊的價值和道德倫範是可以的。但是，批評這些東西，並不必然等於一概不要。一概不要則歸於無何有。完全無何有則生命飄盪。而啓導性的批評可能導致價值世界的進新。

第二方面是介紹外國的觀念、思想和知識。在這一方面，我們不能不承認近幾十年來有若干進步。

---

⑮ 關於官方興辦的現代化事業的一部分，可參看《革命文獻》，〈抗戰前有關國防建設史料〉，(一)，(二)，(三)，(四)。

但是，有若干進步並不等於一定沒有缺點。我們在這一方面的缺點是雜亂、不識深淺、蜻蜓點水、浮光掠影，還沒有學好就鬧派別；尤其糟糕的是把純粹弄學問和搞宣傳不分，更要不得的是有意地利用學術作宣傳工具。

近幾十年來在介紹外國的觀念、思想和知識方面之所以弄出這些缺點，重要的原因有二：一，如前所說，爲好新的心理所驅使。好新並非一件有害的事。可是，毫無原則的好新，尤其是毫無學術訓練的好新，極易變成爲追逐時尚而吸收新知。爲追逐時尚而吸收新知的人心情易於浮動。這樣的知識份子也極易隨波逐流，成爲宣傳言詞的俘虜。二，如前所述，中國沒有「爲知識而知識」的學術獨立傳統。舊日中國的學術不成文地做了道德倫範價值的支柱。既然有了這條把「學術爲工具」的舊路，正逢中國在大變動裡有種種大問題臨頭，而知識份子又接受了「以天下爲己任」的薰陶，於是很自然地把吸收外國的觀念、思想和知識，同用以解決這些現實大問題的迫切要求混扯在一塊。我並不是說眞正的學術研究必須與現實世界脫節。恰恰相反，我認爲要解決現實問題，必須從眞正的學術研究工作開始。不過，爲知識而知識的眞正從事學術研究工作的心情和方式，與迫切要求解決現實問題的心情和方式，是有一段距離的。如果後者牽引前者，知識就很難蒸餾出純淨的結晶。近幾十年來，中國出現了許多「速成班」裡搞出來的假學術。「劣貨幣驅逐良貨幣。」假學術既然暢銷，眞正的學術就抬不了頭。演變所及，無根的浮詞矯語被當作金科玉律，誇大狂的詞令被奉爲絕對眞理，濃霧籠罩著樓、台、亭、閣。但是，這樣的霧卻進不了郎靜山的鏡頭。它太缺乏藝術價值了。

這個問題對於中國文化有根本的嚴重性。因此它值得我們深思一下。自五四運動以來，一般熱血份子好談「救國救民」的大道理。我們現在不妨回顧兩點：一，那些大道理是些什麼大道理？二，那些大道理是經由什麼通路跑到我們腦海裡來的？

中國近幾十年來的如雷貫耳的言論，大都是些舶來的或土產的或二者混合的美麗諾言，高懸的意底牢結，及包天蓋地的偉大計劃。這些書論之所以「深入人心」，並不靠他們能否解決問題，能否在實際上行得通，更沒有多少人去考慮到須要犧牲多麼巨大的代價。這些言論之所以「深入人心」，多是由於他們能挑起一般人的直接反應，引起一般人的幻想，激起一般人的仇恨，煽起一般人的狂熱，逗起一般人對未來產生美麗的憧憬。祇要這些言論被一般人接受了，他們就成為「政治的宗教」的教條。這些言論一旦成為「政治的宗教」的教條，就被興奮的群眾認為是顛撲不破的眞理。一種教條被強化到這種程度，就成了具有排他性的獨格碼（dogma）。獨格碼受獨格碼的支持。任何經驗的證據，任何邏輯的推論，任何理知的呼喚，對於獨格碼都起不了冰釋的作用。獨格碼的橫行，像颱風肆虐，要等它吹過了才能露出寧靜的青天。

任何觀念或思想之進入人心，與它藉著什麼通路或什麼工具進入人心不能獨立。這也就是說，同一個觀念，由不同的通路進來或不同的工具輸入，我們所得可能頗不相同。例如，同樣是「能」的觀念，我們藉讀通俗科學小說之所得，與藉讀一本滿是公式的近世物理學教科書之所得，是很有差別的。邏輯也是這樣。能操縱符號的人所得到的邏輯與祇會用日常語言的人所得到的邏輯，簡直有坐汽車與走路的不同。近幾十年來，一般中國知識份子之接受那些高懸的意底牢結及包天蓋地的偉大計劃，是靠著什麼通路或藉著什麼工具呢？說來實在令人遺憾得很。自五四運動以後，一般人之接受那些大觀念並不是靠科學理論，並不是靠統計數字，並不是靠工程師的設計。這些太「枯燥無味」了。他們多是經由詩歌、小說、漫畫、木刻、唱遊、戲劇，甚至標語口號等等來接受那些大觀念。這實在天眞！

人在製造一隻小手錶時，知道須用精密的科學知識與技術；而在關係於國家前途的大事上，卻聽憑那些鼓動情緒的唱片和勾起幻想的連環圖畫作主。這實在有點不可思議！

灌輸那些「空中樓閣」式的大觀念之「深入一層」的工具有所謂「哲學」。中國一部分知識份子歷來所說的「哲學」，本來就是天海迷茫、漫無際涯的一大堆輪廓不清而且結構不明的觀念。這樣一大堆阿米巴似的觀念，可以作各種形變，並可以作多樣解釋。既然如此，於是由此塑出的思想形態即成最便利於「思想走私」的淵藪。如果我們對於西方現代的理論哲學有點實際的習作，那末便可明瞭它的概念之精確和結構之嚴密，以及推論之靈活已經到達了什麼程度。如果我們明瞭西方現代的理論哲學在這些方面的成就已經到達了什麼程度，而且拿來和那一般中國知識份子心目中所謂的「哲學」對照一下，那末便立刻可以看出他們所謂的「哲學」無非是一堆「混沌一片」的詞說而已。當然，「敝帚自珍」的人可以藉它而得到種種陶醉。可是，陶醉至極，可以使人昏迷。昏迷的人，最易受到思想的催眠。二十多年前，我曾看見「唯物辯證法」催眠了那末多陶醉於那種「哲學」的中國知識份子。但是，我從來沒有看見任何一個精於西方現代理論哲學的人士被「唯物辯證法」所迷。因爲，憑他們的訓練，他們很輕鬆地知道「唯物辯證法」不過是一種玄學的迷執。玄學的迷執之根據，除了是玄學的迷執以外，還有什麼呢？可是，長年習於中國本士「哲學」語言及浸沉於浪漫思想的中國知識份子，碰到了遠處飄來的玄學迷執，眞是「一拍即合」，無法抵抗的。面對這種烈性酒，有人搜出舊倉庫裡的「陳年汾酒」來抵抗。且不說這種「陳年汾酒」早已走了氣，年輕人喝起來祇像白開水；即令它沒有走氣，凡酒精都會使人中毒的。在思想基礎上這樣缺乏判斷力的一般知識份子，又怎能有把握在那些關係於國家前途的重大問題上不發生錯誤？

二十多年前，我曾親眼看見許多中國知識份子掉進俄式迷魂裡，要救也救不出來。因爲，對於這類知識份子而言，「正、反、合」的簡單公式，比複雜的科學知識及冷靜的邏輯推論有吸引力多了。有些憂時傷世的人士想「挽狂瀾於既倒」。他們搬出經其特殊「哲學」過濾了的「歷史文化」，糅成「歷史唯心論」來和「歷史唯物論」對抗。這種熱忱是比較高貴的。但是，實際而論有什麼用？何助於「挽狂瀾於既倒」？這種努力的結果，即令能發揮作用，充其量使本來想「向前看」的青年知識份子扭回頭來「向後看」。結果，有的青年知識份子的銳氣被古氣抵消了；有的躲在古殼裡面做灰暗的囚徒；有的覺得既然前進無路、後退無門，索性失落在空虛裡。「歷史唯物唯」和「歷史唯心論」都是同出黑格爾之一源的兩位難兄難弟，所不同的，不過是一爲左派，一爲右派。但是，除了所謂「物質」和所謂「精神」這兩種塡料不同以外，二者的基本思想型模是相同的。所以，「歷史唯物論」和「歷史唯心論」之爭，實在祇是兄弟之爭。他們把中國思想的壇場，變成打擂台的場地。這樣再混戰一百年，還是不會有結果的。中國知識份子要在思想上找條有希望的出路，必須把問題切實與科學結合。從而另外開闢一個新天地。⑯

三、現代化的涵義

因著種種理由，我在前面分別地用了「西化」、「近代化」和「現代化」三個名詞。從現在起，我在以後祇用「現代化」一個名詞。固然，現代化是以西方近代文化爲中心而向全球擴張的，可是西化卻不一定即是現代化。在英國，有位物理學家希維賽（Oliver Heaviside）反對相對論。在美國，奇事更多。有位荷勒（Alexander Wilford Hall）寫了一本五百二十四頁的著作，反對達爾文的演化論，抨擊牛頓物理學。這本著作居然暢銷二十版之多。開瑞頓（Hereward Carrington）等人所提倡的絕食論，居然風行一時。德國斐希特（J. G. Fichte）這類人的哲學，有原始野蠻的根源（autochthonous origin）。希特勒「精神」徵象嚴重的精神病狂。德國納粹史學家法朗克（Walter Frank）和繆勒爾（Karl Alexander von

⑯ 我們要解決人的問題，必先了解人的問題。我們要了解人的問題，必須研究行為科學。這種所說的行為科學，除了社會學、經濟學、心理學以外，包括文化人類學。

Mueller）這些先生簡直有資格做美國三K黨的師爺。[17]現代化固然發源於西方近代文化，但已逐漸變成一個世界普遍的文化。[18]時至今日，任何一個文化，祇要得到科學思想與技術的要領，都可能有所貢獻於現代化。這樣一來，現代化已經不是西方近代文化的專利獨佔品了。所以，我們祇說現代化，而不再說西化。

現代化至少在兩種程序裡進行。第一是俗世化。第二是革新（innovation）。從聖化的社會變遷到一個俗世的社會，這一過程叫做俗世化。在聖化的社會裡，社會的結構、行爲倫範，甚至爲學致知，都以遠古時代傳襲下來的聖典聖則爲張本。即令這聖典聖則已因實際情況不同而不適用，還得奉爲標準，不許改變。改變就是有違聖教。有違聖教就會遭受種種阻撓甚至懲處。王安石變法的失敗就是歷史上顯著的例子。如第四章所說，中國社會就屬聖化社會的類型。於是，人而有所謂「聖人」，書而有所謂「聖典」，行爲而有所謂「聖行」，言論而有所謂「聖言」。順著這樣的制度思想下來，皇帝當然是「聖君」，宰相是「賢相」。俗世化是要把這種制度思想消除。在俗世化之下，辦事祇問便利不便利，不問是否合於古老的章制。說話祇求表情達意，不必一定要合於聖典。皇帝也是結婚生的，絲毫無聖可言。這樣的一種過程正是從古制聖則解放出來的一種過程。在這一過程中，許多尊古崇聖的份子一定感到挫折、失望、失勢。但是，這種古舊僵枯的桎梏不丟掉，後人就得事事「向古看齊」。我們事事得「向古看齊」，就不能無挂無礙地吸收新的知識和技術。我們不能無挂無礙地吸收新的知識，而人家則一日千里，我們豈有不「落後」之理？因此，革新成爲現代之所必須。從聖化的社會走向現代化，革新是一種必經的過程。在這一過

⑰ See *The Varieties of History*, edited by Fritz Stern, 1960, p.8.

⑱ 同①，Part III。

程中，革新比革命穩當、實惠，少不必要的浪費，而且少不必要的犧牲。但是，革新如果受到太大的阻抑，就難免引起革命。水漲起來總是要往低處流的。聰明的工程師開條溢洪道讓水走一條正路。不聰明的工程師跟水賭氣，加高堤防堵塞。結果堤防潰決，泛濫成災。現代化根本就是一種社會文化的變遷。對於這種變遷，祇有順應，祇有因勢利導。在這種過程中，我們需要現代化的文化思想與這一趨向配合。如果我們一方面從事現代化，另一方面又提復古，那末就是等於一個走路的紳士一隻腳向前、一隻腳向後。他自己跟自己爲難。

從事現代化要能普遍而又深入地有效，必須滿足兩個條件：(1)有一群接受革新觀念的創導人物。這些人物之從事革新，不是爲了時髦，不是爲了應急，而是內心眞有渴望創造更新的人生理想。祇有這種人生理想，才是推動時代進步的眞正動力。如果社會中的領導份子沒有這類理想，而祇是西爲重大的刺激來了在表皮做些枝節的應付工作，那末刺激過了工作也就歇下來。清代末年有許多「西化」工作之所以未能鍥而不捨地去做，這是基本原因之一。(2)有一個富於彈性的社會系統。這一點跟上述的一點是相互關聯著的。一個富於彈性的社會系統，不僅富於適應力。而且較能收攝這一高度技術化的世界之必要的知識和智巧。這樣的社會必須不是一個封閉的社會。因爲，一個封閉的社會裡傳統的風俗習慣的支配力太大，由這些條件作底層而建構的制度對創新的妨礙力可能更大。在這樣的社會裡，修公路得繞過祖墳，建鐵路怕吵壞死人，活人努力是爲了孝敬祖先烈士，從事一件工作的動機被薰陶得是爲了討好權勢以利己，而且與辦任何事業必得通過如麻的規章及如毛的手續。這樣自我束縛的社會要想在現代化的道路上跟西方國邦賽跑，等於包三寸金蓮的女士想跟天足小姐賽跑。

從上面所說的，我們可知在現代化的過程中牽涉到的社會文化之現存因素頗多。推動現代化的主力是現代技術。然而，從基礎上看，現代技術的泉源是科學。所以，講求現代技術如不從講求科學著手，實在是捨本逐末。從清末到現在，中國現代化運動的成績欠佳，不切實大規模從研究基本科學入手，乃是一個基本原因。亡羊補牢，我們要眞正走上現代化之路，必須從發展科學植根。發展科學所牽涉到的社會文化因子比前面所說的更複雜。除了經濟能力以外，一個文化的基本價值、社會結構、風俗習慣、人際關係，以至於人生觀和世界觀，都牽涉在內。這類問題我們將在後面作扼要的分析。

四、科學與社會

科學的根苗每個文化都有。可是，在人類文化史中，並不是每個文化都有高度發展的科學。直到目前爲止，有高度發展的科學的文化頗爲少數。有些在歷史中科學相當發達的文化，科學相繼萎謝了，這是什麼原因？這是一個根本重要的問題。這個問題之確切的解答，將大有助於中國科學之順暢的發展。

就已有的證據來說，埃及和巴比倫的科學發展是世界最早的。我在前面提到過，埃及人早已構造出算術同幾何。他們之構造算術同幾何，主要的是爲測量地皮這種實用的目標。除此以外，埃及人還會造運河、堰堤，並用石塊砌成墳墓。古代巴比倫人的科學是夠發達的。他們曾致力研究星宿。早在紀元前七六三年巴比倫即有日蝕的記載。巴比倫人已製出乘法表。約紀元前二千年，巴比倫人即管一年分作三百六十天；並發明了日規。可是，他們在科學方面的創製之目的，一部分限於宗教，另一部分限於實用。他們缺少爲致知而致知的精神。巴比倫人製作了很利的武器、防身衣服。並用驢及馬來拖戰車。他們研究物理學，爲的是建造水利系統。他們研究地理、繪製地圖，並發明治療方法。他們研究動物解剖，爲的是藉此預料將來，而不是爲的明瞭動物的構造。巴比倫人相信星宿不動，且由觀星可知人事。結果，純科學透放不出來。

然而，希臘人和他們不同。希臘人能夠把宗教與科學分開。他們極有興趣於了解宇宙的眞相。之所以能夠這樣，如所已知。係由於希臘人有三種特異的品質：第一，他們有強烈的好奇心。第二，他們完全信賴理知。第三，他們的認知活動不被風俗習慣所妨礙。因爲希臘人有這三種特異的品質，所以他們能發展科學。同樣的幾何原料，在埃及人手中時祇是上述的測量地皮的工具而已。可是，這樣的幾何原料到了希臘人手中，歐基理德（Euclid）能夠把它予以推廣，予以抽象化，並且組織成系統的型模。這就是向科學之路前進了一大步。

我們將前面所陳示的埃及人、巴比倫人同希臘人在科學的發展情形上作一概略的比較，立刻可以發現他們的重要而又基本的差別之所在。埃及人、巴比倫人同希臘人在發展科學上的能力之絕對値是相等的，他們是同樣有硏究科學的天生才力或同樣沒有。但是，埃及人和巴比倫人在從事科學工作時，他們的心智活動很少擺脫宗教前提、美感滿足，以及實用的價値等非認知因素的束縛或干擾。所以，他們在科學上的成就跳不出這些勢力所劃的一道又一道、一層又一層的圈子。科學的眞理是非常嬌羞的小鳥，稍微有點障礙，它就不會飛進我們心裡來。埃及人和巴比倫人自設這麼多樊籬。科學眞理的小鳥怎會飛來呢？希臘人則不然。如上所述，希臘人很少這些拒絕科學眞理的文化措施。所以，演變所及，埃及和巴比倫的科學多停留在前科學的階段，且與魔術不分。於是，等不到開花結果，它就萎謝了。埃及和巴比倫的科學現在祇有歷史的興趣了。而希臘人在科學上奠立的基礎，到現在還佔在科學發展的基層。

我們再看中國科學發展的歷史。中國近百年來因爲抵不住西方世界的「船堅炮利」與器用特徵方面的成就，於是明白事理的人承認科學遠落西人之後。但是，如果這是指從古至今全部歷史的過程而言，那末就是一個錯誤的認識。這個錯誤的認識之所以形成，是因震於西方近代科學成就的威力而忘記了過去歷史的事實。人類許多不同文化的發展像許多不同的運動員跑萬米賽。起跑時領先的運動員也許在跑了幾圈以後掉下來了。起跑較遲運動員也許在跑了幾圈以後超上前去。在運動場上，這種此起彼落的情形是很平常的。在世界文化史上，許多不同文化發展的起伏是如此，在不同文化中科學發展的起伏也是如此。我們必須具有這樣長遠的眼光，對於一個文化的起伏與在其中的科學發展之起伏才可能看得比較清楚。

自紀元後第二世紀以來，中國即知鍊丹術。鍊丹術可以看作是前期科學的起源。這種術法主要係道家所傳。佛教徒又把醫術帶到中國。宋朝時代即已發明了醫治天花的接種法。中國的數學也曾因受印度的刺激而進行研究。第四世紀時中國人即能正確算出圓周率的值。第十三世紀中國人已經知道用算盤。約在同時，中國人發展出球面三角術及工程術。遠在第四世紀時中國人即已知用煤。元代馬可波羅東來時，帶回一項驚人的消息給歐洲人，說是中國人從山裡挖出一種黑石頭，這種黑石頭能像木炭一樣燃燒，但能終夜不熄。可見中國人用煤比歐洲人早多了。在第十一世紀時中國人即能把銅、鉛及鋅按照適當的比例製成合金。歐洲人在十八世紀以前還不知鍊鋅的。第十一世紀中國人即知鐵針經摩擦後便向南指，並且發現它對正南略偏。可是，中國的羅盤被風水先生看墳地用。第十二世紀時羅盤則用於航海。直到幾個世紀以後歐洲人才發現磁性偏差的現象。中國在唐代已經知道用火藥。但是當時祇用火藥來製爆竹。第十二世紀時中國人用火藥來作戰。到第十三世紀時中國人用爆竹武器來抵擋入侵的蒙古人。早在紀元後一〇五年，漢代的中國就已經發明了紙。紙由中國傳到中亞，再由阿拉伯人傳至西歐。和紙有關的發明為印刷術。紀元後八六八年中國印出了佛經。第十一世紀時中國已有活字印刷術。……

依據以上所列的事實看來，中國曾經是科學及技術的先進國之一。中國在近代以前的科學成就之輝煌不下於埃及和巴比倫。但是，何以中國變成了科學的後進國呢？

這個問題，完全不能從中國人天生聰明或不聰明得到解答。體質人類學不能證明任何人種天生的智能比別的人種低，正猶它不能證明任何人種天生的智能比別的人種高。體質人類學所能證明的，是任何人種天生的智能都是一樣的。任何人種的大腦工作能量沒有可以檢證得出的差別：都會做代數，都會證幾何，都會想哲學。如果有何差別，主要是各人種所浸沉於其中的文化氛圍不同。林頓說：「在一個不知輪轉原理爲何事的文化裡長大的發明家，根本不可能想像去發明車輪或車床這樣簡單的東西。他首先得發明輪子。一個有思想和動作的發明家不能不呼吸在一個文化裡。他所在的這個文化之內容恆常限制著他的創造力之運用。這樣的限制不僅對機械的發明爲然，而且對其他一切發明也是一樣的。一個數學天才祇能從他所在的文化裡的數學知識能夠達到的那一點出發，來發揮他的創造力。因此，如果愛因斯坦是生在一個原始部族裡，而且這個部族所能計的數祇限於一、二、三，那末終愛因斯坦之生，應用這種程度的數學，他充其量也許祇能用手指和腳趾發明十進位而已。」[19]由此可見文化對人的心智活動的影響作用大到什麼程度。祇有極少數特出的人，或與外界文化有相當接觸的人，才能飛越出他們自己長年習染的文化意識以外。至於一般的人，或是從來未曾與外界文化接觸的人，總把他們從自己文化之所習視若當然。因此，他們的神經活動無所逃於自己的文化天地之間。

中國文化怎樣不利於科學眞正發展呢？科學的第一個設準爲「是什麼就說什麼」。這個設準要求我們思人（*Homo faber*）經驗到什麼就說什麼。如果沒這個設準，那末經驗科學永遠建造不起來。這也就是說，一切眞的經驗語句都涵蘊這個設準。也許有人說，這個設準是關於事實層的，所以不難。這適足表示這類人士之未了解經驗科學知識的結構與所謂「事實」是多麼複雜的東西。我們要確認一個「事實」，除了必須由官能提供感覺基料（sense-data）以外，還要具備與之相干的背景知識、邏輯組織以及語意範圍。自古至今，在「是什麼就說什麼」的話中，眞正可靠的或合格的並不多。古往今來，一切經驗科學家

[19] Ralph Linton, *The Study of Man*, New York, 1936, p.319.

所孜孜以求的，可以說就是這一條。可是，眞正求到的並不多。嚴格地說，如前所述，祇是那幾條科學定律。足見要「是什麼就說什麼」並非一件容易的事務。

然而，問題的眞正重點還不在這裡。這裡適才所說的是知識學上的問題。這個問題對於地球上所有文化而言都是一樣的，祇是程度不同而已。這也就是說，如果「是什麼就說什麼」不是一件易於辦到的事，那末所有的文化都有同樣的困難。既然如此，爲什麼在有的文化裡科學能夠高度發達，而有的不能？這不祇是一個知識學上的問題，而同時又是文化人類學的問題。有的文化之基本價值取向正視「是什麼就說什麼」。有的文化之基本價值取向別有所在，不正視「是什麼就說什麼」。「差之毫釐，謬以千里」。不同的文化之間的許多重大的發展差異，在最初的起點上，也許祇是態度等等因素上細微的不同。這些因素上細微的不同，與許多其他的條件結合，就可能逐漸形成文化間重大的發展差異。文化的基本價值取向正視「是什麼就說什麼」，就可能發展出科學。西方近代俗世化的文化就是這樣的。布魯諾和加利略是爲這一基本價值奮鬪犧牲的偉大人物。他們寧可受迫害，甚至被火燒死，不說他們認爲不眞實的話。但是，中國文化的基本價值取向不在此。中國文化的基本價值取向不僅不在此，而且常常爲了道德與感情與／或利害關係，犧牲了「是什麼就說什麼」的原則。如前所說，許多儒士尊若至聖的孔仲尼首先帶頭犧牲這一原則。後世大家跟著樣學。這樣形成的心理狀態就是忽視事實層。所以，科學在中國雖然曾經一度開過花，可是由於在文化價值裡生不了根，所以終於萎謝。

我在前面曾經提到，鄂圖．法蘭克（Otto Franke）說，孔氏作春秋，爲了達到使「亂臣賊子懼」的道德譴責作用，不惜篡改歷史事實。在這一關聯中，就是發生兩種不同價值的衝突。一種價值是泛道德主義。泛道德主義是把人間任何事物置於道德觀點之下來作評判。人間任何事物都無所逃於道德的審判。這麼一來，人間就不可能有外於道德（morally free）的事物。人間的一切，無一不籠罩於道德意識的氛圍。我們必須切切實實認清，這一源遠流長的泛道德主義，衍到今天已成泛政治主義（pan-politicism）的根底。時至今日，這一泛道德主義已經很少道德價值的內容了，可是它的泛罩空殼依然健在。這一健在的泛罩空殼，卻正好成爲泛政治主義的預存網罟。另一種文化價值是以陳述客觀事實爲至上。我們不能因任何理由而動搖這一原則。順著這條原則推論下去，就得承認人間有外於道德的事物。如果我們承認人間有外於道德的事物，那末就得否定泛道德主義。這麼一來，我們便是站在兩個不相容的價值選擇關頭。自孔氏以降，中國文化是走的泛道德主義的路。道德是一定要的。但泛道德一定有害。至少，泛道德主義迷住了我們的視線，使我們看不清現實世界，因而發展不出現代科學。

我們無論看中國傳統的哲學、文學，還是看歷史，很少沒有經過道德價值意識染色的。這實在是「由來有自」的。我們且看下面一段對話：

葉公語孔子曰：「吾黨有直躬者，其父攘羊而子證之。」孔子曰：「吾黨之直者異於是。父爲子隱，子爲父隱，直在其中矣。」⑳

葉公所說的「直」，我們很容易了解。這個「直」無非是不徇情的「法治精神」。孔子的所謂「直」是什麼。我們不大容易了解。我們要了解這樣的「直」，似乎必須轉兩三個彎。而彎與彎之間並沒有一定的關聯，所以很容易走進迷宮裡去。在事實上，二千多年來，中國文化份子於公、私、忠、孝之間是不大分得清的。我在這裡無意提倡嚴酷的法治，更無意鼓動兒子打父親的報告。克爾文主義者

⑳《論語》，〈子路〉第十三。

（Calvinist），或蘇俄史達林時代的某種少年，似乎不是可愛的榜樣。活在那樣峻厲的鐵蓋子底下的人，如果多講點人情調潤調潤，也許使人尙覺生之可樂。我的意思是說，情誼及私人關係不妨講，但總不可講到「是是非非」都弄不清楚的地步。

中國二千多年常受這種害。可不是嗎？時至二十世紀六十年代了，這個社會上一個人祇要跟另一個人的「關係拉好了」，那末便一好百好，學問也好了，人品也好了。一個人祇要跟另一個人的「關係」稍微搞壞了，便一壞百壞，學問也壞了，人品也壞了。這樣小朋友式的感情用事，是非怎麼講得清楚？科學精神怎麼出得來？

中國文化份子講哲學主要是爲道德立根；寫歷史是要寓褒貶，辨順逆，或站立場；作文章是爲「載道」。甚至江湖奇俠傳背後的導演意識，也萬變不離其宗地圍繞著「賞善罰惡」的觀念進行。好像除此以外，再沒有別的了。中國的土地確乎算是廣大的。可是中國文化份子自來宇宙實在太小了，觀念活動的領域一直是太窄了。我看見有人著邏輯也是滿紙倫理道德價値詞令，且儼儼然以之誨人。我碰到有的人士，當我對他逐條分析一個問題的時候，他顯然沒有靜聽分析的訓練和耐心，即刻就搶著問：「那樣好不好？」價値的追求欲，超過了事實的分析欲。這是中國的「歷史文化傳統」。診斷的工作根本沒有認眞做過，人們就急著開這方子、那方子。這是儒門的傳統家風。診斷工作是客觀地研究事實層的科學工作。病況沒有診斷清楚就下藥，這是多麼危險！這種風氣，演變所及，就變成目的狂，方法盲；就變成主義熱，認知冷。中國知識份子一般的心性是從這種傳統的老底子裡培釀出來的。近幾十年來的大變動，使他們不能不奮起推動「歷史的巨輪」。大家太熱心了，方向盤沒有拿穩，七手八腳，把車子推到溝裡去了。

空談意底牢結是容易的，要確實解決許多大問題卻難。意底牢結可以是想像加希望的產品。要確實解決許多大問題，則必須訴諸科學與技術。科學與技術是走向現代化的康莊大道，別的路子都是急流險灘。所以，全力發展科學是推動中國文化革新的引擎。但是，冰山上開不出玫瑰。同樣，在不適於科學發展的社會文化環境裡，科學不易結出能夠再生的果實。要科學能夠順利發展，必須社會文化的環境與它融和。科學是求眞的。如果它所在的社會文化環境唯假是務，那就好像一團紅炭丟在雪地上，怎麼燃燒得起來？如果一方面提倡科學而同時又製造社會迷執（social myth）。那就好像一隻腳向前而另一隻腳向後，怎麼走得動？科學眞正能夠良好發展的社會文化環境，是把追求眞理當做基本價值的社會文化環境。祇有唯眞理是尚成了一個社會文化中大多數份子堅持的態度，科學的發展才會得到眞正廣大的支持。法布倫（Thorstein Veblen）說：

> 關於對科學的看法之問題，即是對知識的特殊態度和敵意的問題。這個問題也就是思想習慣怎樣形成的問題。而思想習慣乃生活習慣的一個結果。一個社群之對事物採取科學的觀點，乃該社群中流行的共同的思想習慣，科學家堅持地相信，這一共同的思想習慣之所以形成，係反應著該一社群中大家多少共同具有的經一致訓練而成的思想習慣。而這種共同的思想習慣要能擴張並且要能維持其力量，祇有在實際生活的推動並且支持之下才行。㉑

㉑ In *Sociological Theory*, edited by Lewis A. Coser and Bernard Rosenberg, New York, 1959, pp. 567-568.

第十二章　民主與自由

一、民主與自由不是一件事

我們常常使用的名詞，往往也就是我們不甚了解的名詞。「民主」和「自由」就是其中之二。多年以來，這兩個名詞常被聯在一起來說，因此造成大家一個印象，以為民主與自由不可分，甚至二者是一回事。這樣的印象有修正的必要。

嘉塞特（José Ortegay Casset）說：

自由主義和民主政制是兩件事。在開始的時候，二者並沒有關係。至於在趨勢方面，演變的結果，二者的意義是互相衝突的。民主政制和自由主義是對兩個完全不同的問題之兩個解答。民主政制所要解答的是這個問題：「誰應該行使公共權力？」對於這個問題。民主政制的解答是：行使公共權力之事屬於全體公民。

可是，這個問題並未觸及公共權力的範圍應該是什麼的問題。這個問題祇是決定這種權力究屬於誰。民主政制主張一切人都統治。這也是說，一切人藉所有的社會立法來行使主權。

然而，自由主義所解答的是另一問題：無論由誰來操持公共的權力，其限制何在？回答是：「無論公共權力是操持在貴族手裡或操持在平民手裡，都不能是絕對的：個人所有的權利不得受國邦的任何干涉。」[1]

倫納爾（Max Lemer）也說：

> 當我在此處說及民主政制時，我要將民主政制和自由主義截然分開。在一般人心目中把民主政制和自由主義混爲一談。沒有一種混淆比這一種混淆更大。[2]

民主和自由確實是兩種不同的東西。可是，二者能否「截然分開」，則必須作進一步的分析。純粹就概念和制度來說，民主政制和自由主義二者之間並沒有一一相應的關聯。梅特倫（E. W. Maitland）說：「那些把民主之路當作自由之路的人，是把一個暫時的方法錯認作一個終極的目標。」[3]舒彼德（J. Schunapeter）也說：「民主是一個政治方法。這也就是說，民主是某種制度之下的安排方式。我們藉此可以作政治上的種種決定。例如，立法及行政方面的決定。因此，民主的本身不可能是一個目標。民主與在特定歷史條件之下會產生一些什麼政治決定無干。」[4]

然而，就歷史的發展來說，民主政制和自由主義二者是不能截然劃分。英語世界的歷史就是顯例。

---

① José Ortega y Gasset, Invertebrate Spain, p.125. in F. A. Hayek, *The Constitution of Liberty*, The University of Chicago Press, 1960, Notes to chapter seven, pp. 442-443.

② 同①。

③ 同①。

④ 同①。

如果自由主義被當做一個目標，那末民主政制似乎自然是實現這一目標的方式。現在有許多人士是這樣想的。可是，這並不表示民主政制是實現自由主義的唯一方式。歷史告訴我們，從專制政制也可以實現自由主義。而且，從專制政制之路到自由主義，與從民主政制之路到自由主義，究竟那一條近些和容易些，這實在有待歷史的社會學同政治科學合作來研究以得結論。復次，我們說民主政制似乎自然是實現自由主義的方式，這也並不表示經由民主政制的方式有而且祇有得到自由主義的結果。立於民主政制的原則上，任何人都無法作這種保證。之所以如此，最基本的原因之一，是民主政制的本身並不就是自由主義。如前所述，民主政制祇是一種政治方式。可是，自由主義根本是一個價值系統。自由主義是全人類最基層的價值系統。沒有了這個價值系統，人是否還能算是人，實在大成問題。然而，同一民主政制的方式，可以用來實現自由主義，但是未嘗不可以用來實現「專政」。所謂「民主專政」已經不算新聞了。如所周知，民主政制的重要原則之一是「多數決定」。如果多數決定選出一個獨裁者希特勒，那末我們憑什麼說是「不民主」呢？實在一點也不算希奇，從東歐以至廣大的亞非地區，自第二次世界大戰以來，民主政制多少有所進展，可是相形之下自由主義日益萎縮。由此可見一個國邦能否實現自由主義，與是否實行民主政制，其間並無一定的相應關聯。一個國邦能否實行自由主義，主要決定於它的社會文化內容。

通常把民主與極權對稱；自由與專制對稱。這是亂點鴛鴦譜，配錯了對兒。民主政制的反面是專制政制。自由主義的反面是極權主義。這也就是說。在專制政制之下一定沒有民主政制；可是不一定沒有自由主義。在極權主義之下一定沒有自由主義；可是不一定沒有民主政制。民主政制和自由主義的排列組合一共有四個可能。

第一，既民主又自由。如果一個國邦的民主制度完成了，比如說有一部像樣的紙上憲法，也有選舉，同時又已把自由主義收攝作社會文化的基本價值，比如說極尊重個人的尊嚴和基本人權，那末這個國邦便是既民主又自由的。例如，美國、英國、瑞士、澳洲等等。

第二，有民主而少自由。如果一個國邦的民主制度完成了，比如說有一部寫在紙上的民主憲法，也有選舉，可是卻無視個人的尊嚴和基本人權並且有計劃地挫抑自由主義，那末這個國邦便是有民主而少自由的。第二次世界大戰以後東歐若干小國便屬這類。

第三，無民主而有自由。如果一個國邦行的是專制政制，但是在社會文化上有相當的自由，那末這個國邦便是無民主而有自由的。歐洲自近代國家出現以後，在君主的專制統治之下，人民享有相當的自由。就中國的歷史而論，在兩種情況之下出現這種局面：一，帝國大統一，無外患內憂，太平盛世來臨的時候。二，帝國的末世，統治鬆弛，朝代世系行將轉換之際。清末到民初出現過這種美麗的朝霞。可惜朝霞過後就是正午的驕陽。

第四，既無民主又少自由。如果一個國邦沒有民主的憲法，沒有選舉，實行的是專制政制，而且又不把人當人，那末這個國邦便是既無民主又少自由的。這一排列組合下止是一邏輯的可能。這種可能的實例在地球上也不太少。

二、對民主的正反兩種看法

我不是民主政制的教條主義者，正如我不是任何主義的教條主義者一樣。我們還是舉個已經說過的例子。時至今日，很少青年男女不把談戀愛與辦結婚的事視爲「至上」，而且不容他人干涉。他們多視「父母之命，媒妁之言」爲可笑的時代落伍方式。這種想法就是自由戀愛的教條主義。任何主張，祇許人奉爲絕對眞理，不許懷疑與批評，就是教條主義。就我所知，人世間還沒有這樣的眞理。我說現在的青年對戀愛結婚的態度是一種教條主義的態度，這並不涵蘊我贊成復古，主張「父母之命，媒妁之言」。我所要藉此指出的，是這個態度裡所含藏的一種時髦的帶感情的獨斷意謂。時下一般青年好像認爲已經不成問題，經自由戀愛而結婚比憑「父母之命，媒妁之言」而結婚好。可是，如果我們有好追問的習慣，那末我們就追問：你們根據什麼來說經自由戀愛而結婚一定比憑「父母之命，媒妁之言」而結婚好？你們作這一判斷時，有沒有請教過婚姻問題專家？有沒有請教過社會學家？有沒有請教過心理學家？有沒有確實做過社會調查來證明經自由戀愛而結婚的離婚率比憑「父母之命，媒妁之言」而結婚的離婚率低？這樣追問下去，我們就會發現這個事體並不如一般想像的簡單。這個事體，說來說去，說到底層，還是一個感情問題以及價值觀念的改變。一切教條主義後面都藏有強烈的感情因素和價值觀念的擁護及峻拒。如果我們對民主政制也持教條主義的態度，那末民主政制的命運與法國大革命時雅各賓式的民主（Jacobin democracy）殆相同。

海耶克說：

> 時下一般人不分青紅皀白地將「民主」一詞用成讚美之詞，這並非沒有危險。因爲這種用法暗示我們。民主走好東西。所以，如果民主擴張的話。那末往往爲人類之福。這種說法，照看起來。是一不證自明之理；但是並沒有這種民主。⑤

何以沒有這種民主呢？因爲，照海耶克所說，⑥擴張民主政制至少有兩條途徑：第一，有投票資格的

---

⑤ 同①，p.104。

⑥ 同⑤。

人投票：第二，藉民主方式而決定提案。在這兩條途徑之中，我們藉任何一條途徑都不能必然造福人群。在這一場合，許多人常常以爲既然由多數人來決定提案，他們總會朝對自己有益的方面作決定。這個「總會」的保證何在？在民主的方式裡，用電子顯微鏡也找不出這種保證。當人的動機想作對自己有益的決定時，他所作決定不一定就是對自己有益：可能有益，也可能無益。幾乎每個商人經商的動機都是想賺錢。但是，有時賺錢，有時卻蝕本。一點也不希奇，在一時一地，即令通過民主的方式，人還是常常作出一些害自己的決定。民主政制並非百靈機。多數所作決定，無論對大家有益或無益，是一個實質的問題。這個問題與作決定的方式毫不相干。民主方式不能使對大家有益的決定變成無益，也不能使對大家無益的決定變成有益。一個決定對大家有益或無益，決定於決定者所在的文化背景、知識程度和價值取向。如果多數決定自殺，就民主方式來說，我們找不到任何根據來救。如果我們要譴責自殺的決定爲不當，那末祇有在社會文化的倫範裡去找根據，在民主程序中是找不出的。依此，民主政制中所說的多數決定，只有在同質的社會裡各份子具有共同的向善理想及價值觀念時才可無害。不然，有的人認爲豬肉很髒，必須禁屠；可是有的人認爲豬肉味美，必須開禁。這是很難解決的問題。實在，民主政制的功能怎樣，不可能不受它所在的社會文化之影響。

民主政制和非民主政制孰優，二千多年以前的人就有不同的看法。而且就我已知的來說，在持不同的看法的人物中，有的學識卓越。

早在約紀元前四百三十年，雅典政治家波利克里茲（Pericles）發表了著名的〈葬禮演詞〉（Funeral Oration）。這篇演詞裡所說的是最早的希臘民主政制的理想：

我們的憲法並非抄自鄰近的國邦。與其說我們的憲法是模仿別人的，不如說我們的憲法是別人的憲法之模範。依照我們這部憲法來施政，不是使少數人受惠，而是使多數人受惠。這是我們的政制叫做民主政制的理由。如果我們細心研究我們的法律，那末我們會發現那些法律對於一切國人的權利給予同等的保障。如果一個人沒有社會地位，祇要他著有能力來推進公共工作，那末他的社會地位並不妨害到他的功績。如果一個人能夠服務他的國邦，那末他的處境之卑微並不足以阻礙他的工作。他也不因貧乏而被堵塞了爲國效力的道路。我們在民主政制裡所享受的自由也擴張到我們日常的生活中。在我們的日常生活中，我們一點也不互相嫉妒地彼此監視。我們的鄰人要做他所高興做的事。即令我們因對鄰人表示輕侮並不招致罰款，我們也不對鄰人表示輕侮。我們私生活中所有的舒適，並不使我們成爲沒有法律的公民。……

我們的城邦值得稱讚之處並不止此。我們培養優美感，但沒有奢侈；我們鼓勵探求知識，但並不柔弱。我們的財富是爲了應用，不是爲了誇耀。我們自己承認貧窮，但我們不認爲貧窮是一件可恥的事。我們認爲祇有不去設法消滅貧窮才是一件可恥的事。一個雅典人除了政治事務以外，還有私人事務要做。我們一般的公民，雖然忙於從事實業，但是依然能夠正確判斷公共事務。因爲，我們雅典人與任何其他的民族不同。照我們看來，如果一個人不參加公共事務，那末這並不表示他沒有野心，而是表示他無用。我們雅典人即令不能創立政策，但是我們都能判斷政策是否正確。我們並不認爲討論問題會妨礙我們採取政治行動，而認爲討論乃採取明智行動之一不可少的先決步驟。……我們相信快樂乃自由的果實，而自由乃勇敢的果實。我們面對戰爭的危險並不畏縮。……

總括起來說，我認爲雅典是希臘的學校。雅典人成長起來，發展得多才多藝，長於應變，並且充滿了自信。……⑦

⑦ Pericles, The Funeral Oration, in *Western Political Heritage*, edited by William Y. Elliott and Neii A McDonald, New York, 1949. And consult K. Popper, *The Open Society and its Enemies*, Chapter 6.

波柏爾對於波利克里茲這篇演詞簡直佩服極了。他說：

這些言詞不止是對雅典的讚頌而已。這些言詞表示出一個偉大時代的眞精神。這些言詞是以一定的章法表現了一個偉大的平等主義者的政治構想，以一定的章法說出一個民主主義者的見地。他清楚地了解民主政制不是藉著「人民應該統治」這一無意義的原則所能盡述。他知道民主政制必須建立在理知和人道主義之上。同時，這篇演詞是眞正愛國的表現，並且是作希臘典範的一個城邦的光榮表現。雅典不僅是希臘的學校，而且，就我所知，是人類過去二千多年的學校以及未來的學校。⑧

雖然，有許多卓越的人物對民主政制這樣讚揚，可是也有許多不平凡的人物反對民主政制。在波利克里茲發表了他的〈葬禮演詞〉以後約八十年，柏拉圖提出了反對的看法。柏拉圖固然強調正義，可是在基本觀念上他是否定民主和自由的。柏拉圖將自由與無法律混爲一談，將自由與放縱混爲一談，將在法律之前人人平等與無秩序混爲一談。他把民主人士形容爲浪蕩、鄙吝、傲慢、無恥、殘暴，及可怖的動物。柏拉圖說他們充滿了幻想，耽於逸樂，並追求不潔的目標。

過份的自由，無論是國邦的或個人的，似乎淪於過分的奴役。

所以，暴政自然生於民主。而且，暴政和奴役之最激烈的形式是起於自由之最極端的形式麼？

⑧ Popper，同⑦，p.182。

> 照我們看是如此的。⑨

極端的自由，確實常以暴政或奴役收場。我們從一七八九年的法國大革命以來的群眾性的革命運動之史例，可以看出這類的結局。

柏拉圖又說：

> 爲了戰爭的進行，我們需要許許多多措施和法律。最大的原則是，無論男女，不能沒有一個司令者。任何人無論是爲著笑鬧或是談正經的，不能自作主張來做任何事體。在戰時及平時，他必須注意並且聽從他的首領；即令是最小的事也得受他的指導。例如，他的行或止，或習作，或洗滌，或用膳，或夜間起來守衛，以及被吩咐傳遞消息，都得唯命是從。在危險時，除了依照上級的命令以外，他既不可追逐又不可退卻。總而言之，他不可教他的靈魂習於獨自知道做任何事體。⑩

歷來反對民主政制的理由有些很強。知果我們眞要建穩民主政制的理論和實踐，最好先多考慮反對民主政制的說法以及民主政制確實不易避免的弊端。依此，柏拉圖以降的若干反民主的學說必須予以深究。即令是倡導民主政制最力的海耶克，對於他所說的獨斷的民主（dogmatic democracy）也深懷戒心。

民主並非一定不會造成暴政，以多數決定來侵犯少數的權利。與多數決定容易聯在一起的，是臨時流行的意見所形成的威力。獨斷的民主主義者總以爲多數應該有權決定任何問題。他們又往往以爲，一個人

---

⑨ *Republic*, book XII, p.822. (Jowett's translation)

⑩ *Laws*, book IIX, p.677. (Jowett's translation)

或一群人的「階級地位」是始終不變地決定他們對自身眞正利益的認識。於是，多數的決定也就是表現多數的最佳利益。此外，一時流行的多數意見所形成的威力，像颱風一樣，壓倒反面的意見。

這都是民主政制所可能產生的危險。我們必須弄清楚，多數決定是一回事，個人的基本人權是另一回事。個人的基本人權是每個人必須保有的最後的基本權利。這一簇基本權利任何人不可拿任何藉口來侵害及剝奪。這也就是說，個人的基本人權是多數決定的極限。多數決定不可使政司的權力無窮大。一個民主的政司的權力是要受到種種限制的。個人的基本人權是最重要的一種限制。在民主政制之中，多數可以決定許多公共問題。但是，到了侵奪個人的基本人權的界限，必須「行人止步」。這是民主政制與極權政制的一大分野。極權政制爲了追求效率，在實際上不考慮個人的基本人權的問題。在民主政制之中，所謂多數不以所謂「階級」來劃分，而祇以問題來劃分。對於某一問題，例如禁酒，某人是佔在少數的地位。對於另一問題，例如種族分隔，他也許是佔在多數的地位。颱風式的流行意見如果發生壓倒性的決定作用，往往是害事的。我們沒有理由說，多數一定是對的，少數一定是錯的。如果一個主張本來就是錯的，那末多數人贊同它就是多錯。清末士大夫之主張強硬對外就是實例。「起鬨」不一定是穩妥的辦法。爲了防止這類危險，海耶克認爲對於任何問題的決定，臨時的多數意見必須受長久建立起來的原則之限制。例如，我們要決定女人是否當兵，這類問題總不能由多數人憑心血來潮來決定。在這一關聯中，民主政制必須與它所在的社會文化不脫節。一個國邦，無論怎樣民主，總不能藉多數決定來沒收每個人的口袋，夫婦全體離婚，兒子每天打父親三板，種種等等。民主政制不能違背它所在的社會文化之道德價值、倫理規範、風俗習慣，以及宗教信仰。極權政制則全然不顧這些。它悍然與一切已成的道德價值、倫理規範、風俗習慣，以及宗教信仰挑戰。所以，它要兒子叫父親「同志」，逼迫和尙還俗，強制尼姑結婚，花樣百出。

「多數決定」固然看起來很合民主而且能滿足多數的權力欲，但實在並非沒有危險的一種方式。在

「多數決定」這頂帽子底下，有一項幾乎無可抗拒的論旨，即是邊沁（Jeremy Bentham）式的功利主義原則「爲最大多數人謀最大幸福」。這個原則一經說出，大多數人就直覺地不能抗拒。誰能說「爲最大多數人謀最大幸福」不好？就中國而論，這個原則自民國初年傅斯年等人士提出以後，受到廣泛的歡迎。它成爲幾十年來社會主義性的要求之觀念動力之一大股。其實，這是一句好聽的空話。它祇合訴諸天眞的人們。正如赫頓（Craham Hutton）所說，這個原則並不能解決實際的政事問題和社會正義。⑪儘管如此，這一原則對於人眾富於聲訴力。就憑著這股聲訴力，它把躲在後面的「多數決定」的威力夾帶進來。這就容易造成赫頓所說的多數的暴政（tyranny of majority）。約二千年前，柏拉圖、亞里士多德，以及居領導地位的希臘和羅馬政治家厭惡多數之治。到了十九世紀，輕視多數之治的，有托克維勒（Alexis de Tocqueville）、穆勒、斯賓塞（Herbert Spencer）。阿勞德（Mattew Arnold）等燦爛的人物。多數之治容易導出群眾的幻想、粗糙，以及標準化的庸俗；而且個人的需要常被忽略，個人的創導力往往受著限制。

托克維勒說，反對民主政制的人斷定一人統治比全民政制較好。⑫照他看來，這些反對者所說的不無道理。假定由一人作決定的政司的知識量和全民政制的知識量相等，那末一人統制比多數之治要整齊，要堅忍，要一致，而且在細節上也要準確些。一人統制用人的選擇常比較精細。他認爲如果有任何人不承認這些事實，那末是從來沒有看見過一個民主政制的眞相，不然就是對民主制度有偏愛。即令一般人的傾向允許民主制度存在，民主制度也不見得一定有規律，民主政司也不一定能幹。他說，就完成一個計劃的效

⑪ Graham Hutton, The Individual and Society, in *Agenda for a Free Society*, edited by Arthur Seloon, London, 1961.

⑫ Alexis de Tocqueville, *Democracy in America*, p. 110.

率來說，一個民主政司遠不及一個練達的專制政司所能夠企及的程度。在民主政制之下，常常舉辦一事未見成效，中途即予放棄，但是，有的時候，舉辦一事，即令結果危險，也遽予冒險嘗試。不過，民主政制固然有這些短處，可是總結起來民主政制之下的成就比諸任何一人政制所成就者為多。即令在民主政制之下所成就的優良事項不多，它所成就的事項之數量頗多。民主政制的偉大處不在它推動公共行政，而在沒有公共行政的推動時它能有所成就。民主制度並不給人民以最有技巧的政司。可是，在民主政制之下，我們往往能夠創造即令是最有能力的專制政司也無法創造的東西。這也就是說，民主政制能夠提供我們以充滿社會的和無止無休的行動可能性，能夠抒發出一種充沛無比的活力，以及與此制度分不開的力量。而且無論環境怎樣不利，在民主政制之下可能產生奇蹟。這都是民主政制的眞正好處。

三、民主的優點

任何一個眞誠的民主主義者都不應諱言民主政制的短處。把短處在太陽底下亮給大家看，這正是自由主義者難以企及的長處。民主政制縱然有許多短處，可是這許多短處抵銷不了它的長處。民主政制對人類和平、自由、幸福，及安全所已作的貢獻或可能作的貢獻，至少就長遠的途程來看，不是任何其他政治制度所可比擬的。之所以如此，係因民主政制具有下列特徵：

(一) 數頭而不必砍頭

極權政制的「長處」就是不容產生兩種以上的有同等效力的（effective）的意見；如果竟然產生了的話，它可以迅速變成一種。這種統一意見的方式固然常常表現了高度的效率（efficiency），可是這種效率往往是藉著武斷、鎮制、屈人從己，以及利用緊急情況造成的。所以，極權政制的內部經常有緊張氣氛瀰漫。「整肅」的事，多如晚餐。不同的意見固然遭到無情的壓服，但卻無助於緊張狀態之減除。至少在極權統治尚未穩定的階段，居於統治地位的少數精幹必須經常謀劃各種策略並動員必要的權力，使用於被治的多數，以求權勢的穩定。但是被治的多數並非化石。少數精幹拿心理、經濟與軍事混成的鎮制力（coercive power）施諸彼等的頭上，彼等的反應不一定眞像三月桃花開。彼等可能臉上開桃花，心裡結冰霜。第一次世界大戰後蘇俄早朝的統治狀態，第二次大戰後東歐若干小國的統治狀態，都有這種特徵。在有這種特徵的統治狀態之下，被治的多數固然經常在恐怖空氣裡呼吸，居於統治地位的少數人的呼吸也不見得十分輕鬆。雙方的心靈窮年累月都在「備戰」的戒嚴情境之中。「人生不滿百」。這樣緊張，是爲了什麼？這類統治形態常由流血造成。誰要改變它，誰就得流血。結果，人人都成爲候補的路易十六（Louis XVI）。重大政策的改變，也常需要一場鬨鬪。這實在太野蠻了。

和極權政制比較起來，民主政制似乎缺乏齊一意見的效率。美國的黑白問題鬧了一百多年。對於目前的越南問題，美國學人更是經年議論不休。這些現象，在缺少討論自由的人士看來，會感到不耐的。他們習於就公共問題要大家一致接受一個意見。這裡就涉及一個基本的倫理問題：誰憑什麼要大家接受那一個意見呢？著實說來，我之所以爲我，你之所以爲你，最重要的地方就是想法不一定必須相同。如果一個人把他的想法隨便出售給廣播公司，或是隨便扔到廢紙堆裡去，那末他所剩餘的不過是一個臭皮囊而已。人人的生物邏輯在基本上都是相同的，所以每個臭皮囊在基本上也是相同的。這種挖空了心靈和價值觀念的臭皮囊，擺在地球的東邊與擺在地球的西邊完全一樣，贊成什麼與反對什麼都無所謂，白天事奉上帝與黑夜事奉魔鬼並行不悖，當面恭維人和背後罵人一點也不覺難過。對於這種時代的寵兒，根本不發生意見的差異問題。可是，民主政制的倫理基礎高一等。民主政制的倫理基礎是從有自己的意見的個人出發，而且各個人的意見不一定相同。如果各個人的意見不一定相同，但是又需相同以決定公共問題，那末怎樣辦？民主政治的行使，不能靠權威，更不能動輒威脅人的神經。在民主政制之下，要大家齊一意見來決定某個問題，祇有訴諸說服、磋商或辯論。因爲，大家都是人。這類程序，也許有人認爲緩不濟急。人間有些事體是急不來的。犧牲道德原則而換取效率，是値不得做的。因爲，得不償失。爲了應急而斲喪社會文化裡的道德累積，一定加速社會文化的解體，終至如雪山之崩而不可收拾。從表面看，用民主的方式求意見的協調也許緩慢。可是，一旦意見的協調獲致，這種協調是表裡如一的協調，也就是眞眞實實的協調。由眞眞實實的協調所產生的團結力同活力，較之由強制及脅迫所形成的，顯然可靠，持久，並且經得起意外變動的考驗。

海耶克說，當著對於同一問題有幾個互相衝突的意見發生但是又祇能採取其中的一個時，我們祇好取決於多數來解決。「民主是人所已經發現的唯一和平改變的方法。」[13]多數的一面不一定最聰明。但是，既爲多數的一面，這就表示他重量大。少數人不一定就錯。但是，既然爲少數，這就表示他的重量小。爲了維繫內部的和平，所以少數只好服從多數。所以，米哲士（von Mises）說：「民主政制不是一個革命的制度。」民主制度是防止革命和內戰的最佳方式。這一方式就是依照大多數人的意向來和平地調整政事。如果一個政司本來就是大多數人心目中所希望建立的，那末就沒有理由要它垮台，而是會自動支持它的。它也根本無需費那末多的注意力來保衛它自己。波柏爾說，不需要暴亂而更換政司的那種制度就是「民主政制」；否則就是「暴政」。這一看法眞是一針見血。中國歷代爲了改朝換代與轉移政權所流血之慘，犧牲之重，及引起的動亂之大，在世界上也是很有地位的。如果中國人願意作點歷史性的反省，並且

⑬ Hayek, *The Constitution of Liberty*, Chapter seven, Majority Rule.

眞要在殺伐這條路上退卻以導國家於長治久安之途，那末最好是眞正實行民主政制。

(二)民主政制比較接近自由

我們在前面說過，從純概念和制度方面著想，民主政制並不一定產生自由。可是，就事實而論，在一切政治制度中，還祇有民主政制是比較靠近自由的。何以呢？這祇好說是因爲人之喜好自由甚於喜好不自由。當然，人當危險臨頭時，常自動放棄自由，[14]或被迫放棄自由，或受騙交出自由。但是，當危險的陰霾過去，金色的陽光在地平線上展現時，人們又會懷著興奮的希望心情，奔向自由的新綠原野。當民主的程序掌握在渴望自由的人們手裡時，他們要用這種程序作實現自由的方式。

同爲政司，非民主的和民主的各有實質的不同。非民主的政司常透放出一股權威主義的氣氛（authoritarian atmosphere）。它像昂著頭捲著尾的一條印度眼鏡蛇。被治的人眾像小麻雀。這樣的政司的任何舉措，從閱兵到發表統計數字，從辦外交到展覽電影，或製造核子武器，都是以製造聲威爲主要著眼點。聲威又可形變爲對被治者的鎮制力，像高位瀑布可以用來發電一樣。所以，在一切極權國邦，政司有絕對不可冒犯的權威。處於這樣的情境之下，被治者當然不能批評政司。反對政司，即令僅僅是口頭上的，也被看作像挖屋基似的危險事。所以，在極權統治之下，所謂「政治犯」特別多。在民主的國邦，因爲政治上有一條和平的出路可走，有政治興趣和野心的人大可在這條出路上奮鬥，所以根本沒有「政治犯」這個名詞。實行民主政制，是消滅「動搖國本」的治本方法。在極權統治之下，沒有一條政治性的通

---

⑭ Consult Erich Fromm, *Escape from Freedom*, New York, 1958.

路來改善政治、經濟和社會的痛苦。⑮但是，統治者又怕人羊大批逃亡了，弄得少有唱戲的本錢，所以要建築看得見的和看不見的圍牆圈起來。柏林圍牆除了有圈禁人羊的功用以外，還有提醒觀光客的功用：教他們明瞭，自由是多麼可貴！

民主政司根本就是一種服務系統。我在這裡所說的涉及關於「政司」的一類基本概念。任何「政司」是由這幾個系統組成的：第一，動員系統；第二，權威系統；第三，調協系統；第四，服務系統。不同的政治制度所著重的系統也不同。極權統治著重前兩個系統。民主政制著重後兩個系統。民主政司的存在既不靠暴力的支持，它是靠「爲民服務」的政績。在民主政制之下，人眾有表示對政事不滿的權利和充分的機會。政黨之執政者要想繼續主政，不能靠對人眾施展高壓手段或哄騙技術，祇能靠討好選民。這麼一來，百姓就有地位了，眞正是「國家的主人翁」了。

(三)民主政制能使大家熱心公共事務

托克維勒在前面說民主政制下成就的事項頗多，而且往往能夠創造即令是最有能力的政司也無法創造的東西。之所以如此，基本原因之一，係民主政司能鼓起大家自動爲公共事務貢獻力量的熱心。德國納粹式的「義務勞動」是出於身不由己的勞動。蘇俄西北利亞集中營式的勞動是榨取所謂「政治犯」的剩餘生命。把人當牛耕田就是乾乾脆脆把人當畜牲。一個政司可以在短時間誘騙人眾熱心服務公事，也可以在長時間強迫人眾勉強服務公事，但不能長時間強迫人眾熱心服務公事。鞭子不一定萬能。鞭子可能驅策人的身體，但鞭子打不出熱心。強迫的結果是冷漠、敷衍、勉強應付、貌合神離，以及口是心非。近代極權政

---

⑮ John Spanier. *American Foreign Policy Since Worid War II*, New York, 1962, VIII.

制在奴辱人眾方面的確有了令人驚心動魄的成就。然而，世界這魔廣闊，人間美好的事物還是可以看到，善意猶有殘存，個體的生命這麼短暫。值得我們努力的事眞是太多了。這些人們爲什麼一定要這樣忙著使世界地獄化！自由的國邦根本不用這套「鞭子政策」。但是，我們看，自由國邦的文化花朵開得多麼燦爛！

(四)鎮制權的使用受到限制

有人說，「理性」是民主的基礎。這一說法很少根據。民主政制不可能在文化眞空裡施行。民主政制必須總是在一個社會文化裡施行。一個社會文化是否注重「理性」決於它的價值取向。我們有充分理由相信，一個國邦把民主政制施行到相當長久的地步。它可能趨向於「理性」。然而，這是結果，不是起點。如果「理性」眞是民主政制的基礎，那末末把「理性」的發展當做基本價值的社會文化應該永遠沒有實行民主政制的希望。如果一個社會文化的基本價值取向不是「講理」，那末我們不能希望它一旦採取了民主制度以後立即就願意而且擅長「講理」。因爲，「講理」是一件並不自然的事。「講理」的態度之培養，和「講理」的技術之訓練，都不是一朝一夕所能辦得到的。西方「講理」的傳統是從歐基理德及亞里士多德等人從二千三百多年前就已經開始建造。在沒有這個傳統的社會文化裡，要從頭學習來達到那種水準，談何容易！民主政制是全民政制。在沒有「講理」傳統的社會文化裡，要少數人在相當短的時間培養起「講理」的態度並訓練好「理性」的技能，也許比較容易；要大多數人在相當短的時間辦到這種地步，幾乎是不可能的事。既然如此，我們怎樣能拿「理性」作民主政制的基礎？所以，說「講理」是民主的基礎，乃一句不切實際的空談。我們充其量祇能說，在一切政治制度之中，民主政制是最適合於訓練「講理」的制度。之所以如此，因爲民主制度提供一套議會程序，和站在平等的地位討論問題的習慣。尤其重要的，在貨眞價實的民主政制之下，言論之事可在無有顧忌和不受威脅的氣氛之下坦然進行。有而且祇有在這種情形之下，才能申張眞正的民意，才能產生眞正的輿論，才會激勵出不同凡俗的眞知灼見。

但是，這並不表示，一行民主，天國就降臨；一行民主，「滿街都是聖人」。即令在民主政制之下，人還是有不講理的時候。人之不講理，除了用言論以外，可能以行動危及公共安全甚至動搖社會基礎。在這種情形之下，鎭制權之使用，便成爲必要了。例如，美國聯邦政司調動傘兵來鎭壓小岩城的變亂。談到這裡，就發生了一個關係重大的問題：民主的政司可能使用鎭制權，非民主的政司也使用鎭制權，二者的分別究竟何在？二者的分別在使用鎭制權的限度和作用。極權政司的建立和存在，主要地靠使行鎭制權。而且極權政司之使用鎭制權是無限地使用。復次，它使用鎭制權的作用，主要地是消除異己，以鞏固它自己。蘇俄在本世紀三十年代的幾次大整肅，便是令人戰慄的實例。不僅如此，在這類地區，有時假借懲處普通刑事犯的名義來達到消除異己的政治目標。這是鎭制權擴大的一種隱匿形態。於是乎，在這類地區，鎭制權有一元化的趨向。從秘密逮捕，到審訊表演，以至於「思想鬪爭」。「公開批評」，打破飯碗，通通羅攝到鎭制權力的天羅地網裡，任何一個小民都無所逃於鎭制權所及的天地之間。慘！至於民主政司之使用鎭制權，目的主要地在維護社會安寧，而不在排除在野黨以鞏固它自己。民主政司之使用鎭制權，一定受到法律的嚴格限制。這幾種分別之有無，眞關係乎民主制度之生死存亡。假定民主政司的在朝黨利用它所能操持的鎭制權來消滅在野異己，並且不經由任何合法的程序來使用並擴大這種權力，那末一個民主國邦可能在一夜之間自它的內部變成一個極權國邦，實在危險得很！我們姑且以西德爲例。以西德的組織之嚴密，技術之高度發達，以及人民好勝心之強，如果一切其他的條件不變，西德中央政司不難使行鎭制力於幾天以內把西德變成舉世第一流的極權國邦。但是，我們有理由相信西德的民主制度足可保證它不會走上極權統治之路，艾爾哈德本人也不會有這種無聊的野心。所以，同是有高度效率的鎭制力，握在極權政司的手裡大家總是怕兮兮的，握在民主政司手裡大家都可「高枕無憂」。至少就這一方面來說，這實在是兩個不同的世界！

從上面的分析，我們知道民主政制和極權政制很不相同；而且，民主政制縱然有些缺點，也比極權政制和易近人得多。我們現在要問：何以民主政制與極權政制有上面所說的不同？何以民主政制比極權政制和易近人得多？最重要的一個原因，是二者的倫理基礎不同。二者的倫理基礎之不同，我們從它們與被治人民之間的關係差異看出：

專制政司把人民當子女。

極權政司把人民當可能的敵人，或工具（蟻牛）。

民主政司把人民當朋友。

在專制政制之下，皇帝先生一人高高在上，萬民俯伏在下。他們之間的地位是絕對不平等的。就中國而論，至少在理論上，皇帝應當「愛民如子」。在事實上，眞正「愛民如子」的皇帝寥寥可數。在大多數的情形之下，皇帝作威作福於上，老百姓自生自滅於下。皇帝對於人民多存漠不關心的態度。當然，照其後的許多情形對照起來，這眞是頗值得憶戀的歲月。皇帝對於人民漠不關心，這就無異於給人民「放開一條生路」。於是，人民就享有某種意義的自由。當然，在皇帝心目中，人民有兩種：一種是孝順的子孫；另一種是不肖的子孫。對於特別孝順的子孫，他們高興起來也給予某些恩獎。對於不肖的子孫，有時抄殺，有時甚至「夷九族」。但是，專制時代的帝王，即令再殘忍，也做不出史達林那樣幾十萬的幾十萬的用囚車裝運西北利亞的事，也想不出幾百萬的送進奴工營的辦法來對付政敵。

極權政制至少在理論上不是專制政體。在現代極權政制之下，君王、貴族、豪富、大地主，都在被消滅之列。因此，這些人物在現代極權政制中毫無立足之餘地。現代極權統治是完全由「人民」控制的。不過，說也奇怪。這些由「人民」造成並且由「人民」控制的政權，對於人民特別不客氣，對於人民的要求特別多。如果我們的思考力不爲名詞所誤的話，那末我們立刻會發現這些「人民」的政權對待人民實在遠比已被打倒的君王、貴族及豪富苛虐。因爲，這些「人民」所本的統治哲學遠較君王、貴族及豪富厲害。貴族及豪富虐待平民時內心總不理直氣壯，所以往往遮遮掩掩。而這些「人民」則否。復次，君王、貴族及豪富統治平民的技術更遠不及這些「人民」精密。做到最可愛處，他們也不過視一般人民爲政權的工具。這好像玫瑰花上螞蟻所畜的蟻牛一樣。

這些「人民」的政權對於權力特別敏感。爲了保衛政權，他們假定每個人民是一個可能的敵人。因此，每個人民都可能被他們懷疑。所以，說到究極處，在極權統治之下，人生的樂趣很少。我在這裡無意爲已被打倒的君王、貴族及豪富張目。我所要指出的事實是「一蟹不如一蟹」。法魯克一世（Farouk I）貪玩是他自己的事。正因爲他貪玩，他就不會計議著創設一些建制來使人眾感到地皮都翻了。從自由的得失之尺度來量，我不認爲卡斯楚（Castro）比法魯克一世可取些。當然，我這話一點也不表示一個國邦不該求革新和進步。要的，我們一定要革新和進步。可是，我得指出，我們不要以爲暴政是到革新和進步之路。暴政是「到奴役之路」。奴役之路上沒有仁慈。歷史可以證明，當仁慈隱沒的時候，任何劇烈的政治變動都比洪水泛濫更危險。

民主的政司既不高於被治人民，又不低於被治人民。政司人員和被治人民的關係是平等的關係。既然如此，民主政司的成立及行使政權，必須獲得「被治者的同意」。這個條件是民主政司存在的絕對理由。沒有這個理由，民主政司便失去了它要存在的任何法理依據。舊金山動物園裡養了許多猴子。當獵戶把牠們捕來交給園長管理的時候，從來沒有聽說事先須得到猴眾的同意。園長對猴眾的態度大概不外是，拿來關牢，餵肥些就是了。對於人，能夠這樣嗎？如果能夠的話，那末你是否願意出席舊金山動物園與猴眾爲伍？如果你不願意的話，那末便是因爲你有點與猴子不同的什麼。你與猴子不同的那一點什麼，就是人之所以爲人的不可渡讓的東西。這點東西渡讓了，人便不復爲人，而跟猴子無殊。這點不可渡讓的東西就是人的尊嚴、價值觀念，及依之而行的自由選擇權利。這點不可渡讓的東西在政事上的表現之一，就是「被治者的同意」。一個民主政司的成立，首先必須通過這一關，然後才能談及其他。

四、民主的後進問題

民主制度本是西方文化的產品。這種產品隨著西方文化的擴張而四向擴張。這一擴張引起一個大問題，就是民主後進的國邦是否適於實行民主。這個問題的解答極爲複雜。它關聯到兩個大的條件：第一是開始實行民主制度的國邦之文化濡化的基線；第二是該一國邦的社會文化之適應平面的高低。當然，這兩個條件是相互關聯著的。關於民主後進國邦是否適於實行民主的問題，道格拉斯（William O. Douglas）和華斯霍恩（Peregrine Worsthome）曾有過辯論。這個辯論被叫做「一九六一年的大辯論」。我現在把這一辯論的要點列示出來。⑯

道格拉斯說，民主政制不像電冰箱，並非可以轉運的貨物。民主政制是一種生活方式。這種生活方式要在新的土地上生根必須相當的時間；要它開花結果，所需時間更長。民主政制的實施，所涉及的範圍是廣泛而複雜的。一個民主落後地區要實行民主政制並且要收穫成果，需要大家長時期的忍耐和作不懈怠的努力。一旦民主政制在這裡生了根，它開出的花可就茂盛，結的果可就豐碩了。在民主政制之下實行的自

---

⑯ The Great Debate of the Year, in *The Great Ideas Today*, 1961.

治，就是為大多數人民的問題之解決以及許許多多創造活動預先鋪好了道路。民主政制還有一個最大的優點，就是它能涵容不同的人、不同的思想和不同的言論。

有些人反對民主制度。這些人在對付被治者的時候，常好以鎮制力代替勸導與說服。他們常好以統治者所作的選擇，代替大多數的個人之選擇。民主政制提供一般人民以自我實現的機會。同別的政治制度比較起來，在民主政制之下，我們有較多的機會獲得或爭取自由、平等及正義。民主政制裡有一種內發的控制力。任何公民，祇要有決心和機會，都可以控制住民主的機構。

透過代表而行使政權，這在現代民主國邦是必要的程序，並且是民主權力的分配之一決定性的步驟。藉著代議方式，少數的權利可以得到保障。民主權力的分配可由三種方式達到：各種權力的分設，選舉及任期之規定，以及制定政司絕不可為的某些事項。民主的理論是說多數人知道公共的利益是什麼，並且為各別的群體之最佳的利益而努力。在民主政制之下，這些目標的樹立是人民自發的；至於怎樣實現這些目標的程序，是因新的需要發生及人民知識的增加而不斷改變，民主制度的實施是認為一般人民的智慧在長遠過程中高於一個治者或一個家族。

道格拉斯知道在民主後進地區實行民主政制的困難。可是，他認為不能等待，而必須開始實施。我們找不到一切條件成熟了才實行民主的那種情況。

華斯霍恩的看法與道格拉斯有所不同。他認為「整個的自由概念，對於許多極原始的民族是陌生的」。他說良心自由和言論自由是實行民主的中心礎石，但是祇有具獨自思想的人才覺得良心自由和言論自由可貴。原始社群裡的人不具獨自的思想，因此就不會覺得這些東西怎樣可貴。大部分亞非地區的人，他們的生活依然被風俗、習慣和迷信所限制。在這種情形之下，根本不可能有獨自的思想發生。他們缺乏所信持的知識，也缺乏懷疑所需的知識。原始民族並不是因他們所在的社群之規律為規律而服從，祇是因爲相信那些規律合於正義才服從。他們認爲那些規律不合於正義時，便不服從。復次，他們之所以服從，是因習慣如此，而且服從較易。他們之所以不服從，除了覺得那些規律不合正義以外，是出於情感作用或自私的動機。我們很難相信，像這樣的社群會被鼓動爲著言論自由和良心自由，起來抵抗一個隨意行使鎮制權的政司。在亞非民主未開發的地區，一般人民不太會因著西方民主先進國邦所認爲重要的問題而強烈反對政司的。這也就是說，西方民主先進國邦的人民把言論自由、集會自由、結社自由，和依適當法律程序審理案件等等看得非常重要。這些事情在西方人已經凝成傳統、習慣或生活方式。因此，假定政司違反了這些傳統，一定引起軒然大波、強烈抗議，甚至不尋常的騷動。可是，在未曾嘗到民主和自由滋味的大部分亞非人民，對於政司的這類舉措之反應則常麻木而冷漠。

華斯霍恩又論及經濟發展與社會變遷和民主政制的關聯。如近世歷史所示，英國的工商資產份子大有助於把一絕對王權置於民主政制的控制之下。不過，他們之所以這樣努力，並非空虛的由於相信代議政治的好處。他們係受一種實利動機所鼓勵。他們之努力爭議席，是因統治階層拒絕給他們以經商和製造貨物的自由。爲了這種自由，他們不得不爭。這麼一來，英國的民主力量隨著工商業的擴張而作實質的進步。可是，在第二次世界大戰以後的亞非一般地區，情形有基本的差別。在這一般地區，工業化的實施是一突出的課程。但是，領導工業化的主要動力，並非民間工商業的資本家，而是新建的政司。因此，政司的權力隨著工業化的擴張而擴張。亞非一般地區裡的人民，從他們的部落或鄉村連根拔起，他們固有的生活方式和風俗習慣也遭破壞。爲了謀生，他們不得不離開破碎的家園，走入城市，去過著與家人分離的生活。白天待在工廠裡做枯燥的工作；夜晚睡在單調的木屋裡。處於這種苦況之下的人，怎能站起來組成政司並實行管理？即令他們能夠組成政司，也很不可能組成一個自由民主的政司。這樣一群受到嚴重挫折的人，祇要能夠影響政治，便很容易趨於極端。因爲，他們嚮往自由的觀念本極淡薄。即令他們嚮往自由，但是受肚子飢餓所生煩躁心理的驅迫，而實無暇顧及自由問題。

華斯霍恩說，這些地區的工人階層既受飢餓與貧窮之驅使，結果很少要求擴大自由——除非他們弄誤會了，以爲自由乃得食的手段。顯然，他們之志不在爭取自由。英國的政治自由並不是從人眾爭麵包而得到的，而是許多利益團體爲著使他們的利益不受政府干涉而得到的。亞非地區的飢餓群眾如果干涉政治的話，他們最緊逼而又實質的驅動力，並非爲著保護自己的利益，因爲他們沒有什麼利益可資保護。驅動他們干涉政治的力量是要求最低的生活資據。這與英國的差別大得太多了。英國是一些「有」的人干涉政治。亞非一般地區是一群「無」的人干涉政治。二者干涉政治時的心理狀況，注意所在，目的所在，都很不同。因此，他們對於政治的影響也很不同。英國工商資本家要求政司「少管些」，於是導出自由。亞非地區的飢餓群眾要求政司「多管些」，因此導出「統制」。並由之而逐漸集權化。他們不向政司要求他們做什麼的權利，他們祇向政司要求他們所需要的東西。這類要求佔據首要地位時，自由的要求就隱退無聞了。

華斯霍恩又討論到民主的假裝問題。我們知道，在這個地球上，民主政治之趕得上英國水準的並不太多。有些民主祇是假裝的。如果有人把那表面的假裝剝掉，那末裡面所藏的可能就是獨裁。於是，現在產生一個重要問題：是假民主好，還是眞獨裁好？華斯霍恩的答覆是：眞獨裁比假民主好。

何以呢？

他以亞非地區的巴基斯坦爲例。他說，在巴基斯坦軍人們不假裝民主。他們是明目張膽地實行獨裁。阿育布總統（President Ayub）不聲言他代表公共意志，也不費心機去搞那些掩耳盜鈴式的選舉故事。巴基斯坦的政治氣氛是沒有掩飾的貴族寡頭訓政。一群受過教育的精幹份子依理而發號施令。這種情形雖使巴基斯坦蒙不民主之名，但卻有一大好處。什麼大好處呢？它沒有把民主之名壞掉。這麼一來，如果巴基斯坦的人民日後要實行民主政制的話，那末他們尚有一個明顯的奮鬪目標。這也就是說，巴基斯坦的寡頭政治家沒有糟蹊民主政制之名。這就為後來的民主主義者留下一條乾淨的道路。我用一句中國的老話來說，巴基斯坦的政治家們「尚存心忠厚」。

據華斯霍恩說，巴基斯坦的統治者雖不民主，可是「他們非常自由」，「他們是自由的貴族」。這些自由的貴族在英國受過教育，深受英國自由傳統的薰陶。雖然他們的權力是絕對的，但是他們有自由良心的限制。從一長遠過程著想，巴基斯坦的情形比亞非許多其他號稱民主的地區距離民主反近。「在那些地區，統治者聲言他們係依人民的公共意志而行使權力」，並且是由選舉而上台的。在那些地區裡，「統治者聲言尊重那限制絕對權力的民主制度，而事實上民主制度在那裡祇是有名無實。在實際上，他們藉著實行民主為名，得到擴張暴政之一極可怕的和有力的新利器。他們藉選舉來表明，他們之所作所為是出於人民的要求。因此，無論在公在私，他們得以暢所欲為」。

雅各賓式的民主是毀滅了君王、教會和貴族等等原有的封建結構，掃除了建立「人民政府」的一切障礙。然後依照人民的「公共意志」來建立政司，使行無限權力。這麼一來，就由民主走上「民主的獨裁」。至於蘇俄革命，所生的災害更大。歐洲的經驗告訴我們，愈是藉國邦的力量來改變社會以將就民主的理想，則自由的前途愈是渺茫。可是，修改民主理論以適應社會文化的現實，民主和自由的來臨反而較快。

我們現在要問：道格拉斯與華斯霍恩所持見解誰對呢？在肯定民主制度上，二人是沒有不同的。他們都認為民主制度是理想中時最佳政府。亞非地區的一般國邦終究會接受這種制度的。這種制度是今後世界政治制度的走向。從蘇俄及東歐的實際政治情況的變遷，我們可以看出一個徵兆，就是獨裁和極權政制都會變質的。他們二人之不同，祇在實現民主制度時所採的程序。道格拉斯認為實現民主制度之唯一的途逕是立刻開始。華斯霍恩則認為亞非新興國邦如果確切的了解徒有民主之名而無民主之實是容易招致災害的，一般人民確乎可以較多獲得內政上的自由實質。

道格拉斯的見解比較偏重理想。華斯霍恩是一位新聞記者，他的實際經驗使他對民主的實現採取比較現實的看法。二者在原則上並無衝突，祇是對民主實現的程序之看法不同。

五、民主的形形色色

我們一般人常常自以爲，先有了事實然後再用語言表達，或先有了事物然後用名詞來標記。遠出乎我們的想像之外，實際並非全部如此。在許多情形之下，我們先有了固定的語言模式然後不知不覺地用它來類分事實，我們往往先有了某些名詞然後用它們來指謂事物。這種情形頗像圖書分類。一個大的圖書分類在基幹上是固定了的。各種新來的書按照原有圖書分類法安排就是了。可是，同是安排書籍，大規模的圖書館的安排方式和小規模的圖書館的安排方式有所不同。大規模的圖書館的安排方式比較起來分類細密；而小規模的圖書館的安排方式比較起來分類簡單。例如，同是哲學書，大規模的圖書館分類起來就很細密。就地域來說，哲學有西方哲學、印度哲學、中國哲學、伊斯蘭哲學等等。就內容來分，哲學有知識論、形上學、倫理學等等。可是，小規模的圖書館常無從作這樣詳細的分類。它不管是什麼哲學，統統擺到哲學類去就算了。我們一般人對於「民主」的觀念也是這樣的。由於受宣傳的影響，我們一般人總以爲「民主」的對面是「極權」。而且，在這個地球上的政治制度中，不是「民主」便是「極權」，不是「極權」便是「民主」。這是根據名詞來了解事實，而不是根據事實來操縱名詞。這種思想方式頗爲節省腦力，但也頗易招致錯誤。

就韋伯（M. Weber）所說理構類型而論，民主祇有英美目前的類型。然而，一撮同類的種子，掉在不同的環境裡，因受不同條件的作用而所結果子多少有不同的變異。同樣，如前所述，沒有人是活在社會文化的眞空裡，任何制度也不可能不在一社會文化裡存在和發展。既然如此，這一社會文化的特徵會無可避免地要作用於它的發展。民主制度的理構在某一社會文化裡的發展也是這樣。同樣叫做「民主」的政治制度，因在不同的社會文化環境裡，長出許多不同的變種。⑰

「純種」的民主。美國、英澳聯邦、西歐、印度、日本、馬來西亞及摩洛哥（Morocco），這些國邦的政治制度都是純種的民主制度。

至於「變種」的民主，眞是形形色色，不一而足。我們在這裡且舉出下列幾種樣品：

第一，「民主集中制」。史達林很大方地把他的這種暴政冠以這一堂皇的稱號。

第二，「人民民主」。蘇俄所有的衛星國邦，包括東德政權在內，都喜歡這樣自命。

第三，「指導的民主」。印度尼西亞那位勤於製造新聞的人物蘇卡諾（Sukarno）先生把他所行的「民主」加上「指導的」這個形容詞。班達總統（President Banda）極其欣賞蘇卡諾的這一創作。他居然說：「我是民意產生的獨裁者。」

第四，「負責的民主」。南羅德西亞的總理斯密士（Southern Rhodesian Premier Ian Smith）用二十五萬白種人緊緊統治著四百萬黑人。他硬說這是「負責的」民主。

第五，「基本民主」。這是巴基斯坦的軍人總統阿育布給他的「民主」取的名號。

第六，「警察民主」。這是葡萄牙政治被尊稱的雅號。如果「警察民主」可以算是民主的話，那末在

⑰ *Time*, April, 23, 1965.

這個地球上不民主的國邦就很少了。

顯然得很，上面所陳列的這些品種，都是介乎民主制度和非民主制度之間的品種。在民主制度和非民主制度之間的這一全音階（gamut），尚有並不等於「民主集中制」和「人民民主」的「一黨專政」。提起「一黨專政」。許多人士皺眉頭。他們把「一黨專政」與「不民主」在觀念上緊緊聯結在一起。因此，對他們一提起「一黨專政」，他們的反應馬上就是「不民主」。「不民主」底下接著就是「專橫」、「腐化」、「貪污」、「獨裁」。惡目（vices）甚多。的確，在「一黨專政」的壟斷之下，極易發生「包辦」、「把持」、「政治獨佔」、「政策專斷」、「拒絕批評」、「權力玩弄」、強烈的排斥性、拒絕一切認眞的批評等等弊象。可是，即令如此，也祇是「一黨專政」所發生的結果之一種，而不是所有的「一黨專政」發生的結果之全部。

「一黨專政」是一危險的政治專利（political monopoly）。但是，「一黨專政」有兩種：一種是惡性的；另一種是良性的。復次，同是一個政黨的「一黨專政」，可能在它的某一階段是良性的，而發展到另一階段變成惡性的，據說人的肝病就有這種情形。肝病如果不及早治好，便極易變成肝癌。肝病一變成肝癌。這個人就不可藥救了。

依照事實而論，「一黨專政」是「兩黨政治」或「多黨政治」的大剋星。這好像玫瑰蝸牛是普通蝸牛的剋星一樣。玫瑰蝸牛一見了普通蝸牛就要把它吃掉。可是，這並不表示，在「一黨專政」之下一點民主的實質也不可能有。可能有的。在這個地球表殼上，不乏既爲「一黨專政」又有民主實質的例子。堪亞（Kenya）的老酋長坎亞塔（Jomo Kenyatta）實行的政治制度是一黨專政。他排斥政治上的反對者。但是，這位老酋長卻有政治智慧和氣度。他在排斥反對者的同時，並沒有忘記把堪亞一切有代表性的人物集合到他唯一的政府黨裡來。他又能夠組成一個精巧的民主政司。這可以說是良性的一黨專政的實例。我們知道，黑色非洲大多數的新興國邦都採一黨政制。因為，這樣的政治制度與非洲原有的部落組織易於調和。在部落組織裡，長老的決定容易被大眾接受。因此，所謂「忠心的反對」，根本沒有意義。印度照說是世界「最大的民主」。可是，在實際上，印度所行的是一黨政治。印度國會黨在政治上佔絕對優勢。如果有人硬是要把西方的兩黨政治強行之於印度，那末很可能引起印度政制的全面崩潰。

「一黨專政」如果不用作一個咒詛或歌頌的名詞，而衹表示地球上面的一種政治現象，那末這種現象是特定的社會文化條件所形成的特定產品，如果一個國邦在它的社會文化的某一階段出現了「一黨專政」，而且實行「一黨專政」可以減少動亂和敗壞，但為了裝點民主的門面而勉強實行兩黨或多黨政制，那末可能的結果也許是此老老實實行「一黨專政」更糟。一個長久泡在君主專制政體之中的國邦驟然出現民治招牌以後釀出了「一黨專政」的局面，不算一件太不自然的事。

社會文化是政治的實質基礎與真正的原料。政治制度是功能的形式。如果某一政治制度與它所泡在其中的社會文化實質相調和，那末這一政治制度便能發揮它的功能。否則不能，而社會文化的實質是寓於泡在其中的個人之模式思想和模式行為的。中國近幾十年來有許多人高嚷制度的重要。毫無問題，制度是重要的。可是，制度並非萬靈丹。就達到一種目標而論，制度是不可缺少的工具。然而，制度的本身像是一個沒有生命的網。如果有了這一個網而沒有活人去用它，那末還是撈不著魚的。如果一般正常的現代人所要達到的政治目的是生命、自由和幸福，那末除了建立民主制度以外，人的品質同樣重要。我在這裡所說的人的品質係指仁愛、公正、講理、廉潔、熱忱服務等等品質。為著使讀者易於明瞭我的意思，我現在作四個假設在後面：

假設一：如果實行民主政制和實行一黨專政的人之品質同樣好，那末實行民主制度固然好，實行一黨專政也壞不到那兒去。當然，在這種情形之下，我一定選擇民主政治。因為，至少就長遠的過程而論，實行民主制度比較安全：在民主制度之下，很不容易造成少數人長期把持公共機構以自肥，甚至強迫大家屈從己意的局面。

假設二：如果實行民主制度的人之品質糟，實行一黨專政的人之品質也糟，那末我將毫不游移地選擇民主制度。何以呢？因爲，就制度言制度，民主制度提供改革較大的可能性及較多的機會。我們在政治歷史上沒有看見在眞正實行民主制度的地區大多數人長期受極少數人的罪之實例。因此，在眞正實行民主制度的地區，冒著生命的危險來以暴力推翻統治建構，成爲毫無必要的事。在民主制度之下，大家拿紙彈代替槍彈。這實在比極權制度少野蠻得多。民主制度的基本價値在此。

假設三：如果實行民主制度的人之品質糟，而實行一黨政制的人之品質優，那末我怎樣選擇呢？我都不選擇。因爲，對於一個把制度和人的品質認爲同等重要的人而言，這種情形恰好是正負相消。在正負相消的情形之下，選擇等於零。

當然，我們不難設想，在這種情形之下，祇好讓當時的實際情況來作選擇。不過，這是目前的討論界域以外的問題。

假設四：如果實行民主制度的人之品質優，而實行一黨政制的人之品質糟，那末毫無問題我選擇民主制度。這是一種最不必費思索的選擇。

總括起來，在上列四種排列組合之中，我在三種情形之下選擇了民主制度。自古，柏拉圖們祇看到上列第三種排列組合，便據之以反對民主制度。後世之反對民主的保守主義者直接或間接從這一條思路來反對民主。其實，柏拉圖們之所以作反民主的論斷，係因囿於所見：固然有些造亂的人物藉「民主」作幌子；可是並非所有講「民主」的人都是造亂的人物。

六、中國的民主問題

自從十九世紀末葉以來，以知識份子爲主導的中國人即已爲民主而奮鬪。中國是應須走上民主之路的。我們說中國應須走上民主道路，這並非僅指政治制度在形式上的改換而已。民主政治，尤其當它和自由主義結合在一起時，隱含著一組群式生活原理。這一組群式生活原理，我們在君王專制之下得不到，我們在惡性的一黨政制之下離它更是渺遠，有而且祇有在民主制度與自由主義之中才能得到它。所以，我們應須走上那與自由主義結合在一起的民主制度。這可以從消極和積極兩方面加以觀察。

(一)在消極方面

人的生活是建立在基本安全之上的。人權的保障是基本安全之一。專制政體特別注重君權的保障。至於人權的保障則頗不受到重視。在專制政體的承平時代，一般人民常享有事實上的人身保障。可是，在事實上的人身保障並不等於有了明文保證的人權保障。事實上的人身保障，除了係由於「太平」以外，由於皇帝對於一般百姓不太感興趣，有時出於「仁民」之念。專制政體之下有法律保障一般百姓的人身，但是皇帝卻不受這些法律的拘束。皇帝的喜怒好惡的威力駕乎法律之上。他的情緒作用常能決定細民的禍福生死。我們且看這則消息：

世宗萬幾之暇，罕御聲色。偶觀雜劇，有演繡襦院，本鄭儋打子之劇，曲伎俱佳。上喜，賜食。其伶偶問今常州守爲誰者。戲中鄭儋乃常州刺史。上勃然大怒曰：「汝優伶賤輩，何可擅問官守？其風實不可長。」因將其立斃杖下。其嚴明也若此。⑱

這位皇帝「嚴明」到眞是夠「嚴明」，可惜我們小百姓有點吃不消。我們不易設想一個情況，甘尼廸（Kennedy）請一位演員吃飯，祇因一言不合便立刻把他槍斃。如果他眞的這樣「草菅人命」，那末在民主國邦恐怕做不成總統。可是，在東方式的專制之下，大皇帝「杖斃」個把「優伶」，又算得了什麼事呢？

不過，在那種統治之下，祇要你沒有被皇帝的辦事員看中，你「終其天年」的公算是很大的。何況，那種形態的統治，正在迅速地消逝之中！代之而興的，卻有一種與自由主義對峙的「天衣無縫」的極權制度。實在是一件現代世界的奇事，這種制度最強調「安全」，但它卻最威脅著內部人民的安全，也威脅著世界的安全。

專制政體快要成博物館的遺跡了。時至今日，自然界的水旱疾疫災害所給予人類的安全威脅已被科學與技術相當有效地控制住了。可是，自二十世紀初葉以來，一種流行的政治疾疫卻嚴重地威脅著人類的基本安全。這種流行的政治疾疫所構成的「人對人」的迫害，其方式的酷烈和程度之深入，不是歷史上任何宗教迫害所能望其項背的。它不僅像控制機器一般地控制著治下所有的人之身體活動，而且還要深入他們的腦髓，控制著他們的主要觀念活動。胃裡的食物不僅要由它配給，心靈的食物也非由它嚴格規定不可。這眞是無所逃於天地之間！這種疾疫對人類安全所構成的威脅之酷烈，實在遠甚於歐洲十四世紀的黑死病！自古至今，也許有這一個人願意用鐵鍊鎖住自己，也許有那一個人願意用鐵鍊鎖住自己。但是，我

⑱ 清汲修主人（禮親王）著，《嘯亭雜錄》，卷一。

們實在難以想像有整個國邦的人民甘心用鐵鍊鎖住自己。不然何必建築這樣那樣的「幕」？在民主制度之下，這樣整個國邦人民安全的威脅，實在是太難想像其成爲可能的事。

作爲一個出發點，我們認爲凡屬生息在這個地球上的人的生命是平等的。也許皇帝自以爲或被認爲他的生命比唱戲的人貴重。歷來有這種看法。可是，在上帝看來，他們同樣是這個小地球上兩腳懸空的小動物。他們生來都是啼哭，他們死了都沒有聲息。我想不出任何理由來說有權有勢的人的生命比無權無勢的人貴重，正猶之乎我想不出任何理由來說有權有勢的人的生命比無權無勢的人低賤。

當然，這並不是說，在歷史上和事實中人沒有所謂「貴重」和「低賤」之分。有的，地球上隨處都有這些分別。這些分別都是文化造成的。沒有文化就沒有這些分別。有些貴賤之分係基於血統或世襲。不過，這一分別快成歷史陳跡了。在「資本制度」之下財富多寡所形成的「經濟地位」構成社會地位的相對高下。在極權制度下。「政治貴族」的地位取代了血緣貴族的地位。這種「政治貴族」的流動率雖大，但卻有不可逆的階層性。它構成它所在的社會結構的主體骨幹。大官就是社會上的大人物，中官就是社會上的中人物，小官兒也是社會上的小人物。一個人丟了官，也就失去了他的社會地位以及隨之而來的聲威，變成了一個沒有光彩的臭蟲。赫魯雪夫等都是眼前報。所以，在這樣的制度之下，經常有人像登山協會的會員似的，用最大的努力爬官梯。爬上去以後，又經常拿出吃奶的氣力來保住官位，甚至演成權力衝突。人間世總是人間世。在民主制度之下也有不平等的事實。可是，民主制度的彈性大，能提供較多公平競爭的機會。所以，在民主社會裡，地位的懸殊並不是鐵硬不變的，而是可以改變的；並不是在增加中，而是在溫和地減少中。

(二)在積極方面

我們再從積極方面來闡明民主制度的眞諦。有許多人以爲人在遠古的時代是很自由的。這是詩人的情懷，並非科學的認知。和眞人（*Homo sapiens*）的歷史比起來，自由是一件新事。自由並非一個自然狀態。在未有政治、經濟和社會的建構以前，無所謂有自由或無自由。祇有在有了政治、經濟和社會的建構以後，才有自由或不自由的問題發生。鳥在天空飛翔，獸在林中奔馳，祇是未經意的（spontaneous）。並不是自由的（free）。你可以羨慕牠們的未經意的狀態（spontaneity），但是你下可能在牠們那兒找到自由（freedom）。自由是不受人爲強制而自作主張的一種心靈狀態和行爲。地球上不同的文化發展的方向有所不同。某些價值實現的程序也有先後之別。自由的實現也有早有遲。像西歐或英語地區已經實現了自由。但是，有的地方自由祇在孕育期，有的地方自由正在酣睡。這些地方都尙在自由先期（pre-freedom period）。我不把自由與民主看作與別的制度是弟兄輩的制度。我把自由與民主的實現看作人類文化成熟之最高的表記。雖然世界目前有許多地區尙在酋長統治之下，尙在專制統治之下，尙在獨裁的統治之下，尙在俄式一黨政治統治之下，或尙在這四者混成的統治之下，因而不得發展自由，可是終會實現自由。人類爲了實現自由，所受的挫折足夠多的。德式納粹、意式法西斯、俄式共產制度，無一不是自由的死敵。自由之實現固然受到阻遏，但是自由的要求不能被消滅。而且自由終會在人間獲得勝利。我作這種預斷，是以什麼爲根據呢？

我作這一預斷，是以一種原子事實（atomic fact）爲根據的。從歷史的行程和大量現象來觀察，不利於自由之實現的情形固然很多，並且迫害自由的人和組織常強而有力，但是他們消滅不掉這種原子事實。這種原子事實就是每個成年人在內心深處都趨向於自我發展和自我完成。這種要求常遭挫折、利用或誤導。但是，它是一股永遠的動力。這一股動力是不會被消滅的。它與人類共始終。從長遠的過程來觀察，祇要人類一天存在，它便一天推著人類向前進。舊石器時期的人類與電動時代的人類就很不相同了。但是，在人類所有的制度中，有的利於這一股動力的發展，有的不利。在酋長統治之下，人是「酋奴」。在專制統治之下，人是「家奴」。在俄式一黨統治之下，人是「黨奴」。這些統治建構以各種不同的程度妨礙著人的自我發展和自我完成。酋長制度拿風俗習慣和人身崇拜來統治人。專制統治側重於拿官司系統和靠傳統惰性統治人。俄式一黨統治則是「自我」的根本否定。在這種限度之下，個人主義是一項罪名，成爲打擊的對象。自古至今，在這種種等等非民主及反民主的制度裡面，有時人被統治者當做附從看待，有時人被統治者當做「子民」看待，有時人甚至被統治的組體當做可能的敵人看待。無論在那種情形之下，人都得不到充分的自我發展和自我完成。在實際上，除了居於統治地位的人施威或施恩以外，人有時是七折八扣的活著，有時要活著簡直得打對折。無論是打多少折扣，人總是在不同程度的強制之下生活。強制（compulsion）的反面是自由（freedom）。人要能免於強制，必須實現自由。人得到自由，才可能發展自我並且完成自我。發展自我與完成自我是每一個成年人的原子目的。這一原子目的祇能說是與生俱來的。誰剝奪了這一目的，誰就是與整個的人生爲敵。

貝意（Bay）認爲自由意即自我表現；或是個人表現他自己所能表現的東西之能力、機會和激因。⑲希西諾（Cicero）說：「什麼是自由？自由是人照著自己的意思而生活的能力。除了正確的事物以外，他祇照著他自己的意思來生活。他樂於盡義務。……他的行徑都是由他自己來決定的，而且其行徑的目標是由他自己決定的。除了他依自己的意志之所向而作的判斷以外，再沒有別的東西對他更有影響力。」⑳

⑲ Christian Bay, *The Structure of Freedom*, Stanford University Press. 1958. p. 83.
⑳ Cited from Felix E. Oppenheim, *Dimensions of Freedom*, London, 1961, p.168.

在這種年頭，人要能「照著自己的意思而生活」，談何容易？一個人能有自己的想法和判斷，能不屈己以從人，能不把有權勢的人之偏見奉若眞理，能不以有權勢的人之愛憎爲愛憎，才不是一個小朋友，才算得是一個眞正的成年人，才可能不白白作別人的統計小數點以終老。任何人要實現並且完成爲這樣的人，祇有在具備自由的民主制度之中才有最大幅度的可能性。在具備自由的民主制度之中，每個人都是他自己的主人，每個人都可抬起頭走路；祇要是社會文化許可的，任何人不必看別人的顏色來做他能夠做的事；祇要不妨害他人，任何人可以照著他自己的意思來生活並求發展。

如本書前面一再表示，近代中國文化在受西方文化衝擊的時候，最緊迫而又基本的要求是變。可是，「遵古」的文化價值取向卻最不利於變。古老的政治制度和社會結構又發生拒變的實際作用。這就是在一方面有變的迫切要求，同時在另一方面又百般拒變。二力相激相盪，加上外力的實際作用，於是形成一連串的大小動亂。干戈時興，遍地刀槍。就中國既存的文化價值和社會結構以及政治建制而論，中國祇宜像英國那樣和平漸進，而不宜激劇驟變。民主制度有些像水閘，它可以把求變和拒變兩種力量加以調節：在一方面既不堵塞水流；在另一方面又可使水流不致泛濫成災。民主制度是預先消弭大規模動亂並導致長期進步的一種較佳的水利系統。水利系統是有利於灌溉的。

當然，許多人不歡迎變。有不少的人對於變懷抱恐懼甚至厭憎的心理。偉廉斯（Frarcis Williams）說：「……在民主制度裡面根本就含有變的因素。因此，十八世紀唱高調的言論家反對民主。這些言論家相信任何變動都可能變得更壞。另外有些人反對民主，他們反對民主的理由是比較現實性的。這類人士以爲變動也許會把他們祖先偷來留給他們的東西變掉了。所以，究極說來，民主對於一切權威主義的制度都是不利的。無論是對基督教，對伊斯蘭教，對資本制度，或對共產制度，變都是不利的。這些制度都是權威主義的。他們都是自以爲具有絕對的和終極的眞理，民主和權威主義是衝突的。固然，這些權威主義的制度裡面包含著重要的民主成分，可是他們依然與民主衝突。」㉑然而，變總是要變的。不變就易亂。所有拒變的人都是與時代爲敵的人。與時代爲敵的人難免爲時代所淘汰。倭仁、慈禧、葉德輝之流豈留下了可愛的記憶？民主制度實在是替變提供了一個很確實可靠的安全活瓣。通過這一活瓣，變之流得以穩步進行。

民主制度對於人才的興替尤其有利。中國歷來舊的統治行將瓦解而新的勢力方在孕育之交，總有一批新的人才出現，新的結合方式發明，新的行動號召提出，新的行爲模式以至於新的符號系統造成。這些條件比舊的是富於激發力些。因此，時機一成熟，常能予舊的統治形態以摧枯拉朽式的掃蕩，從而創造一個新的局面。可是，等到這個局面穩定了下來，又逐漸凝固。除非遇到洪楊之變這樣重大的刺激和挫折才能起用新人以應變，否則人事的新陳代謝常呈機能疲滯現象。這種現象，愈是接近權力核心愈是顯著。「三朝元老」似乎和「遠年花彫」同樣被輕微讚賞的名詞。這樣一來，政治上的「老弱機障」就發生。既然民主制度裡面根本含有變的因素，於是人事就容易更新，有才能的人士於是多發展才能和抱負的機會。這不僅可以推動社會文化的進步，並且無形之間減少了社會的總損失。

從歷史上觀察，中國的民主行腳是艱難而又多曲折的。中國行了數千年的君主專制，一般人的政治觀念、行爲模式、社會結構，都已經整合於這一制度，並且老早定型了。依據前面第三章所說的理由，這些條件豈是一朝一夕徹底改變得了的？清朝末年一部分知識份子之所以倡導變革，主要是由於受外侮的刺激，把外侮與專制聯在一起，以爲專制乃外侮的原因。其實，當時入侵中國的國邦，還不是有許多乃專制國？民國成立以後。專制的外殼沒有了，還不是照樣抵不住外侮？然而，當時的愛國之士大都是這麼想

㉑ Francis Williams, The Democratic Challenge, in *The Humanistic Frame*, edited by Julian Huxley, New York, 1961, p.99.

的——以爲專制無能，不足以抵禦外侮。當時大家的注意力偏重在政治形式的變革，而少注意到社會文化的內容更新。共和的形式是出現了，可是承載這一共和形式的社會文化還是承載君主專制的那個老底子。新瓶子裝舊酒。舊人兒穿新西服，走起路來總是怪彆扭的。相似情境的經驗有值得借鑑的地方。英國民主制度之得有今日的穩固，如已知悉，是從一二一五年大憲章（Magna Carta）簽訂以後，長時期積漸訓練出來的。當然，這話並不表示歷史必須重演一次，說中國要實行民主也得花英國那末長的時間。可是，如果有人以爲大多數人的政治觀念、行爲模式和社會結構之長期整合於君主專制者，會隨著共和新招牌之出現而能於一夜之間更換得整合於共和政制，這在社會文化上是不可能的事。

從高山到平地需經過一個斜坡。同樣，從專制過渡到民主共和，爲求實行的平穩起見，中國最好有一個過渡的階段。這一過渡的階段就是變法維新之類的制度。㉒但是，當時許多知識份子的心太熱，頭腦太不夠冷靜，思想傳統地爲名詞所眩，以慈禧太后爲中心的滿清朝貴既缺乏近代政治常識又惟恐權力有失，加之國際環境不利，這些條件相乘之積於是中國很難得出現一個變法維新的局面。變法維新邁受嚴重的挫折，終於催促大變革的局面提早出現。君王專制的軀殼迅速崩解了，政治上的動亂也隨著揭幕。當時政治局勢之波譎雲詭，翻覆無定，比戴高樂執政以前的法國尤甚。民國的外形出現以後，政黨紛紛組成。當

㉒ 這是一種演化論的思想。嚴復老早有這種思想。從下面的一段話，我們可以看出嚴又陵的這種思想：

光緒三十一年乙己（一千九百零五年）先生五十三歲。

春，張燕謀學士以開平鑛務局訟事，約先生同赴倫敦。時孫中山博士適在英，聞先生之至，特來訪。談次，先生以中國民品之劣，民智之卑，即有改革，害之除於甲者，將見於乙；泯於丙者，將發之於丁。為今之計，惟急從教育上著手，庶幾逐漸更 新乎？博士曰：俟河之清，人壽幾何？君為思想家，鄙人乃執行家也。王蘧常，《嚴幾道年譜》，上海，一九三六年，頁七四。

時的政黨之茂盛，據李守孔的研究，不下三百多個。㉓就內閣的更迭來說，從民國一年一月一日起到民國十三年十一月二十四日止，共計三十五次。㉔然由少數人長期把持國柄極易形成化公爲私的局面，可是像這樣翻雲覆雨，又怎能健全而又穩定地推動政事？所以，謝彬大發感慨：

> 愚爲中國內閣更迭史畢，不禁廢書而三嘆曰：近時政象，何與有明崇禎亡國之時，同一轍耶？崇禎十七年間，更易宰相，多至五十餘人。今自宣統三年迄今，爲時亦僅十四稔，而內交更迭，已達三十七次。脫無善自爲謀，不倒翁之靳雲鵬於中撐持兩年之久，則其更迭之次數，恐猶不止此也。當明國亡之秋，內有東林黨禍，外則流寇蔓延，正士消沉，奸佞群起。而近今時局，軍閥割據，南北鬩爭，政府命令，不出都門。當局惟知賣國自肥，競進分利，視諸明末且尤甚矣。語曰：「國將不國」。其殆爲今之政象悲乎？不第此也。明季更易宰輔，猶出崇禎之宸衷獨斷。民國內閣之更迭，多憑強藩悍將之主張，而不出於國會。自民七段內閣首開此端，而靳雲鵬承其衣缽，三任揆席，皆遵是道以求之。今且釀成視爲當然，顛撲不破之局。賈生所謂痛哭流涕長太息者，尚不足爲民國之政象道也。政治敗壞若斯，時局糜爛日甚。國內賢達才智之士，復相率獨善其身，不願侈談國事。其去神州陸沉之日自匪遙矣，傳有之曰：「皮之不存，毛將焉傅。」願國內明達才智之士，及各階級同胞，三復斯言。㉕

㉓ 李守孔，〈民初之國會與黨爭〉，載在《中國現代史叢刊》，第五冊，吳相湘主編，臺北，一九六四年，第四章，〈政黨形勢〉。

㉔ 謝彬，《民國政黨史》，臺北，一九六二年，附錄一，〈中國內閣更迭史〉。

㉕ 同㉔，標點符號改作。

「廢書而三嘆」是沒有太大用處的；重要的事是吸取經驗教訓。中國驟然行民主就弄成這幅光景。自古以來，中國「定於一」定慣了。帝制完結，共和民主的外形突然出現，這個「一」不見了，「多」乘機出現。一個大皇帝去了，他的幽靈附著在許許多多擁兵自雄的人身上。他們打打鬧鬧，藉著各種名義要做皇帝。從袁世凱到吳佩孚，從吳佩孚到笑秦皇漢武的人，在潛意識中無非還是這一套。這一套也許製造了不少壯觀的鏡頭，使歷史增添不少聲色，但是社會所支付的出演費太大，充當配角的老百姓白賠掉的性命太多。如果變法維新的課題曾有機會進修，那末中國近幾十年的歷史可能不是這樣的。當然，上帝不會為我們把已逝的機會拉回來。可是，這一段歷史教訓我們，近路是抄不過來的。沒有習過的必修科總得要修。中國眞要有辦法，演進式的民主道路還是必經的道路。黃河之水也許從天上來，但民主不可能朝發夕至。民主先進國的經驗是我們最好的參考資料。注重經驗可以幫助我們減少人為的災禍。

這種貼切實際經驗的考慮，不僅並不意含我們對民主的趦趄不前；恰恰相反，它有助於中國民主的切實展進。

七、自由的涵義

㈠自由的幾種重要概念

自由是許多人恐懼的烏雲，也是另外許多人欣喜的朝陽。自由是許多人要撲滅的瘟疫，也是另外許多人需要的滋養。自由是許多人想像的混亂，也是另外許多人欣賞的孤芳。不少人假自由之名以行不義，更有不少的人獻身以求實現自由的天堂。自由啊！妳的面目怎麼這樣變幻無常？我要端詳妳多方！

揭開我的紗幕吧！我本來是如此端莊！

隨著時代和情境的推移，自由的意義也變得很多。奧本海門（Felix E. Oppenheim）分析過自由的經驗意義和價值意義。[26]我現在把他的分析擇要於後：

1.選擇的自由

我們可能做某事，與被別人允許著自由地做某事，這二者根本是不同的，因此必須予以分別。當著我們說某人有做醫師的自由時，意即別人不會阻止他做醫師；或者，如果他眞的做了醫師，那末並不會受罰。他有才能和經濟力來習醫。他可做醫師，但也可不做。這樣的自由是選擇的自由。

休謨說：「我們所稱的自由，它的意義祇能是依照吾人的意志決定做某事或不做某事的權力。」

2.自由的感覺

照霍布斯（Thomas Hobbes）說來，一個自由人是一個人，在許多事體上他藉其力量和機智去做。他要做的事他儘管去做，不受到什麼阻撓。

所謂自由，是一個人能做他所要做的事。

我們可以將自由定義作一個人實現其目標而不受到外界限制的機會。

從感覺的角度而論，一個人或一群人自由或不自由的確是相對於他或他們所在的社會文化及其所含藏的價值取向。在閉關自守時代的中國人，自少至老沒有看見過外面的世界，世世代代「安土重遷」。長年不到外面去旅行，他們從來不覺得不自由。他沒有被賦予選擇皇帝或知縣的自由。他也懶得要這些自由。他認爲隨便張三來或李四往都是一樣。

㉖ Felix E. Oppenheim, *Dimensions of Freedom*, London, 1961, 6, 7.

3. 自由行動

自由意即強制的反面。依照這個意義來說，一個人如果不在強制之下，那末他便是自由的。當著他受外界的阻力之作用以致不能滿足他自然的欲望時，那末他便是不自由的。

一個蓋世太保（Gestapo）藉著暴行來威脅人身，要人洩露祕密。如果這人把祕密告訴他，那末這人便是被迫如此。如果這人忍受暴刑，那末也是受強迫所致。這也就是說，在這種情況之下，這個人面臨一個選擇：要麼他忍受苦刑以免洩露祕密，要麼不忍受苦刑而洩露祕密。這人雖然面對這一種選擇，可是無論選擇那一端，他總不能脫離魔掌的支配。他所作的選擇既是出於強迫的，所以他雖有選擇卻無自由。

當著我們有思想、有決斷、有意志之所向時，才可能有自由。當著我們的行動是在我們自己的控制之下時，我們的行動才是自由的。這也就是說，當著我們行動是受我們自己的欲求、動機和意圖之支配而發時，我們的行動才是自由的。

4. 自由即自決

照穆勒說來，唯一可稱作自由的事，乃用我們自己的方法來實現我們自己認爲好的事情。拉斯奇（H. Laski）認爲自由意即個人擴張的力量；自由意即個人對他自己的生活方式之選擇。個人在作這種選擇時，不受外界的禁限。

一個能自作決定的人才是一個自由人。一個自由人才是他自己的主人。照柏林（Isaiah Berlin）說來，一個人要成一個自由人，他所作決定必須是出於他自己，而不是出於任何種類的外界力量。㉗他願意

㉗ Isaiah Berlin, *Two Concepts of Liberty*, Oxford, Clarendon, 1958, p. 16.

成爲他自己的工具，而不作別人的工具。他願意受自己理知的推動，受自己有意的目標所推動，而不受來自外界的原因所推動。

以上所說的自由是自由之經驗的意義。除此以外，自由還至少有「價值的意義」。

5. 自由乃一應享人權

法蘭西人權宣言：「自由是在不傷害別人時做任何事的權利。」

自由乃基本權利的保障。一個良好的社會乃每個公民都有自由的社會。在這樣的社會裡，每一公民都得行使他的基本人權。這裡所說的基本人權，即是生命、財產，以及個人的諸自由。這裡所說的個人的諸自由，即是信仰、言論、集會、結社等等自由。任何政司在行使職權時，不得妨害人民所享有的這些自由。

6. 新自由

這裡所稱新自由，是人滿足基本需要的自由。一個人能自由訂約每日工作十六小時，這不算有眞正的自由。因爲，除此以外，他別無出路。一個人即令有做工的自由，可是在實際上並無工作可做，這也算不得是眞正的自由。如果男女人等得以自由從事他們應能去做的事但他們卻不能去做，那末這樣的自由成爲自由的諷刺。每個人不必工作過量即得適當酬報，才算有眞正的自由。

在新的意義之下，所謂個人自由意即個人有能力購買足夠的食物備置房屋、衣服，以保持身體健康，並且有機會接受足夠的教育。

自由的意義除了上面所列的以外，海耶克還提出很不同凡響的見解：

但是，當著自由的用處有許多時，自由祇有一個。祇有當著自由缺少時，諸般自由才出現。當著社會上其餘的人不大自由時，自由便成某些團體或個人所可得到的特權或義務的豁免。從歷史上觀察，自由是一點一滴得到的。可是，一個人被允許著做特定的事情，這雖然可以名之曰「一個自由」，可是並非自由。當著自由和「不許做某些特定的事情」二者相容時，則自由是不存在的。如果一個人所能做的最大多數的事必需得到准許才能行，那末自由也不復存在。自由和諸般自由之間的分別乃兩種條件之間的分別。在第一種條件之下，一切的事情都可以做，並沒有普泛的條規來限制我們，說不許做這不許做那。在第二種條件之下，一切的事情都在被禁止之列，且沒有明文許可我們做些什麼。㉘

海耶克所說眞是深而有力。在最初的開始，我們必須邏輯地認定自由有始原的完整性（primitive integrity）。㉙自由之始原的完整性屬於而且只屬於個人。自由在從屬於個人時，它是個人權能的主柱。它不能從個人拿走。它一從個人拿走，個人便失去了權能而祇剩下一付生理的皮囊。祇有當這個人和那個人渡共同的生活時，爲了各人的實際便利，自由可以互相調整。例如，進博覽會的私人汽車一律靠右開行，出博覽會的私人汽車一律靠左開行。不多也不少，這祇是爲了避免車禍。但是，各個人的自由可以互相調整，並不等於把個人的自由奉送。自由奉送了，個人就可能變成一任權威擺佈的活動機器。沒有自由

㉘ Hayek, *The Constitution of Liberty*, Chapter one, p. 19.

㉙ 這裡所說的「邏輯地」，意即依照一個邏輯的系統（logical system）的構造式的想法，我們把自由作為一個始原概念（primitive concept）。既然如此，它不能被別的概念所支持，而它卻可以支持別的概念。依此，所謂「始原的完整性」，意即它一出現就是完整的，無待別的概念使它成為完整。

的人就不可能有私事。沒有私事的人，就像擺在玻璃罐裡的熱帶魚。當著自由被拆開來評價，權威認爲這件事可以自由而那一件事不可以自由時，就是自由遭受外力壓迫而瀕臨全部消失的剃刀邊沿。在這種關頭，外力高興把你的自由拿走多少就拿走多少，高興留下多少就留多少。你已成羊圈裡的羊，絲毫沒有議價的能力了。

在專制政體之下，在極權制度之中，貴族、權要常有一般平民所無的特權，或豁免某些義務。比如說，貴族打死平民可以不受刑，一般人出境難如上青天而柯錫金這類權要則來去自如。這種情形恰好反襯出一般平民的自由因被壓縮而稀少到什麼程度。在眞正的民主國邦，將官打了士兵的耳光要受處分，總統的父親觀劇照樣必須購票，皇家跟平民一樣要遵守戰時的若干管制。這反而證明自由隱伏在富貴貧賤之間，而無分高下。

海耶克還有很深入的觀察。這一觀察透視著「人事」的裡層。他說：

……人有任何程度的享受或舒適或凌駕一般人之上的任何權力，或保有自然的資源，並不就能改變他聽其主人任意擺佈的地位。……㉚

和珅吸收了那樣龐大的財富，等到他在政治上失敗了，他的財富成了他主人的財富。蘇聯元帥朱可夫享受將級待遇。一旦他的地位動搖了，他的特優待遇也露水般地消逝。一切仰人鼻息而得到的富貴榮華都是如此。一隻每天因討好主人而吃到牛肉的狼狗，似乎並不比野狗自由。自由是不能恩賞的東西。能恩賞

㉚ 同㉘，p.20.

的東西不是自由。

當然，這裡隱含一個人生的價值的決定問題：拿自由交換食物，還是不要餵食而要自由？

(二)波柏爾的提示

波柏爾提出自由主義的八個原則。這八個原則可以看作理知的自由主義（rational liberalism）的主要內涵。㉛

1.「國邦乃一必要之惡，國邦的權力不可擴張於必要限度以外。我們可以把這個原則叫做『自由主義的剃刀』。這個原則與奧康之刀類似。」㉜

我們所需要的國邦是保障一切人的權利之國邦。我們容易知道國邦乃一個經常的危險。或者，像我膽敢說的，國邦即令是需要的，但仍是一惡。因爲，如果國邦要發揮它的功能，那末它的權力必須比任何個人或公共組合爲大。我們雖可設法將國邦的權力之誤用減到最低限度。可是我們並不能把這種危險完全消弭。剛剛相反，似乎最大多數的人常常爲受國邦的保障而必須付

㉛ Karl R. Popper, *Conjectures and Refutations*, New York, 1962, 17, 3.

㉜ 奧康之刀（Occam's Razor）是羅素愛用的思想利器。這把刀是說：「凡不需要的東西不要堆上去。」這裡所說的「東西」，可以是概念，也可以是語句。對於同一觀念，我們能用三個概念攝取它的內容時，我們絕不用四個概念。如果我們用了這第四個概念，那末它就是多餘堆上去的。多餘堆上去的概念，必須消去。同樣，對於一類事實（比如說），如果我們用五個語句說完，那末我們絕不用六個語句來說。如果我們用了六個語句，那末這第六個語句就是多餘堆上去的。多餘堆上去的語句必須消去。這個原則，應用到作文就是簡練，應用到說話就是扼要。在現代邏輯中，我們可以利用獨立證明（independence proof）得到奧康之刀所要求的效果。當然，這種證法在日常語言中不常用。不過，我們同樣可以用。

出代價。他們所付出的代價不止是納稅而已，並且甚至要向國邦低頭。比如說，當我們碰到恃強凌弱的官員，我們就不免受委曲。現在我們所面臨的問題是，即令爲了得到國邦的保障，我們所付出的代價不可太大。

波柏爾惟恐國邦變成了巨靈（Leviathan）。的確，自古至今，國邦常常變成巨靈。尤其是國邦與現代技術結合以後，更容易變成吞噬人眾的海怪。在古巴等地生活的人民，猶如在海怪口裡過日子的人民。海怪什麼時候高興找個理由把牙齒磨一磨，許多人就不見了。

波柏爾等人把國邦視爲一「惡」，這種想法與中國道家相似。國邦誠然爲一「惡」，但「惡」有必要的和不必要的分別。其間的跡象分明，不容混淆。美國政司向人民征重稅，建制海岸防守隊，擴大國防武力等等。這些都可以說是「惡」。但爲「必要之惡」。沒有美國公民會懷疑美國政司的這些措施是爲了鞏衛民主黨一黨的權力，也沒有美國公民會懷疑美國政司的這些措施是爲了囚禁美國公民。然而，反觀極權國邦，一個一個的都是動物園。其中的人眾簡直就是囚在鐵籠裡的猩猩。古巴政司組織了一支現代化的輕海軍武力來防止古巴人民「逃亡」。試問這對古巴人民有何「必要」？古巴人民所需要的是棄絕暴政，追求自由，不是套上鍊子。任何民主國邦不禁止公民的言論自由，以及求知的自由。但是，所有的極權地區都禁止言論自由，剝奪求知的自由。禁止的手段是找出種種藉口。剝奪的方式，除了控制消息的來源以外，就是拿出一些「天方夜譚」來當做眞理。如有不從，那末就威脅飯碗，更進一步就是消滅人身。因此，在這類地區，所有的廣播、報紙、刊物的論調都被修理得像是從一個人說出的，簡直是出奇的一模一樣。站在人眾的觀點，這又有何「必要」？

當然，我們不能不承認，在現代生活裡，個人對國邦的依賴比往時爲大；尤其是，在權力衝突的目前世界中，個人的安全有賴國邦的保障。雖然如此，這也不能構成把國邦神話化的理由。國邦一旦神話化，那末站在神話中心的凡人就變成活神了。凡人一變成活神，危險就要臨頭。尼羅王們的往事且讓它被秋風吹過算了。近代的史達林、希特勒、莫索里尼，這類無道德考慮的人物一旦抓住國邦機構發號施令所造成的人爲災害，實在遠甚於地震、海嘯、山崩及冰河解凍等天然災害。這類人物爲著報復個人心頭恨和滿足權力欲，驅策千百萬生靈爬上高山，奔赴平原，跑向海洋，成堆的化作灰燼。他們說，這是國邦的需要，這是國邦的命令。其實，國邦永遠不會說話，會說話的祇是那些在神話中心的演員。

歷史的事實對於後來的人應該有些教訓作用。

2.民主和暴政的分別是這樣的：在民主之下，可藉不流血來換掉一個政司；在暴政之下則不能不藉流血來換掉一個政司。

波柏爾對民主和暴政所作劃分可謂乾淨俐落。這話的反轉也眞。就是，如果一個政司引起流血，那末足證它不是民主。因爲，在民主制度之下，政司幾年一換，如果你不滿意當前的政司。那末請你「稍安勿躁」。下一次你不妨競選試試。而且，在未更換政府的期間，你可藉言論自由的「武器」，發抒高見，引起大多數的人同情。既然有這樣坦蕩的「超級公路」可走，於是當然不必走險路去幹流血的勾當。如果你眞有這種冒險的精神，那末別人可沒有興趣奉陪。所以，在眞正的民主國邦動不動興兵幾十萬甚至幾百萬爲爭奪政權而戰，乃是不可思議的事。因爲，可能有一兩個列寧發狂，但不可能有幾十萬或幾百萬人同時發狂。民主制度在無形之間減少了這方面的巨大浪費。這是民主制度最基本的功德。

3. 民主所能爲力的，不外以一個多少有組織的和圓融的方式供給一般公民以一生活的架構。

民主和極權之最根本的分別是，民主是爲人民，而極權是爲政權。在民主制度之下，人民是主體，政司是客體。在極權制度之下，政司是主體，人民是客體。人民可以成千成萬的犧牲掉，政司權力則一點也不能損害。這種分別，一點也不是枝枝節節的，而是在基本想法上的。這種想法上的分野，形之於施政，形之於官司辦事的態度，簡直是涇渭分明。在民主制度之下，根本無所謂「政府的權威」。因爲，民主的政司本來就是人民自己的政司。天下豈有自己需要對自己樹立權威之理？民主政司之成立，是大家委託一部分人替大家辦理公事，以便各人回家各辦私事。如是而已，毫無神聖可言。既然是辦理公事，最需講求的是效率。但是，極權政司至少不是大多數人民在溫暖的陽光底下和和平平選舉出來的。它多多少少與「廣大的人民」呈「對立」狀態。在這種緊張情況之下，一個極權政司要能維持對「廣大人民」的「控制」，必須像印度的眼鏡蛇之面對一群痲雀似的，使他們怕。這就是要樹立「政府的權威」。爲了辦通這件事，極權國邦常使出最大的注意力並支付最多的金錢。至少新興的極權國邦常侈言興利，而少談除礙。[33]殊不知興利太多徒足勞民。勞民之政就是暴政。彼等不知自己恰好是當除之礙。政司管的事太多，一般人民就不便。民主國邦的政司比較少侈言興利，而多言爲民除礙。爲民除礙，就是「以一個多少有組織的和圓融的方式供給一般公民以一生活的架構」。這種說法乍看起來是消極的，其實不然。一個園丁把草除乾淨了，就是爲好花創造了一個宜於生長的環境。一個政司爲一般人民除礙，也就是爲他們的生存和發展創造了有利的條件。這樣的政司便是世界最好的政司。將來聯合國應能對世界最好的政府頒發「最佳

---

[33] 張佛泉，《自由與人權》，香港，一九五五年，第六章，第三節，(1)。

政府獎」，以示鼓勵。

4. 我們之所以是民主主義者，不僅因爲多數是正確的，而且因爲民主傳統乃吾人所知最少罪惡的制度。如果在民主制度之下，多數的決定有利於暴君，那末這就表示民主基礎在這個國邦裡不穩固。

至少從理論上說，我們不能保證多數一定不會選出一個一人決定（one-man decision）式的政司。如果一個民主國邦居然出現了這樣的局面，那末就是把它的民主制度吊在德謨克利斯的劍（Damocles' sword）上！

5. 一個制度，如果不與傳統調和在一起，那末便不足以保證民主的實施。在沒有強力的傳統支持時，制度可作極相反的用途。例如，議會制度可助反對派防止多數派竊盜納稅人的錢。但是，在同一制度之下，東南歐有一個國邦的反對派卻藉此制度和多數派分錢。總之，在制度、意圖，以及個人的評價之間需有傳統構成一種橋梁。

無論我們喜愛或不喜愛，傳統在未失去它對一般人的思想和行爲的支配力以前，它是一種眞實的力量，也是一種眞實的基礎。如果傳統與制度相合，那末二者兩利。如果傳統與制度相剋，那末二者兩害。這種道理對於民主制度和它所在的傳統同樣適用。據此，如果祇熱心介紹民主制度而不去努力穩步改造不合民主制度的舊傳統，那末結果不是民主制度放不穩，便是變得有名無實，易被不誠實的風雲人物利用。結果很難免於極權。

6.自由主義的烏托邦。這種想法就是以爲，要依照理知來設計一個在無傳統的白紙上建立的國邦。這是不可能的事。

這是極其重要的提示，中國自清末以來，許多主張急驟變革的人都是烏托邦的狂熱份子。他們厭惡既有的一切，想在「無傳統的白紙上建立起一個國邦」。無論是有意或無意，甚至初期的康有爲也是這樣想。如前所說，康有爲說「變法三年，可以自立」。他把事體看得這麼容易，除了係因求變太急以外，就是由於不明白傳統的慣性和阻力之大。他們這些人物忘記了他們自己滿腦袋裝著傳統觀念。當他們遇到挫折的時候，心底的傳統觀念又泛上來。所以，這些人士到了晚年又多紛紛回頭走向保守。如前所述，早在一八八三年，康有爲在他故鄉不許他女兒同薇纏足，可是至少到一九四九年以前中國女子還有纏足的。這點事情尚且如此受到傳統的阻力以致進展這樣遲滯，何況要改變幾千年的制度與傳統！當然，制度的改變也可推動傳統的改變。可是，行之太驟，總是很危險的。

自由主義的原則要求，每個人享有的自由所受到的限制愈少愈好，並且要儘可能予以平等化。但是，我們怎樣把這種先驗原則應用到實際的生活中去？這類問題祇有在實際的傳統和風俗、法律、習慣等等裡去求解答。

空談自由主義乃自由主義致敗之由。我們要實踐自由主義，必須顧到它所在的社會文化情境。

7.自由主義的原則，與其說是主張更換既存制度，不如說是對既存制度的評鑑；如有必要，予以修改。

評鑑是自由主義必不可無的程序。武斷的發律令，盲目的接受引導，都離自由遙遠。

8.在一切傳統中我們認爲最重要的，是我們所說的道德架構（moral framework）。道德架構與傳統的正義感、公正感，及所達到的道德感密合。道德架構可以公正地調和彼此的利益衝突。「沒有任何事比破壞這一道德架構更危險。」（納粹是有意予以破壞的。）破壞道德架構的結果，引起憤世嫉俗或虛無主義。這麼一來，便對一切人的價值漠視。

道德架構拆散了，人際的關係一定惡化，人與人之間的合作便極度困難，要進行任何偉大的事業更少可能。在這種情境之中，人和人的交往之基本原理有而且祇有現實的利害關係。如果現實的利害關係相同，那末大家立刻是朋友。如果現實的利害關係衝突，那末大家翻過臉來立刻是敵人。在這種情境之下，所謂「道德」，所謂「正義」，所謂「眞理」，無一不被用作掩護現實利益的煙幕。

納粹固然在歐洲帶頭破壞道德，但在世界其他地區也不是沒有人類呼應。波爾希維克的狂風吹向亞洲。亞洲的狂暴集體利用古老的道德來擴張權力的圈子。他們公開倡導「爲目的不擇手段」的哲學，張揚「目的可使手段成爲正確」的說法。在這類說法之下，任何惡行都看成善舉，一切災殃都是通向人類解救的大道。於是，善和惡的分別，是和非的分別，道德和不道德的分別，完全抹掉了。剩下來的祇有暴力、欺言和謀略。起而與之周旋的人惟恐吃虧，於是紛紛效尤。演變所及，兩個有形的界線是大致分明的；可是，思想形態、情緒基調、價值系統、對人態度，以及行爲模式，都是界線模糊的。在人類長期爭鬪的歷史中，敵對兩造在武器方面常易互相吸收，在觀念上也有時難免如此。防毒而不中毒本來是需要高級設備的。在激烈而又規模巨大的長期爭鬪中，要保持人命是一件難事，要保持道德水準於不墜則難上加難。近半個世紀以來東亞古國在幾股巨大動力衝突所激起的權力爭奪的過程中，古老的道德殘餘已經幾乎消耗盡淨了。人一耗空了道德原則便倍覺「虛無」。「虛無」的人自然也就是心無所守的人。心無所守的人祇是一生物邏輯的存在。一生物邏輯的存在隨便切成什麼形狀就是什麼形狀。

㈢自由與權威

我們還有一個屬於自由主義的原則須加說明。作為一個理知的自由主義者，對於權威採取什麼態度呢？歷來自由主義者對於權威總是採取懷疑與否定的態度。他們反宗教權威，反政治權威，也常反既成風俗習慣及道德教條的權威。這彷彿成為自由主義者的特質和氣息。這種特質和氣息本是革命情緒和浪漫主義的混合品。跟近代西方接觸的近代中國，正逢需要從傳統「解放」出來之秋，知識份子很容易受這種特質和氣息感染。這種特質和氣息因與從傳統中「解放」出來的一股強烈要求合流，於是鑄成「五四型」的自由主義者。五四型的自由主義者固然渴求吸收西方的觀念和思想，但是同時又要反過去的權威，於是激化成為偶像破壞主義者（iconoclasts）。偶像破壞主義者之破壞的興趣，大於建立的興趣。這是保守主義者疾首蹙額的地方，也是他們歸罪於五四運動的主要藉口。

我是怎樣看這個問題呢？

一個知識份子，尤其是一個青年的知識份子，適度的對既成權威採取懷疑和批評的警覺態度，是有其必要的。這在消極方面可以使他不對權威盲目附和；在積極方面可以養成他的批評能力，並且加深他對事理獨立思考和認知的本領。這正是知識和思想進步之不可少的動力，也是推動社會文化進步的眞實動力。任何一個人或任何一個社會如果沒有這種動力，都不可能產生眞實的進步。就我所知，在這個地球上，沒有任何人會完美到絲毫無可置疑的境地。不必批評的人不是這個地球上的人。盲從權威的人根本就是把自己的大腦活動交給樂隊指揮的人。至少，善於懷疑並作合理批評的人是大腦經常清醒的人。世界的前程屬於他們。

不過，這個問題還須作進一步的分析。

我們必須知道，不問情由，一根掃把掃到底，見了權威就反，與見了權威就捧，同樣是不講理的。那末怎麼辦？首先，我們必須把權威的（authoritarian）這個謂詞和可靠的（authoritative）這個謂詞分開。例如說，「秦始皇帝是『有權威的』」。但是「《康熙字典》是『可靠的』」二者不同。在聖化的地區，有權威的東西太多，但是可靠的東西太少。不用說酋長，即令是一個大樹根，一條小水蛇，對人都可有權威，因此都可成爲祭拜的對象。然而，在這類地區所流行的意見，所堅持的傳說，所崇奉的信仰，很少能經得起證驗的。所以，我們說在這類地區「可靠的東西太少」。

無論怎樣，如前所述，人類還沒有演進到「滿街都是聖人」的境地。在這種實際情況之下，如果說人類一點權威也不需要，這是不切實際的高調。可是，就人類要展開一個美好的前途來說，權威這東西還愈少愈妙。權威是一「必要之惡」。人類因有必要而不可能「除惡務盡」時，那末祇有把這一惡約束到確實必要的程度上。過多的權威使人窒息，而且使人的思想被桎梏，並阻滯社會文化的健康發展。這從大量現象的對照可以得到證驗。在我們這個地球上，民主國邦的權威少，任何公民有權公開批評總統的言論和政司的施政；極權國邦的權威多，任何公民都不能公開批評行政首領的言論和政司的施政，否則就會發生種種莫測之禍。我們現在要問：一般而論，是民主國邦自由、繁榮、快樂、幸福些，還是極權國邦自由、繁榮、快樂、幸福些？如果權威眞是人類普遍樂於接受的東西，那末它的維持就不必要訴諸那末多的鎮制力。可是權威的維持常常必要訴諸那末多的鎮制力，足見它不是人類普遍樂於接受的東西。波爾希維克之攫取政權，希特勒之攫取政權，……主要地是靠著暴力的。權威是一種人造危險品。權威愈多則人愈危險。權威愈膨脹則在其籠罩之下的個人愈縮小。波爾希維克和納粹黨人所造成的災禍是足夠使人類反省的。在現代世界，包括核子武器在內的任何危險品都需加以控制，爲什麼唯獨權威這種人造危險品獨可不受控制？

然而，可靠的事物，卻不患其多。這在目前世界爲尤然。目前的世界，奇技淫巧夠多，但可靠的事物卻相對地減少。現在公共交通的媒介這麼發達。很少人完全不受廣播、電視、電影、報紙、刊物等工具之干擾的。我們在這些工具裡遇到成千成萬的言論。但是，究竟有多少是「可靠的」？因此究竟有多少是值得認眞銘記在心的？可是，如果這個世界完全沒有可靠的事物，那末人類即令不是不能活下去，也一定大不方便，並且建立不起信賴感。幸好，我們在物理學中有愛因斯坦，我們有一條坦道可走；我們有一部《牛津字典》，習英文便有決疑的裁判所；我們有一部剛才說的《康熙字典》，習漢文便有了一個可靠的工具。依此，各部門的人靠著他們切實的努力都可能有他們的可靠成就。在學術上有卓越成就的人有學術上的可靠性。在企業上有顯著成就的人有企業上的可靠性。在軍事上有特殊貢獻的人有軍事上的可靠性。我們都應該分別承認。如果一個人對他人的任何成就都輕忽，對他人的任何貢獻都不承認，那末他恐怕並不是一個自由主義者。這樣的人，去妄人不遠矣！

㈣言論自由問題

言論自由是人的一種基本自由。也唯有具有這種自由，人才能顯他的尊嚴。在極權地區並非不講求提高一般公民的生活水準，如果他們不講求提高一般公民的生活水準。那末就不會提倡「菜肉社會主義」。極權統治之所以爲極權統治本質並不在這裡。一個家庭裡狗也得餵飽的。極權統治雖然講求發展農業，但卻不講求發展言論自由。言論自由和極權統治是不相容的。因爲，所有的極權統治都是建立於神話乘暴力之上。言論自由一實現，那些神話容易拆穿，那種腳本的戲就唱不成了。史達林一倒地，赫魯雪夫個人有了言論自由，就演出那一幕千古鞭屍傑作。高壓的鐵腕稍一放鬆，眞正的思想立即露頭。極權統治永遠是要大多數人放棄自己的意見，唯少數人的意見是聽。除了擁有建構化的暴力以外，這少數人憑什麼資格強迫大多數人唯命是聽呢？當然，他們可以搬出許多堂皇的說詞。可是，在我想來，那些說詞之中沒有任何一條站得住。他們的論證的實質，分析到裡層，祇有這麼一條：「你不聽，毀滅你。」這是列寧及其信徒們的律則。這一律則蘊含著對人的尊嚴之藐視。從人的尊嚴出發，任何成年人有言論自由，你有言論自由，我也有。即令最大多數的人是持同一意見，這也不能構成剝奪少數人持不同看法的理由。穆勒說：「如果除了一個人以外全人類都是一個意見，那末全人類沒有什麼理由不要他表示意見。正如這一個人若果有權的話，他也沒有理由禁止所有的人表示意見。」你發表你的意見，我也有權發表我的意見，至於對不對是另一件事。也許你的看法比我高明，但我希望我能被你說服；而不是被打服，被嚇服。因爲，在星星、月亮、太陽底下，我們的立腳面完全平等。

人不能不營共同的生活。營共同的生活時往往有些共同的目標，或抵抗共同的敵人，或完成共同的工作。在這些情況之下，有時需要大家拿出錢包，有時甚至需要捐出生命。這些事體一立法化，就形成所謂「國邦的政策」。一涉及國邦的政策，是多麼嚴重的事。這類嚴重的事，在極權國邦少數人在小屋子裡決定就行了。大多數人在重重強制和層層劫持之下，只得奉命實行：要出錢，就非出錢不可；要出命，就非出命不可。天地雖大，國邦雖眾，向誰去告訴呢？可是，這樣的事，在民主國邦，一定要經過充分的自由討論，讓各人發表各自的意向。在民主國邦，不得本人許可，任何人不能藉「國邦」的名義拿走一塊錢，更不能拉走一條人命。如果說「國邦的政策」是正確的，那末正確的政策應該不怕在眞正自由討論的場合來亮相，來接受多方面的考驗。權勢祇能建立權勢，但權勢不能建立眞理，而且永遠不能建立。眞理有而且祇有在自由討論上建立起來。關係於人眾生命財產之捐獻的大事，祇有經過充分的自由討論，才能得到大家心悅誠服的同意。得到大家心悅誠服的同意捐獻，才不是變相的劫奪。

我有所根據來承認，有些人的知識比許多人高，有些人的經驗比許多人豐富，有些人的才能比許多人大。但是，我找不到任何根據來承認，居於任何地位的人有權決定旁的成年人祇能知道他許可知道的，祇能閱讀他許可閱讀的，祇能發表他許可發表的。如果有這樣的事端，那末這是對人類全體的侮辱。任何人有追求眞理的自由；也有表明眞理的自由。現在控制公共交通媒介的人實在不難讓大家祇知道片面的消息，藉此造成「井蛙之見」。井底之蛙如果可巧看見井口有一個小孩，他也許認為世界人類都是那個胖樣子的小孩。井底之蛙如果可巧看見井上有一片浮雲，他也許就形成了浮雲的宇宙觀。藉著控制公共交通媒介，把一切認為不合適的消息來源都濾掉了，祇留下認為合適的一種消息，使大家構成同一種世界觀。這就是令大家「觀念坐牢」。這種虐政是虐政中最虐的一種。觀念坐牢的人對於一個問題祇有一種反應。除了這一種反應以外，他不知道還有別的選樣（alternatives），他更不知世界之大和人間想法之多。他已成思想監獄裡的囚徒而不自知。多可憐！我們對於一個問題要得到正確的看法，祇聽一面之詞是不行的，我們必須有機會接觸到許多不同的言論。這在言論市場壟斷之下是辦不到的。我們必須求之言論的自由市場。「不怕不識貨，祇怕貨比貨。」任何言論是否可靠，在言論的自由市場裡與不同的說法比較，就不難明白。如果一種言論常年封藏在壟斷市場裡，從來沒有遇到反駁，那末我們憑什麼斷定它是眞理？是眞理的言論就應該能夠在言論的自由市場露面，讓持不同看法的人詰難。有而且祇有經過這種自由考驗的言論，才有希望被看成眞理。眞理不需眞理以外的力量來推銷，也不需眞理以外的力量來保護。

人間珍貴的事物不易得到。愈是珍貴的事物愈不易得到。言論自由就是如此。在這個地球上一百一十五個國邦之中，眞正享有充分言論自由的，祇是那些老資格的民主國邦。這裡所說「享有充分言論自由」，意即「言論自由若固有者」，而且言論的題材不受政治理由的限制。我們常常聽到人說民主政治是輿論政治，而且民主的政司必須接受輿論的指導。這話是否有意義，要看所謂「輿論」是什麼內容的輿論，以及是怎麼來的輿論。如果輿論的內容太嫩，那末怎樣指導施政？如果輿論不是獨立性的而是出自政司的加工製造，那末說輿論指導政司豈不是等於說政司指導政司？海耶克說：「政司應須受多數意見指導，這種想法祇有在人民的意見與政司獨立時才有意義。民主的理想是建立於一個信念之上。這個信念是說，人民藉以指導政府的看法是從一獨立而又自發的程序產生的。」㉞這種原則與非民主的原則剛好相反。民主國邦是要政司受人民的指導，非民主的國邦則是要人民受政司的指導。這正猶之乎民主的國邦是要政司擁護人民，而非民主的國邦是要人民擁護政司。一切都是乾坤倒轉！在這樣的原則倒置之下，除了老資格的民主國邦以外，在旁的地區之言論自由問題，就不是一個簡單的問題。

旁的地區是以各種不同的程度享有言論自由，也以各種不同的程度忍受著言論的不自由。人的嘴除了吃飯以外，還要談話。任何專橫的統治總得替人談話的事安排一條出路。在這一安排之下，所謂的言論自由祇是對於無關宏旨的枝節小事的言論自由，對於關係重大的問題沒有言論自由，對於愈是關係重大的問題愈沒有言論自由。穿衣、製肥皂、養來亨雞、開設電廠等事大家可談；而涉及人眾前途禍福安危的基本問題則遵照古制「庶人不議」。

道格拉斯論政黨政治之「忠誠的反對」時說：

> 民主初建的國邦的領袖們往往憤恨批評。他們認為批評就是對他們個人的侮辱。因反對黨進行

㉞ Hayek, p.109.

無限制的批評，而在朝黨便說它是「反叛黨」。這在任何國邦都會引起民主程序的破壞。對批評和辯難的容忍，是爲著維護一個忠誠的反對。維護一個忠誠的反對，是新建國邦必須學習的第一課。㉟

可見執政黨人之厭惡批評和維持「忠誠的反對」之難，乃在民主道上蹣跚試步的國邦時常存在的情形。這些情形之發生於中國，更不足爲奇。就中國三千多年的歷史來說，「民國」五十多年的歷史實在是一段相對短的時間。而且就在這一段相對短的時間以內，也幾乎根本沒有必需的和平與安定歲月來從事民主建構。中國的任何政府，不是忙著平服軍豪，就是得很吃力的應付日本人，後來赤色集體又成爲一種像天氣變壞了似的威脅。在這樣的惡劣情況之下，中國從事政治活動的人之無從養成民主的心性和習慣，似乎是一件勢所難免的事。何況後來蘇式的風氣之瀰漫又是那樣使若干行動人物沉迷！㊱

要一個人能聽得進「老實不客氣」的批評，這得有「聖賢氣象」，或爲公而忘我，或具人和事分開的科學精神，要不然有一個制度來推行。在中國，有「聖賢氣象」的人多爲「道德呆子」。「道德呆子」常與「書呆子」爲鄰。這類人物「修己」也許勉強可以，「安人」的才力和經驗少之又少。而有魄力、霸術，且不受道德羈絆的人物才有希望搞通實際政治。可是這類人物又多是些「予智自雄」之士。彼等一旦登居高位，總以爲「天下莫我若也」。他們常年聽的是阿諛之詞，非常營養，那裡再有雅量吞得下苦澀的

㉟ 同⑯，p.38.

㊱ 中國固有的專制傳統和外來的蘇式建構二者的合成力，在風雨飄搖之秋，共同窒息了言論自由。在這三個大因素中，任何一個因素單獨的不足使言論自由熄火。

言詞？中國之進入民主形式不過五十多年。從事政治活動的人物之性格早已在「大清帝國」之下形成了。那種類型的性格是前述權威性格（authoritarian personality）。具權威性格的人較難虛心接受批評。何況無從養成靜聽批評的習慣？維持「忠誠的反對」更不是一件容易辦得到的事。第一，必須在朝黨和在野反對黨有基本的共同默契、共同的價值觀念，及共同的對民主的眞誠。例如，黨際的任何爭奪，一觸及損害選民利益的邊沿及妨害民主的成長，雙方自動停止。第二，在朝黨對在野反對黨不預存恃強凌弱的心理狀態，而且切實尊重在野反對黨的地位，並且認爲適度的反對有益於政治衛生。第三，在野反對黨對在朝黨不預存自卑感。有了這種自卑感存在心靈深處，則在朝黨時一舉一動都會認爲是來壓迫我的。果然如此，會議變成壓迫和遭壓迫的表演。這也就是「反對」和「反反對」的角力賽了。第四，在野反對黨應有爲原則而反對及對問題不對人身的風度。這也就是說，反對者祇爲原則而反對，不是爲反對而反對。根據中國過去的紀錄，距離這四個條件的實現何其遙遠！爲實現民主制度，「忠誠的反對」是需要的。可是，上列四個條件尚未成熟，而說急行「忠誠的反對」就能使中國的民主制度趨於穩固，這是烏托邦！

在中國歷史的這一階段，比較基本性的批評爲什麼很難得受歡迎？這個問題，從格斯塔夫遜（Carl G. Gustavson）的分析可以得到解答。他說：

> 一群新人物在一個運動中起來居於領導地位。這些人都是行動人物。這些行動人物的興趣是成功和抓權。他們對於成功和抓權的興趣大於對知識的興趣。他們往往把主義當做獲取對他們個人效忠的工具。照他們看來，對他們個人的效忠比眞理還重要。這樣的眞理是一種制度的心理（institutional psychology）。這種制度的心理產生一套一套的義旨。這些義旨和制度的保持息息

相關。一個成功的制度之基本觀念易於成爲神聖化的崇拜對象，而且又是構成效忠的一種要素。㊲

格斯塔夫遜的觀察頗爲切貼事態。中國近半個世紀以來，無論人事的變數（variable）之値怎樣代換，政象的發展是以他所陳述的狀態爲主峰，政事的動理也是以此爲主調。主峰和主調是這樣的主峰和主調，其拘範言論自由，壓抑反對的批評，無寧是一建制的應迫（institutional imperative），是一團體的應迫（group imperative）。更何況有幾千年的制度作背景？

㊲ Carl G. Gustavson, *A Preface to History*, New York, 1955. p.162.

第十三章　世界的風暴

正視如此世界！

第二次世界大戰以來的世界是風暴籠罩裡的世界。風暴的中心，由歐洲漸次轉移到東亞。風暴裡挾著豪雨，洪流沖決著堤防。我們在前面說過，西方世界工業革命所產生的力量，向全球不斷擴張。到十九世紀下半葉及二十世紀初葉，這一勢力如日中天。可是，幾乎就在同時，「一個怪物在歐洲出現」。自一八四八年來，歐洲自己的內部衍生出一股巨大的「反動勢力」。這股勢力從歐洲自己的內部來拆散歐洲並且動搖西方世界既有的秩序。它就是繼第十四世紀的黑死病而爆發的共產赤熱症。

這個赤熱症的規模之大和持續性之久都不是黑死病所能比擬的。它向全世界蔓延。它使歷史改觀。第一次世界大戰瓦解了奧匈帝國，削弱了德國，波爾希維克在俄國突起，並且建造了一個史無前例的極權帝國。第二次世界大戰中，同盟國邦擊敗了軸心國邦。德國、日本，和義大利的武力消滅了，統治形態也發生前所未有的改變。英國、法國、荷蘭、比利時的殖民地相繼獨立。蘇俄在戰事中延伸勢力於東歐，並且將共產制度強加諸東歐小國。東北亞以至東南亞的赤潮則乘戰亂而高漲。

赤潮的發展趨向與馬克斯的「先知預言」剛好相反。它向亞非落後地區氾濫。這些地區，再加上拉丁美洲，所造成的影響力，在地球上幾乎是無遠弗屆。這些地區普遍的貧困，但又民族意識昂揚，人口急驟增加，且要發展工業和經濟來與西方世界「並駕齊驅」。這些條件是赤熱症滋生及蔓延的溫床。西方國邦對亞非地區的殖民，使這些地區的人民直接經驗到他們自身的生活水準與西方國邦的生活水準之間的懸殊，因而產生不滿的情緒和求平等的渴望。這給赤化工作者以免費招待的挑撥機會。這些地區內部所經歷的社會文化、經濟、政治，以至於思想的變遷，又在在引起不安。商業經濟破壞了農村經濟。農村經濟的破壞；又導致農村長期未變的傳統生活方式之破壞。農村傳統生活方式之破壞，又使農村人口不安。農村人口不安，就湧向城市謀生。這些人就是城市工廠的預備隊。他們在原來農村中的安全失去了，跑到城市來更得不到。這些份子是最易爲宣傳所煽惑的原料，因而也就是建築極權統治之天然的沙石。這些地區的中小資產階層的經濟生活水準較一般人高，但是他們接受自由和平等這些西方觀念。接受了這些觀念的人佩服西方文化，但不佩服西方的殖民主義。這類比較醒覺的份子，在一方面不滿意殖民地位，在另一方面又不滿破碎的封建社會。這種力量也促致變遷。現狀的變遷自然使立於其上的老舊統治紛紛解體。就在這樣不安的背景下，戰後新邦紛紛出現。

一、人的內外分裂

如上所述，西方文化挾其工業、經濟，和軍事力量之向亞非地區擴張，普遍地動搖著亞非文化原有的文化基礎，因此引起這些地區普遍的不安。這種不安逐漸凝聚成對西方勢力之各種程度的抗拒。這種抗拒是以兩種形式展出：第一，保守的。第二，激進的。保守的形式常宣導國粹，發揮民族本位論。提倡非暴力，實行不合作的甘地主義，是這種形式中的溫和品種。一個乾瘦的老頭甘地，戴一副大眼鏡，持一架手紡機，是這種主義的象徵，由這一象徵，凝聚了印度的宗教文化意識，再具體化而成獨立運動，最後則終於脫離英國的羈絆而立國。激進的形式是所謂「反帝運動」。這種運動常爲赤色工作者所組織及利用。列寧是這些事體的刱創者。①由於這一政策的運用，西方生出的反西方勢力與東方的反西方勢力於是合流。在這一「革命策略」運用之下，赤色運動中出現了一個重要的新因素，以及一個新形勢。這就是赤化司令部驅策落後但人數眾多的民族來與先進但人數較少的民族纏鬥，以達到最後赤化全球的目標。這麼一來，本係以經濟的「階級鬥爭」爲行動原則的赤化運動，蒙上了「人種鬥爭」的人類學的色彩。於是，世界自由勢力之反赤工作又多了一項複雜的因素。

也許有人覺得困惑，馬列門徒既係以經濟的「階級鬥爭」爲行動原則，怎麼又扯上民族主義呢？這個問題之提出，係由於對彼等的特質不夠瞭解。馬列門徒是一群世界歷史上罕有的複合體。他們在目標上是心思單純（single-minded）；而在策略上則是心思複雜（complex minded）。他們在目標上是最反機會主義的；可是在手段上則是毫無顧忌的機會主義者。因此，他們在方法的運用上絲毫無礙。任何手段，祇要他們認爲有利於目標，他們都可以採取。於是，他們變成了世界毛病的尋求者。殖民地問題、剛好是西方的毛病，他們當然乘機利用。

俄國之籠入共產極權制度，使整個世界起了這麼大的波瀾。自第二次世界大戰以來，以古巴事件爲頂點，人類懾伏於和平或戰爭的剃刀邊緣。中國之籠入共產型模的極權制度，更深遠地影響著人類今後的禍福安危。這一事件實在不可等閒視之。中國何以至此？這是人類歷史上最重大的有數問題之一，也是一個極其繁難的問題。眞正客觀和完備的解答和詮述，恐怕要等到秋水澄清的時候，由偉大的史家來執筆。秋

---

① 一九二〇年共產國際第二次大會上，列寧提出關於民族與殖民地的論文。他提出的主張之要點有這幾項：必須喚起被壓迫民族和殖民地人民的反帝革命意識。必須使「無產階級革命」和「殖民地革命」聯繫起來。各國革命工作者應協助各殖民地的「反帝運動」。必須以實現「世界共產主義」為解決殖民地問題的最終目標。

天，是成熟的季節。人的心靈可能跟著成熟了。祇有在夏天燥熱退去了的秋天，浮動的心情歸於平靜，人們才聽得進幽谷裡的鳴聲。我在這裡祇能提示幾個基本的原因。

第一，如前面第五章所說，中國的社會文化因西方文化的衝擊而在動盪。不斷的戰事更加深並擴大它的動盪。這一基本形勢，不利於安定而利於滋生浮動。

第二，當中國正在從事建造一個現代化的國家時，日本軍人大規模入侵。這一個大震盪給赤化運動以空前的機會。照我的瞭解，如果不是日本軍人這樣橫掃一腳，中國赤色的武裝力量是可以消弭的。②至於應付共產思想則是另一問題。這一問題迄在虛懸之中。

第三，蘇俄革命的刺激。中國知識份子渴望一個理想的社會實現。至於這個社會以什麼切實的程序實現，大家可不太留意，也沒有這個耐心。這眞是一件危險的事。當人對自己的環境不滿意時，容易把別

② 我不難推想，中國的赤色分子一定絕不承認我這一論斷。他們一定說中國社會文化之有目前的結果，是一「歷史的必然」。我奉勸所有的馬列門徒，要搞大規模的動亂就搞大規模的動亂，請不要攪亂了是非，更不要假借真理。真理是無辜的。我想不出任何理由來支持所謂「歷史必然」說。黑格爾的「精神必然」論根本就是玄學家的囈語。我找不到任何經驗的根據來承認它。馬列門徒的「歷史必然」說無非是黑格爾的「精神必然」說的一個形變（transformation）。黑格爾的「精神必然」說既然毫無根據，於是從它翻出的「歷史必然」說當然也毫無根據。所謂「歷史必然」說，不過是在權力未出現以前鼓動並支持行動精幹份子的一個神話，在權力既出現以後用來說權力何以出現的一種詞令而已。經濟、宗教、技術，等等因素可能形成人類歷史之一般的發展趨向，這是事實。然而，從這一般的發展趨向，我們推論不出在歷史中某一特定的（specific）事件出現或不出現。例如，根據美國目前的經濟結構，我們有把握地說美國的經濟制度在最近二十年以內不會成為「社會主義經濟」。但是，我們根據美國目前的經濟結構，根本無法推論美國民主黨候選人當選總統還是共和黨候選人當選總統。就我所瞭解的而論，至少就文化心理的根源來說，所謂「歷史必然」說，無非是舊傳「定命論」的一個擬似哲學的（pseudo-philosophical）翻新而已。既然如此，於是，如果「定命論」沒有根據，那末它的翻新「歷史必然」說不比它有更多的根據。Consult Sir Isaiah Berlin, *Historical Inevitability*, London, 1954.

的地方幻想成天堂。人類學中不乏這類實例。白種人曾把南太平洋中的島想成長滿蓮花的樂園。在三十年代，中國左派人士把蘇俄描繪成人間天堂。許許多多青年知識份子信以爲眞，甚至有不少中年和老年也信以爲眞。其實，當時蘇俄已成集體屠殺的發源地，世界史無前例的恐怖場，到處是饑餓的人民。可是，這些事實，卻爲左派大量宣傳所淹沒，竟引不起一般人注意。對左派宣傳也很少有人能提出有力的反駁。蘇俄那樣的一個國度居然成爲許多中國知識份子嚮往的聖地。

第四，知識份子一般地思想失根和情緒失所。他們拿意底牢結當知識。

第五，私人的結納、利益，及價值取向日漸和公共的利益及價值取向背道而馳。

第六，對於赤化運動的產生，觀念形態，及運用策略認知不足；缺乏應付的經驗。正如歷史上曾出現過的大規模思想性、社會性、暴動性的群眾運動之湧現一樣，赤化運動是一種新的現象。馬列門徒將克勞塞維茨（Karl von Clausewitz）的《戰爭論》透過社會文化情境，而化合防禦與攻擊、政爭與兵爭、外交與內攻、戰爭與和平的一元多面的權力奪取的策略。這「一套」之不易應付，是不難想像的。③所以，到現在爲止，自由世界還是應付吃力。

共產觀念何以使人發狂？就對抗共產制度的自由人而言，這是第一個必須解答的重要問題。這個問題得不到眞切的解答，則應付乖方，全不相干。醫師治病必先診察病源，然後才能對症下藥。否則就弄成「病急亂投醫」，勞而無功。在這一關聯中，所涉及的完全是科學。既然是科學，就得講求客觀。從生物邏輯的基礎來觀察，赤色人物和自由人士在基本上完全相同。而所不同的祇是赤色人物被赤化工程師「裝進去的（built in）」那一套觀念系統與價值組合不同而已。這一套東西裝進他的大腦去以後，就變成了

③ 克勞塞維茨，《戰爭論》，第一篇，張柏亭譯本。

他的小司令官，在裡面發號施令，指揮他的軀體：要他的軀體殺人就殺人，要他的軀體放火就放火，要他的軀體做平常人做不出的任何事他就去做。這就是變成霍弗爾（Eric Hoffer）所稱的「眞信仰者」。④現在的問題是：赤色人物被赤化工程師裝進去的那一套觀念系統與價值組合是什麼？

近代共產制度的發動人都自稱是唯物論者。他們異口同聲的反對唯心論。許多宗教家，道德家，和唯心哲學家信以爲眞，一齊搬出唯心論和唯心主義與之對抗。這簡直是打偏了靶，沒有正中標的。這些人士不知道共產集體的語意學。共產集體的「理論基礎」的確是唯物論與唯物主義。但是，這一「理論基礎」除了作一大前提以外，還有運用的一面。在運用的一面，唯物論與唯物主義變成一個極有彈性的幌子。從運用策略和群眾心理來著想，共產集體所搞的這樣大規模的群眾性運動，一定要借著毫無條件及毫無保留的「反對」一個對象才祭得起來。依此，共產集體並不一定因爲某一說法眞是唯心論他們才反對，而是因他們要反對他才說他是唯心論。共產集體的人生觀和社會觀是一個嚴格借二分法構成的人生觀和社會觀。在這種人生觀和社會觀的觀照之下，人不是同志就是敵人，既是敵人，就該消滅。沒有中間路線可談。非敵非友的灰色份子他們最痛恨。他們要消滅敵人，在物理上還辦不到的時候，就先打擊他的思想。本此，他們把他們所要消滅的人的思想觀念，一概叫做「唯心論」。其實，如所周知，世界人類的思想並不是這麼簡單，而是品類甚多。不錯，世界共產建構的原始「理論」是唯物論乘以唯物主義，共產集體也是借著鼓吹意象雜多的唯物論與唯物主義起家的。但是，這一原始目標一點也不妨害他們拿來作策略性的運用。共產集體所標揭的主義固然指導行動，可是他們也常根據行動所得經驗來偷偷地修正其主義。因爲，實行「主義」，並不是他們最後的目標，權力才是他們最後的目標。這是將近半個世紀以來有目共睹的事。誠

④ Eric Hoffer, *The True Believer*, Mentor Book, 1958.

然，世界共產組織仍以唯物論與唯物主義作哲學旗幟；可是，在實際策略的需要時，他們並不拒絕利用唯心論與唯心主義的。他們在向舊的統治建構進攻時，不是常常激發並利用知識份子的道德感麼？

我們必須認識清楚，赤化運動發展到了現今的階段，赤色集體最核心的人物已是一撮總體權力的追求者。這一撮人已經不是阿提拉（Attila）、漢尼拔（Hannibal）、張獻忠、李自成，甚至希特勒這樣格調的人物。他們爲了追求權力，動腦筋動到人類社會文化裡的中心信仰、道德價值和認知上的是非眞假層。他們爲了征服人類，先精煉一套可以活用的說詞，來攪亂人類這層根子。人類這層根子攪亂了，中心信持消失了，道德價值幻滅了，這非眞假都無所適從了，於是他們再以極肯定的態度，抱著完成歷史使命的精神，介紹他們的未來「社會主義天堂」。這些人是一群人類心靈的洗劫者。心靈的洗劫是「內戰」；奴役或毀滅人身是「外戰」。彼等的策略，常爲先「內戰」而後「外戰」；或內外交攻；但從來不單打北洋軍閥式的「外戰」。所以，今後自由世界要謀對抗赤化勢力，必須根本上從老後方的「內戰」打起。這也就是說，自由世界在和赤化勢力對抗時，必須從道德價值和認知上的眞假著手還擊。如不從這一根本層澄清起，而從半路上動手，那便是捨本逐末。至於從表面著手，除了製造熱鬧以外，更屬無濟於事。

二、邪移的哲學及其衍產

普羅泰哥拉斯（Protagoras of Abdera）說：「人爲萬物之權衡。」世界共產制度是把唯物論乘以唯物主義當作萬事萬物的權衡。他們聲言器用技術、經濟結構、財產關係，乃宗教、道德、倫理、哲學、藝術、文學等等的決定項。人生的一切活動，包括思想在內，都被物質基礎所決定，因此被束縛在物質的基礎上。依此，借著考察物質力量才能客觀地預料歷史的行腳。歷史的行腳是依正、反、合，否定的否定，及質和量互變的程序前進。階層的衝鬥是推動歷史前進的大動力。這一衝鬥歸結到一個彌賽亞式的預言（messianic prophecy）之在人間的實現。當那一情境到來時，資本主義的一切罪惡一掃而光，階層的對立即不復存在，一個無階層的社會便建立起來。在這樣的社會，獅子倒下，人間的一切罪惡都成過去。大家過著平等、自由、豐足的生活。

多麼美麗而天眞的迷執啊！

建基於這一套迷執之上，共產制度由之而展開建造的基本「哲學」，是馬克斯等的傑作。於一八四五年，馬克斯在《費爾巴赫論綱》（Thesis on Feuerbach）裡說：

> 客觀的眞理是否屬於人的思維，這個問題不是一個理論問題，而是一個實踐的問題。眞理的問題即是實在與權力的問題。一個思想是否爲眞，必須在實踐中去求證。離開了實踐而辯論思想是否眞實，這完全是一個學院式的問題。……哲學家們祇曾以各式各樣的看法來解釋世界，而眞正的任務是改變世界。⑤

我在前面所說的迷執是把事實分析與價值判斷揉合作一團，而且結論大於論證，並把科學的與非科學的及反科學的成分編織在一塊。這樣的迷執，祇能算是一個高級的「圖讖」或「燒餅歌」。任何一個說詞能夠聳動一個時代的群眾，並不足以證實它一定是眞的。祇能證實它是有群眾心理效應的說詞。任何一個理論冷冷清清的擺在冷冷清清的角落裡，不足以證實它是假的，充其量祇能證實它在一時一地沒有群眾心

---

⑤ Quoted from Bertrand Russell, *The Impact of Science on Society*, London, 1952, p.98.

理效應。眞假和效應永遠不是一回事；雖然眞的不必然無效應，有效應的不必然爲假。

〈費爾巴赫論綱〉裡所說的這一段則深合「行動人物」的需要。它使權力欲熾烈者如虎添翼。這種「哲學」跟唯物論與唯物主義黏合起來，再利用現代心理科學的技術，發展到極致，就可成奧維勒（George Orwell）的新理想國——一九八四年！作爲致知的程序來看，「行動」與「認知」是有關聯的。我們必須借望遠鏡等工具的使用以及演算技術才能確定冥王星的位置、軌道，和速度。如果我們沒有這些工具和技術，那末我們即無法得知冥王星的位置、軌道，和速度。由此可知致知的程序與認知的眞假在獲得的過程上是有關聯的。我們抽掉某些致知的程序，則某些認知的眞假即無法確定。⑥但是，我們不能因此就說致知的程序即是認知的眞假。我們不能把這二者等一起來。天文星宿圖常需修正。其他經驗科學的理論也常常如此。這一事實表示，我們借著某一程序得到的結論可能因符合事實而爲眞，也可能因不符合事實而爲假。既然如此，足見致知的程序是到眞理之路，它的本身可並非眞理。我們充其量祇能說，沒有致知程序即無由得到眞的認知，但是由此推論不出，有了致知程序即必然得到眞的認知。馬克斯說「離開了實踐而辯論思想是否眞實，這完全是一個學院式的問題。……哲學家們祇曾以各式各樣的看法來解釋世界，而眞正的任務是改變世界」。這種「哲學」不過是步亞力山大用劍劈哥底安結（Gordian knot）的後塵而已。至於說「眞理的問題即是實在與權力的問題」，這一眞理觀祇應被希特勒奉若圭臬，野蠻極了。羅素說：「最大多數的事實是與我們的欲求獨立的。我們受著這些事實的限制。忘記了這一點，乃不正常的誇大狂之表現。」⑦既然最大多數的事實是與我們的欲求獨立的，於是他們不受我們支

---

⑥ 殷海光，《思想與方法》，臺北，一九六四年，專論部，運作論。

⑦ 同⑤，p.102.

配，於是他們之發生或不發生與我們之希望或不希望各不相干。買獎券的人大都希望發財，可是中獎的祇有那幾個。然而，世界共產集體不信這一理知。他們是一群權力狂。馬克斯的這種哲學更助長他們的權力狂。自有共產集體以來，即認爲有權力就有眞理。有了權力便有了一切。他們忙著用權力製造眞理。這種狂妄的思想，像原子塵一樣，感染之廣，遍及大地。

我們現在可以看看這些人物本於馬克斯的這種「哲學」衍出一些什麼特別的想法和作法。

㈠泛政治主義

世界共產型模的人物視政治若生命。就他們而論，沒有政治就沒有生命。這類人物的支配欲的強烈眞是史無前例。他們不僅要管人的身體，而且管到人腦筋裡來了。他們信奉什麼，強迫別人也跟著信奉什麼。不然就消滅！他們愛什麼，強迫別人也跟著愛什麼。不然就消滅！他們恨什麼，強迫別人也跟著恨什麼。不然就消滅！他們是絕對的一元論者。他們排斥任何品類的多元論。在他們的控制網裡，絲毫不容許有權力的死角。一個國內有任何形式的反對力量存在，這就表示權力的多元，也表示他們的權力有死角。所以，一定要消滅！這個地球上尙有許許多多不同的信仰，不同的思想，不同的勢力。所以，要實行「世界革命」，完全消滅！這些人的身體似乎太好了！

上帝創造萬物。世界共產型模的人物無一不以人間全能的主宰自況。他們以馬列唯物論乘以唯物主義的眼光看世界，看社會，看人生。他們要從現實政治的觀點來看歷史，看學術，看文學藝術。於是，宇宙人生在他們的眼裡變成一個「鬥爭」的大舞臺。在自然界，陰電與陽電在鬥。在數的世界裡，正數與負數在鬥。哦！他們居然有那麼豐富的人的情緒！在社會界，更不用說，一部人類的歷史就是「階級鬥爭」的歷史。在這類人的眼裡，除了「鬥爭」以外，沒有生活。生活即是「鬥爭」。參加「鬥爭」的人，受盲目的宇宙「鬥爭」的法則支配著，身不由己地一直鬥下去，一直鬥到成了灰爲止。這樣的人生，不是太蒼涼了嗎？難道不感疲倦嗎？我不知道，母親跟她的小兒是否也在鬥！

從泛政治主義的眼光看去，奇妙的事實在多。寫歷史不憑史實，必須套唯物史觀的公式。在生物學範圍裡，決定「後得性是否遺傳」，不根據實驗，而必須聽從政治路線的指導。在數學中二十五的平方根正負五，說成「矛盾的統一」。我不知道正數和負數的「矛盾」何在？因此我更不知道二者怎樣「統一」法？如果我說這些「理論家們」是極人間牽強附會之能事，那末我想他們一定要「鬥爭」我吧。

汪奠基寫了一本《中國邏輯思想史料分析》。這是一本用力之作。可是，在〈前言〉裡他說：「如實地提出一部中國邏輯思想發生發展的科學資料，首先要求的是，要有一定的馬克斯列寧主義的思想水準和科學的認識能力。」我怎麼樣也想不通，研究邏輯和馬列主義有何相干！我更不知道怎能把「馬克斯列寧主義的思想水準」和「科學的認識能力」等量齊觀！在一九四九年以前，我曾讀過汪奠基寫的邏輯著作，我從來沒有發現其中說研究邏輯「首先要求的」是「一定的馬克斯列寧主義的思想水平」。爲什麼到了一九四九年以後，突然有這種「要求」？二十多年來，我讀過許多自由國邦學人寫的邏輯著作，上面連馬列主義的影子也沒有。那些著作所表達的邏輯怎麼也構作得起來？而且構作得那麼嚴密？我實在想不明白，爲什麼連邏輯這樣的純粹科學也得給戴上一頂紅帽？

在泛政治主義的高壓之下，一切必須從屬於政治要求。政治權力不僅決定官階升降，人的飽餓，聲名的榮辱，性命的生死，而且還要裁判學理的眞假。祇有上帝才有這樣無邊的法力。人不過是這無數恒河沙數世界之一的小小地球上的小小生物而已。人的生命也不過數十寒暑就過去了。人的知識也有限得很。共產黨人何悖狂自大乃爾！他們得到了權力，失掉了的可多哩！他們拿起直接的或間接的鞭子，硬要學術屈從政治，思想套上馬列主義的枷鎖，於是學人不能照著亞里斯多德來，「是什麼就說什麼」。這樣，他們所看到的是假的，所聽到的是假的，所收到的也是假的。世界共產型模的人之所以要把什麼都馬列主義化，無非是滿足那股子羅素所說的「支配意見的權力」⑧裡產生出來的征服欲。結果，網羅裡的人是征服了，他們所回報的是假理。眞理悄悄從橫暴的天地溜走了。這又有什麼趣呢？共產型模的人事事要清一色。他們祇愛紅色，別的都看不順眼。世界的文化這麼多，人生的內容這樣豐富。他們的天地何其窄！他們祇欣賞馬列花，爲什麼不欣賞自由花？爲什麼不欣賞友愛之花？

(二)為目的不擇手段

如已悉知，自古以來，人的災禍有兩個來源。一個來自自然界；另一個來自人對人的迫害。時至今日，由於科學技術高度發達，自然界所加於人類的災害大部已能加以控制，很少足以構成對人的神經的威脅了。論人對人的威脅，獵頭祭已成歷史陳跡，舊的奴役制度已成過去，可是代之而興的就是一種新的奴役制度。這種新的奴役制度就是共產制度。共產制度的殘酷及苛暴，已是舉世皆知的事實。可是，在這一殘酷及苛暴的背後，有深藏的一層觀念，那就是對人的價值之根本否定，對人的尊嚴之根本否定。共產型模的人自己也是人。他們對人的價值和人的尊嚴之根本否定，實在是對自己的根本否定。然而，因爲他們是泛政治主義者，他們的視覺爲泛政治主義所盲，以致自己這樣侮辱自己而不自覺。原來他們是嚴格地劃分「政治立場」。「政治立場」相反的就剝奪了作人的權利。爲了達到政治目的，彼等是這樣無所顧忌。「爲目的不擇手段」已成他們視爲當然的行動指南。祇要能達到目的，祇要能攫取政治利益，採取任何手段都是在所不惜的。依此，人人爲芻狗，在他們算得了什麼呢？這樣的一批人，似乎以虐待同類爲快樂之

⑧ Bertrand Russell, *Power: A New Social Analysis*, London, 1948, IX. Power over Opinion.

本，以玩弄同類爲滿足之源。柏瑞圖說：

> 政治的技術，在找出利用這樣的一些情緒的方法，不要浪費我們的精力來破壞這些情緒。因爲這是白花氣力的事。在最常見的情形之下，我們所做的唯一的事就是加強這些情緒。一個人能從他自己的盲目情緒的束縛之下解放出來，便能夠利用別人的情緒以達到自己的目標。……一般說來，統治者和被統治者之間的關係就是如此。最能爲自己的利益和他的黨派的利益而努力的政治家，是一個沒有成見的人，但是他卻知道怎樣利用別人的成見。⑨

這是法西斯的理論大師的讜論。你看！這是多麼冷酷！這是多麼蔑視人的尊嚴！一模一樣，全世界共產集體搞所謂「群眾運動」時也是這麼辦的。他們既然認爲「目的可使手段成爲正確」，於是毫無顧忌地激發並利用「群眾」的情緒。情緒是一種短期但卻猛烈的力量。他們要利用這種力量來摧毀一切障礙，達到自己心中的目標。依柏瑞圖所說，他們努力激動「群眾」，可是他們自己內心並不激動。他們的臉孔是漲紅的，但內心是冷涼的。他們個個是「玩人」的好手。

不僅如此，世界共產型模的人物更把搞「群眾運動」這一概念加以推廣和精煉，應用到統治上去。從這一概念出發，就短程而言，彼等要濾掉一切不利的消息。把所有向外開的窗戶封閉，祇留一個他們認爲可以留的。然後，讓你從這個窗戶看一切。消息報和眞理報在基本政策上一樣。在這樣的地區，一百種刊物在基本論調上等於一種刊物。一千座廣播電臺在基本節目上等於一座廣播電臺。就遠程而言，彼等利

---

⑨ Cited from Karl R. Popper, *The Open Society and its Enemies*, p.660.

用教育作手段灌輸一種想法，將一切不同的想法和「罪惡」牢牢連接在一起，把懷疑權威的製品視作「危險」。這也就是說，在這樣的地區，不僅身體活動必須「循序而行」，思想活動也非「照單行事」不可。結果，共產性格（communist personality）形成。這種性格的特徵是，對自己的上級盲目服從但對團體以外的人猜忌，絕對信仰自己的「主義」，同時排斥一切不同的信仰，獨自思辨的能力被視作異端的根苗，懷疑更致認爲是「偏差」的開始。發展到極處，舉國成爲一個動物園，而彼等則爲動物園的馴獸師。近幾十年來，世界許多地方，流那麼多血，經歷那樣慘重的犧牲，結果卻是向「動物園之路」邁進！

然而，宇宙似乎有個均衡律。在這個律則的支配之下，人不能同時得到兩種相反的東西。世界共產集體不擇手段追求到了權力。他們滿以爲有了權力即有了一切。殊不知上帝並不幫他們這個忙。人們得到一邊時往往是以失去另一邊作代價的。追求到了過多財富的人常常失去內心的平衡。中了頭獎的人時常弄得滿頭大汗。共產人物能夠叫人怕，但不能同時叫人愛。他們長於製造恐怖，但不能同時使自己在坦易裡過日子。史達林走的路是俄國的禁地。他們推行統制經濟，但不能同時不扼殺了經濟活力。他們好作誇大宣傳，但不能防止宣傳效率遞減。他們動輒把別人當敵人，但同時卻不能不引起別人防備，或者防備不了就敬而遠之。他們極力統制思想，但無法不使治下人眾因此而頭腦遲鈍。總而言之，他們似乎抓到了很多，究其實不值幾何。他們所得到的最大的滿足是消卻心頭恨。這太緊張了，他們應服老莊清涼散！

三、狂瀾退落的徵兆

「飄風不終朝，長夜終有明。」

人終究是人。用統治動物園的法則來統治人是不會持久的。我們撇開現實政治層面不談，透視共產極權型模統治裡層，可以發現一些端倪。

(一)天堂的幻滅

共產集體自稱他們的統治是「大眾的天堂」。我們不必去問這話的眞假。爲著顧全禮貌起見，我們姑且承認這話是眞的。不過，我們得接著問一聲：既然是「天堂」，何以許許多多共產國邦都築成一個一個的幕呢？他們可以說，這是爲了「防止資本主義的陰謀破壞」。好！何以東柏林的人民冒著生命的危險往「資本主義」的西柏林逃？難道他們是前往歡迎「破壞」？當柏林圍牆開放時，西柏林讓幾十萬人到東柏林探親，沒有聽說「一去不復返」的情形。何以東柏林不敢放人到西柏林探親？東柏林和西柏林對峙所發生的這些情形，可以看作具體而微的自由制度和極權制度的對峙之實驗。這一實驗告訴我們，人是不喜歡被關在籠子裡的。當機會到來時，他是要振翅高飛的。這是人的自然傾向之一面。即令沒有外在力的作用，極權統治內部人的自然傾向的這一面之展進，也會使這種反自由的制度發生質變。改變現狀，和逃離苦難，都是人之常情。將近五十年的慘痛經驗，證實所謂「社會主義的天堂」是建築在紙上，或存在於廣播之中。當共產集體需要用武裝力量來推銷共產主義時，十足證明共產主義在思想上的鼓舞力之衰落。

(二)向眞理低頭

如前所述，共產集體鞏固並擴大權力的形態是泛政治主義。在泛政治主義的籠罩之下，一切從屬於政治，一切受政治的染色，學術思想更不能例外。弄學問之一最低限度的要求是「是什麼就說什麼」。革命以後的俄國，官方的思想方式弄的彆扭得很，偏說「甲不是甲」。這麼一攪，弄得一切學術思想的基礎動搖了。於是幾十年來，蘇俄的學術思想充滿了彆彆扭扭之詞。蘇俄共產集體之所以鬧這種彆扭，又是由於有一大套道理。他們說：「每一種社會經濟制度，都有自己的思想方法。形式邏輯是具有階級性的上層建築物，是資本主義社會的思想工具，不是蘇聯社會主義下人民的思維方法。蘇聯社會主義制度下的邏輯，乃是蘇聯人民反對資產階級，肅清舊時代殘餘資產階級意識銳利的武器。所以蘇維埃社會主義國家應該創建自己的邏輯思想體系。蘇聯全國各級學校學習自己的邏輯，不應該使各級學校學習資本主義社會的思想方法形式邏輯。」這眞是奇妙的「理論」！還有更奇妙的「理論」：「形式邏輯在古代是捍衛奴隸主人的思想體系，在中世紀是神學的侍女，而在資本主義社會，則適合於資產階級使被壓迫階級始終作資產階級的俘虜。」這樣的「邏輯」，除蘇維埃共和國的特別「邏輯家」以外，不是自亞理士多德以降古今中外任何邏輯家所能瞭解的！「資本主義的社會」有「資本主義的社的思想方法，「社會主義的社會」有「社會主義的社會」之思想方法，難道說「資本主義的社會」演證幾何學的方法與「社會主義的社會」有何不同？「資本主義的社會」說「如果甲等於乙而且乙等於丙則甲必等於丙」，難道「社會主義的社會」能說「甲不等於丙」？在世運會時，「資本主義的社會」說「第一名是冠軍」，「社會主義的社會」能否說「第一名是亞軍」？人類的社會文化誠然各不相同，因而有許多想法也不相同，表達的方式也多少不一樣，但是仍然有共通的部分。這些共通的部分是道德價值、代數頭腦、數學邏輯、對經驗世界的認知。而這些共通的部分恰好是最重要的部分。人類能夠共同生活在這個地球上，也賴這些共通的部分。這些共通的部分，毫無疑問，是人類改善其處境所必不可少的條件。同樣的毫無疑問，這些共通的部分，透過聯合國和文化交流以及通商等樞紐，今後在擴大中。誰要在自己心靈中張起一個鐵幕來違反這些共通的部分，吃虧的是他自己。

顯然得很，不同的社會文化可以有不同的「思想內容」，但是並無不同的「思想方法」。思想方法是一，思想內容是多。我們可以承認所謂「資本主義的社會」有它的人生觀、生活方式、政治形態、行為模式；所謂「社會主義的社會」有它的人生觀、生活方式、政治形態、行爲模式；但是我們簡直無法設想二者有各行其是的「思想方法」。我們可以承認比較富裕並且文化水準較高的人所注意的曾是琴、棋、書、畫；而比較貧困並且文化水準較低的人所注意的是柴、米、油、鹽。我們也可以同情「勞苦大眾」，討厭白俄富豪貴族那一股子驕矜之氣。我們也承認他們的生活興趣和一般平民有不同之處。但是，我們卻不能不承認他們也是人。我們不能不承認他們是同一歷史和社會文化的產品。因此，我們不能不承認他們和「勞苦大眾」有許多基本的共通部分。這些基本的共通部分是道德價值、思想方法、所用的語言構造，以及生存的權利。

俄國波爾希維克集體爲了要搞「革命」，將「富人」、「資本制度」，和「帝國主義」幻化成集人間一切罪惡之大成的符號。這些對象不僅在「經濟制度」的基層建構上「要不得」，而且其豎立於這樣的「經濟制度」之上的一切「意識形態」也是「要不得」的，包括「思想方法」在內。這樣的意象之擴大所及，弄得認爲凡屬「要不得」的都是對方；凡屬「要得的」都在「革命者」這一方。其餘沒有中間地帶。既無中間地帶，當然沒有調和妥協餘地。於是，世界雖大，國邦雖眾，人類雖雜，在他們心目中有而且祇有「敵」同「我」的「對立」局面。這一局面的存在是不許可的。所以，祇有把「敵人」徹底「打倒」。推動這種想法與行動的，在表面似乎是唯物辯證法，其實那祇是一個理由化的幌子。眞正在他們內心深處推動的是「違扭作用」。這裡所謂違扭作用，即是敵人說好的，我一定說成壞的；敵人說是壞的，我一定說成好的。反正不管客觀的事實怎樣，一切反著來。凡屬搞俄式「革命」或擬似革命（pseudo-revolution）者一定要製造這一類的「違扭作用」。設有一群人對現實狀況不滿。其中的一部分容易被導入佛老，嚮往天堂或遁入空門；另一部分容易導入違扭作用。違扭作用激化到了不可遏抑的程度，而且有了一些機會，就從事「革命」。

這個樣子搞「革命」，論「徹底」的確是徹底，可惜副作用太大了。副作用太大了，就妨害了社會文化之健康而正常的發展。這樣一來，「革命」豈非白搞一場？許多「革命」所得，不過新的旗幟一個及白骨一堆而已。

俄國革命中這種違扭作用流毒所及歷數十年而不竭。這種違扭作用橫梗於波爾希維克集體之間，「理由化」而爲所謂「社會主義無產階級的哲學」。結果，凡被認作是西方「資本主義」的東西一概「要不得」。在這一關聯中，他們是把政治上的一個大的價值判斷代替科學上的認知結果。那些被「革命的勝利」沖昏了頭腦的狂熱份子，不知政治並非一切，更不知人間尙有超黨派，超階層，超政治，以至於超國界的眞理存在。禍延所及，使蘇俄的學術思想像被一條大蛇纏住了的青蛙，動彈不得。青蛙雖以善躍著名，但被大蛇纏住時，祇好一任它隨意戲弄了。在唯物辯證法及唯物史觀這類不通而又帶威嚇性的「理論魔術」纏戲之下，蘇俄的學術思想大受歪曲、打擊、和阻滯。這樣，他們在一國的封閉系統以內自娛是兜得轉的。因爲，當「理論」講不通時，請秘密警察幫忙動點外科手術，即可無往而不利。然而，等到第二次世界大戰爆發，這套魔術便破綻畢露。在第二次世界大戰期間，馬列主義的信徒碰上希特勒的「船堅炮利」，吃盡了苦頭。最後還是靠著「資本主義」的美國伸出援助之手才得免於危亡。受過了這一次硬碰硬的戰爭的洗禮以後，現實人物如史達林者發現馬列主義的「道統」並非萬能，才設法扭轉這一趨向。一九四六年史達林建議蘇俄全國中等及高等學校講授「形式邏輯」。他說語言是人類共同的思想工具。不是有「階級性」的，而是具有超越社會經濟制度的普遍性。語言工具可以替「資本主義社會經濟制度下的資產階級服務」，也可以替「社會主義社會經濟制度下的無產階級服務」。這是多麼難得的覺悟！這一代價高昂的覺悟，也十足證明那事事必須從「社會主義無產階級的哲學」來看的大前提之破產。這是一件搖撼著「社會主義社會」建構之「理論基礎」的大事。這件大事的嚴重性幾乎相當於歐洲中古時代基督教的大教長宣稱基督教義出了毛病，要向回教請益！這件大事震動了蘇俄的知識界，展開了延長將近五年之久的一連串的辯論。如所預料，最後的勝利歸於史達林。於是，以史達林爲首的馬列僧侶們，一齊向眞理低頭了。可是，從一九一七年開始，蘇俄學術思想界的精力和時間，已經白白浪費在領受並注釋這種極無意義的統治哲學達三十多年之久。誰說人類的歷史不是一部愚蠢的紀錄呢？

這一事例又一次證實了宇宙均衡律。相反性質的東西不可得兼。蘇俄共產集體的確從「馬列主義」之宗教化而製造出一股巨大的旋力來形成他們所渴望的統治結構。但是，那樣的政治宗教，是玄學乘幻想乘激情乘渴望乘挫折乘宗教狂熱的一團漿糊。這一團漿糊根本是神智不清的東西。人喝了酒勇氣就大些。義和團的法術都可以使人勇氣增加，何況這種「武裝哲學」？但是，神智不清的東西可以給人以暫時從狂熱所生的力量，卻不能給人以持久的理知。顯然，眞正的文化創建所需的不是從狂熱所生的力量而是持久的理知。然而，依照教條來行事就不能用理知。不能用理知就搞不好。要搞得好就得用理知。要用理知就不能不放棄教條。二者不可得兼。這是一個歷史的教訓。

其次，我們要談到歷史。任何一門學問，如果它的結構鬆懈，語意欠明，含義繁複，易於引起不同的意象，隱伏著帶有情緒的價値觀念，就容易被利用作現實政治的工具。過去的經濟學是一個顯明的例子。幾十年前的經濟學尙未成爲科學，而是被宣傳家利用爲「講主義」的場所。甚至近年還有人談「人文『主義的』經濟學」。風流餘韻，三代不絕。歷史之被用作現實政治的工具，更是有無所逃於天地之間之勢。歷史之被用作「寓褒貶」的工具，幾乎已成大家視爲當然正確的傳統錯誤。如所周知，至少在史達林時代以前，蘇俄史家寫歷史，遵照事實是次要的考慮，遵照「黨的路線」及唯物史觀是首要的考慮。唯物史觀是一常數。史家著史，必須照著這種「俄國八股」來塡。自幼在蘇俄長大的人都會塡的。可是，「黨的路線」是一變數，路線摸錯了就有危險，所以史家著史必得相當留心。人間難事之一，如前所述，爲「是什麼就說什麼」。之所以如此，第一是因我們的認知能力有限，我們不大容易確知什麼就是什麼。既然我們不大容易確知什麼就是什麼，如何能說什麼就是什麼呢？我們不能確知袁世凱曾否告密，我們怎樣說袁世凱告密？我們不能確知外太空的情形，我們怎能說外太空如何如何？第二是因社會文化、傳統、權威等類因素的限制。假定我們已確知什麼就是什麼，但是當著我們受制於這些因素時，我們也不一定能「是什麼就說什麼」。李蓮英爲慈禧太后梳頭，看見老太太的頭髮脫落了，他也不一定敢說「不瞞您說，您的頭髮掉了許多哩！」朱元璋做過小和尚。如果有人敢當著他的面說「陛下本來是一個小和尚」，那末他所得到的酬勞恐怕是掉腦袋。在許多情形之下，第二類因素之使得我們不能夠「是什麼就說什麼」比第一類的阻力還大。時至今日，寫一本「自然科學」時，我們所受到的限制祇是第一類。可是，寫一本歷史書，我們會受兩種限制。當我們祇受到第一類限制時，我們有時實在是無可如何，祇有多多設法去克服。當我們受到第二類限制時，那是無可原諒的。因爲那種限制是人的自私、虛榮，和短視等等因素侵入眞理的範圍造成的。在赫魯雪夫逼隱以前，蘇俄政治上失勢的人物常在史冊中失蹤，或者，有赫赫功勳的人物也可寫成「土匪」。史達林還活著時，被捧若天神，等到他倒下去以後，赫魯雪夫則痛予鞭屍，把他說成一個百無一是的惡魔。當然，史達林的殘暴是很少人夠資格跟他媲美的；說他是蘇俄的天神，這是神話。不過，如果說他對蘇俄毫無貢獻，這也不合事實。最近柏茲涅夫（Brezhnev）同柯錫金（Kosygin）似乎覺得這樣寫歷史不受人尊重。他們企圖改變這種風氣。他們說史達林有功於擊退納粹侵略。對於朱可夫（Georgy Zhukov）和久被打入冷宮的戰時海軍之父庫眞托夫（Nikolai G. Kuznetsov）則酌予恢復原有位況。有一個蘇俄歷史家說：「我們寫歷史，在十年以內看來，臉不發燒才好。」⑩足見彼等究竟在知識上「良知未

⑩ *Time*, June 18, 1965.

泯」。人類祇要能保住這一點，任何高壓都不能持久的，終可有掙脫的一天。柏茲涅夫和柯錫金最近命令重寫黨史和六卷第二次世界大戰史，並且要寫得「比較客觀些」。一群長期籠在自己製造的觀念天地裡的人，能夠「客觀」到什麼程度，似乎是一個問題。不過，爲首的人既然作這樣的表示，這總意含著寫歷史「主觀不好」，而要「客觀才好」。要「客觀才好」，是科學所預先設定的（presupposed）價值。⑪有而且祇有預先設定這一價值，才有「公是公非」可言。有「公是公非」可言，我們的觀念和言論才有眞正的落腳處。隨著政治溫度錶的水銀柱之升降而寫歷史，正猶隨著現實政治的需要而製造「眞理」一樣，在當事者以爲得計，可是在旁觀者看來也許滿不是那回子事。而且，一旦事過境遷，一切喧鬧隨著秋天的涼風飄逝。這樣浪費聰明和夭折生命的遊藝，玩來又有多大意味？如果是像科學從古代發展到現代所表現的，人類有追求眞理的大趨向，那末一群人可以拖著人眾抗拒對眞理的追求於一時，但不能抗拒對眞理的追求於永久。雖極權如蘇俄，也不能長期例外，何況其他？

(三)向事實低頭

持唯物史觀，乘以歷史必然論，乘以費爾巴赫論綱式的哲學，世界共產集體「氣吞河嶽」，他們要勒緊歷史發展的龍頭，照他們規定的軌跡前進，實現「社會主義的天堂」。爲了實現這一政治神話，於是逮捕、拘禁、屠殺、饑餓、集中營、顚覆、破壞、擾亂、欺騙、恐怖等等節目，五十年來天天上演，造成了人類新的浩劫。他們因有一種「使命感」橫梗於心，於是自信力特別強。因此，蔑視由他們一手造成的人

---

⑪ 可是，這並非說科學的本身是一價值。科學的認知程序，科學的結構，都不能摻雜一點價值。價值可以科學的外部推進科學研究。

間苦難，想要蠻幹到底，一心朝著那迷執的夢境前進。

然而，唯物史觀、歷史必然論、費爾巴赫論綱式的哲學，以及使命感，畢竟都是人造的東西，現實的世界不一定跟著這些說法走。事實也有叫他們碰壁的時候。

世界共產集體藉以崛起的資據，是攻擊「資本制度」。無論是好是壞，「資本制度」祇是指謂一種經濟結構的名詞。可是，共產集體卻把它用成一個價值名詞：把它當作人間罪惡之總源，一切不幸之根由，一個「炮轟」的目標。好像祇要「資本制度」從人間消失，幸福及富足即從地下湧出。他們據以與「資本制度」對抗的主堡，是一個「社會主義經濟制度」之建立。在這一制度之下，沒有利潤的追求。沒有利潤的追求，自私的動機就消滅。自私的動機消滅，財富大量累積的情形不會出現。財富大量累積的情形不會出現，「有產階級」不致發生。「有產階級」不致發生，則人間一切不平等、不自由種種罪惡化爲烏有。這是很好的推理，也是很美麗的圖畫，可惜事實證明它是紙上談兵。不在別處，就在「社會主義的先進國」蘇俄，積數十年之經驗，證明「此路不通」。事實逼著他們不得不轉回頭來向他們所要打倒的「資本制度」學習。「主義」鬥不過事實！

這一個大轉彎是先從東歐開始的。東歐諸國充斥著西方「資本主義」的商人，在旅館裡談生意經，紛紛簽訂合同，業務蒸蒸日上。一九六四年東西間的貿易額達到九千億美元之鉅。捷克工業在反集中化，工廠可以自由發展。甚至東德也放棄對若干企業的控制，並且放棄對若干原料價格的管制。匈牙利實行一種利潤制度。波蘭允許商人不必得到政司的許可，而自行直接對外貿易。

這些情形和蘇俄對照起來，蘇俄與西方的貿易關係遠落東歐諸國之後。蘇俄所行的是一「命令經濟」，以一個龐大的官辦制度控制著全國的一切經濟活動。這是他們藉以誇耀「社會主義經濟」優於「資本主義經濟」的張本。一九六一年赫魯雪夫宣稱蘇俄的經濟要超過美國，成爲世界最大的經濟力量。可是，語言和事實脫了節。蘇俄的經濟一直走下坡路。一九六四年的情況是一九四六年來最低的一年。原因是「社會主義經濟」難以避免浪費，缺乏效率，管理不善，且出品欠佳。蘇俄顧客開始拒購他們不喜歡的貨品。一九六四年至少有二五七個以上的工廠出品無人問津。對於蘇俄經濟方面的這種光景，赫魯雪夫早感不耐，在十年之間，他從新調配計畫家，在反集中制和再集中制之間來回搖擺，高呼要「善用國家工業潛力」。可是，一切罔效。

蘇俄經濟學家和工程師們清楚知道蘇俄經濟的毛病出在哪裡。他們也知道該怎樣醫治。這種事端，在西方自由國家，說該怎麼辦就怎麼辦。像汽車破了輪胎一樣，當時就可以換一個。可是，在事事得照教條辦，人人被主義的繩索捆緊了頭腦的蘇俄，就不是那麼簡單了。爲頭的人不發動，誰敢爲天下先？尤其是關於必須向西方「資本制度」求醫的大毛病，誰敢隨便開口？到一九六二年蘇俄經濟的惡化已經到了無可掩飾的地步。在官方支持之下，經濟學教授李伯曼（Evsei Liberman）發表了一篇重要的論文，討論經濟計畫和利潤等問題。他強調利潤爲促進生產效率的主要推動力。他認爲利潤愈高，則生產刺激愈大，貨品質地會提高，生產效率也會增加。他這種言論一出，附和的專家很多。齊聲反對「計畫崇拜」，反對集中制，主張予各業經理部門以較大的自由。有的人建議減免貨物稅百分之五十。他指出蘇俄工業五分之一必須受政司津貼才能維持。大企業的經理主張根據「供求關係」實行自由市場。赫魯雪夫撥兩個工廠來實驗他們的「新理論」。結果，出品質地提高；利潤增加；工廠工作人員的待遇從平均九十四美金增加到一百一十美金；而貨品價格則反較前降低。從前九十六美元一套的服裝現在則祇要八十五美元。柯錫金更進一步來擴大這個實驗。他把這一實驗擴大到全部消費貨品工業，甚至擴大到蘇俄一切工業。如所周知，「社會主義的經濟」的論旨之一，是把追求利潤當作一大罪惡。共產集體認爲社會的經濟行爲沒有追求利潤的動力來推動仍然可以向前走。現在，事實證明這一論旨破產。在行不通之後，蘇俄又回到這一「罪惡」。⑫

(四)人生的覺悟

我們且先看下面徵引的一則問答：

> 老師，請您不要生氣，我要向您提出一個問題。您能否就以您自身作則來解釋人生的意義？⑬

上面的問題是波蘭一個學生向他老師提出的。他的老師雪弗（Schaff）是波蘭著名的馬克斯主義者。共產制度的骨骼是一種嚴格的集體制度。在集體制度之下是沒有獨立個人的。一切從屬於組織。所以，在波蘭共產制度之下的知識份子向來避免提出這樣的問題。他們認爲這樣的問題根本沒有意義，而且甚至有反動性。可是，儘管如此，在波蘭這個問題越來越普遍，以致越來越不容易裝作無關緊要。雪弗說：

> 我得承認，我常常碰到有人提出這個問題，而且堅決要求解答。這一事實，令我不得不想到這個問題，而且使我不得不改變我對這個問題的態度。⑭

波蘭人是一個不平凡的民族。波蘭出生優秀的音樂家，卓越的數學家和傑出的邏輯家，盧加希維支

---

⑫ *Time*, February 12, 1965.

⑬ East Europe, April, 1961, On the Philosophy of Man.

⑭ 同⑬。

（Jan Lukasiewicz），勒斯尼也夫斯奇（S. Lesniewski），科塔賓斯奇（T. Kotarbinski）都對邏輯有特出的貢獻；而塔斯奇（A. Tarski）則更是美國居於領導地位的邏輯家之一。波蘭民族不僅長於冷靜的邏輯思考，而且又有深厚的宗教虔誠。這種文化基底，在一長遠的過程中，天然構成對馬克斯主義的眞正抗力。我們已經看到這種跡象了。馬克斯主義遇到這種眞正抗力，是很難眞正傷害到波蘭知識界的。這好像一個身體結實的人，遇到流行性感冒不致完全被侵襲似的。波蘭青年在戰後集體主義氣氛的浸沉之中而猶能對人生問題發生這樣的疑問，在同爲人類的關係上，怎不令人驚喜！青年人在受到瀰天漫地的思想侵逼時，能屹然不喪失自我，由心靈深處湧出對人生的意義追求，這正是思想上撥雲霧而見青天的開端。人類擺脫極權思想的桎梏之生路也在此。

四、歷史應在自由這一邊

近若干年來，許多人士震於兩次世界大戰期間赤色勢力之急驟膨脹，而聽信共產制度乃人類的前程之說，以爲「歷史在他們那一邊」。這種觀念起於焦慮和恐懼者多，起於眞確的認知者少。我的看法剛剛相反。我認爲還有一陣子赤色勢力好凶；可是，從一長遠的程途著想，勝利會在自由這一邊。何以呢？最基本的原因，共產制度並非健康的產物，而是病疾的結果。依前一再所述，我們可知共產制度的構成有三大類的因素：第一，作爲一種置境，貧困、失德、混亂、落後、理知貧乏、行政不良。在這種置境裡，容易出現擬似的宗教（pseudo-religion）。這樣的宗教爲「大眾」苦厄的解脫描繪出一個幻影。馬列主義就成了這麼一個「宗教」。陷在苦厄中的人們，誰會看得出那隱伏在這一擬似的宗教背後的極權統治的陰影呢？第二，追求權力的少數精幹份子，或是「職業革命家」。第三，顛覆或戰亂。東歐諸國之籠入共產制度，很顯然主要是蘇俄的軍事佔領硬造成的。如果沒有蘇俄的軍事佔領，我想不出什麼理由來說東歐赤化系由於東歐「歷史發展的必然」。上述三大類的原因之中，缺少任何一類的話，共產制度在地球上任何處所都建立不起來。我們從這裡就可以看出共產制度的前途。我們從這裡正可以看出它的短命。

我們從上面所說共產制度發生的三大原因裡可以看出共產制度孕含著它自己消亡的種籽。藉著這三大類的原因而出現的共產制度及其權力核心，乃馬列門徒的「革命果實」。他們得到了這一果實以後，最大的課題就是怎樣「保持」這一果實。他們怎樣保持呢？基本的方略就是製造恐怖，製造緊張，製造謊言系統，繼續不斷的保持壓力。無論在政治方面，在經濟方面，在外交方面，在思想方面，都要製造恐怖，製造緊張，製造謊言系統，繼續不斷的保持壓力。情勢發展到這步田地，天然就逼出一個基本問題：人喜不喜歡在這樣的氛圍裡過日子？這個問題涉及所謂「人性」的問題。有而且祇有在相對短暫的時間以內人可以忍受緊張，甚至需要緊張；有而且祇有在極特殊的情況之下人才接受壓力的強制，在通常情況之下就不樂意接受了。共產制度不合於平常狀態之下的「人性」。而馬列門徒不可能長期製造緊張和施行強力高壓。既然如此，這就「註定了」共產制度之不能也不會持久。尤其是，如果世界的大環境長期安定和平，而從動亂中冒出的共產制度還能不由內部的質變而消逝，那才是不可思議的事。依照前面所說，我們已經看到歐洲赤潮之逐漸退落。歐洲赤潮逐漸退落，亞洲的赤潮豈能長期獨自洶湧？

第十四章　道德的重建

「道義爲之根。」

我在這裡將這一命題作爲人類的社會文化生活的設準。人類的社會文化的生活非設準道德不可。如果人類的社會文化的生活沒有道德，那末勢必歸於萎廢，甚至歸於崩解。人類的社會文化生活，小無道德則小亂，大無道德則大亂，全無道德則全亂。

時至今日，整個人類的社會文化生活正在面臨道德原則的考驗。自由的取向和極權的取向之對抗，分析到底層，必須是而且僅僅必須是爲了道德原則。就我所想像得到的而論，目前的這一抗爭如果不是眞誠地爲了道德原則而是爲了現實的權勢，那末便不能激起人類新的感興和新的力量以使世界歸於穩定和新生。

當空氣充足時，如果有人提倡呼吸空氣，那末他很可能被人看作瘋子，至少是無的放矢。因爲，在這種情形之下，大家之有空氣呼吸，根本不成其爲問題。但是，在人間世，有許多大家認爲根本不成其爲問題的事，一旦成爲問題的時候，便變成非常嚴重的問題。呼吸空氣就是如此。當人有充分免費的空氣呼吸時，提倡呼吸空氣誠然是一項多餘的舉動，可是萬一空氣從地球表面消失因而人快要窒息至死時，那時方知提倡呼吸空氣是一件生死攸關的事。同樣，當著社會文化裡的道德原則能發揮其功能時，如果有人提倡道德，大家很可能充耳不聞。因爲，這時大家本來已經在行道德，社會已經泡在道德的空氣裡，發現不了道德問題何在。然而，一旦道德原則失去了相對的作用，社會功能瀕臨解體，人際行爲脫軌時，我們才知道提倡道德不是一件沒有重大意義的事。現在正是這個時候。

今日中國社會文化裡道德問題的緊急，絲毫不下於空氣缺乏。今日中國社會文化之急需重建道德，正像缺乏空氣的人之急需吸收空氣一樣。社會生活失去道德規範，於是共同的核心價值亡失。這麼一來，人際的互信與互賴的基礎瀕於傾覆。如果人際的互信與互賴傾覆，則不僅合作極其困難，而且內心陷於孤立狀態。個人成爲寂寞群眾中的寂寞人，個人成爲套上紗罩在街上的獨行人。個人成爲戴上假面具在公共場合跳鬼舞的人。這樣的個人，其內心絕對缺乏眞實感及安全感。缺乏眞實感及安全感的人，絕對的萎弱、畏縮，朝秦暮楚並茫無所歸。這樣的人爲了滿足眞實感及袪除不安全感，往往多面認同。所謂多面認同，就是把自己投身於傳統的或非傳統的權威之中，俯伏於直接的或間接的權力之前，以求得護庇和麻醉性的安寧。在這樣的情境之中，他所估計的祇是認同對象的現實力量之大小，而絕不計及他們之間有無性質的衝突。他祇權衡勢力，絕不顧及他的認同是否發生理論的衝突。所以，他可以躺在權力的懷抱裡，但同時又嚮往自由；他可以主張復古，但卻又標新立異。實在，他的人格完全撕碎了。他完全暴露在「絕對的肯定精神」之前，而完全喪失了基本的判斷力。誰的金錢多，誰就可以佔有他。誰的拳頭大，誰就可以掌握他。誰的聲調高，誰就可以支配他。他成了人世的飄萍，隨著浪潮的起伏而浮沉。他化作時代的塵埃，跟著氣流的衝激而左傾右倒。

今日中國社會文化裡道德之急需重建，由此可以看得很清楚了。可是，我們怎樣重建道德呢？我們所需重建的道德又是怎樣的道德呢？這些問題都是複雜而又重大的難解問題。

一、民初人物的錯誤觀念

近半個世紀以來，隨著文化問題的論爭，時有關於所謂新舊道德的論爭。有的人士主張恢復舊道德；也曾有人主張建立新道德。有人認爲除掉那與舊制度絞連在一起的舊道德，中國文化才能新生。舊道德的建構即是孔制。所以，擺脫舊道德即須倒孔。持這種說法的急先鋒，除了前面第八章所論列的吳又陵以外，還有陳獨秀。胡適引介陳獨秀的話道：

> 近來報紙上發表過幾篇解釋「新思潮」的文章，我讀了這幾篇文章，覺得他們所舉出的新思潮的性質，或太瑣，或太攏統，不能算作新思潮的眞確解釋，也不能指出新思潮的將來趨勢。即如包世傑先生的「新思潮是什麼」一篇長文，列舉新思潮的內容，何嘗不詳細？但是他究竟不會使我們明白那種種新思潮的共同意義是什麼。比較最簡單的解釋要算我的朋友陳獨秀先生所舉出的新青年兩大罪案——其實就是新思潮的兩大罪案——一是擁護德莫克拉西先生（民主主義），一是擁護賽因斯先生（科學）。陳先生說：
>
> 要擁護那德先生，便不得不反對孔教，禮法，貞節，舊倫理，舊政治。要擁護那賽先生，便不得不反對舊藝術，舊宗教。要擁護德先生，又要擁護賽先生，便不得不反對國粹和舊文學。（《新青年》六卷一號頁一〇）
>
> 這話雖然很簡明，但是還嫌太攏統了一點。……①

陳序經在批評胡翼南等人的「錯誤」言論以後，接著申述他自己的看法：

---

① 《胡適文存》，第一集，卷四，〈新思潮的意義〉，頁七二七～七二八。

對於這點的錯誤，加以根本上糾正的要算民國四年後的新青年的著作者。他們對於孔家思想，極力反對。試看孔子平議，憲法與孔教，孔子之道與現代生活，吾人之最後覺悟等篇，便能知道。他們以爲民主主義，是和孔家思想不能並立的。陳仲甫先生說：

要擁護那德先生便不得不反對孔教，貞節，舊倫理，舊政治；要擁護那賽先生，便不得不反對舊藝術，舊宗教；要擁護德先生又要擁護賽先生，便不得不反對國粹，和舊文學。（《新青年》六卷一號第十頁，本誌罪案之答辯書。）

德先生就是民主主義，賽先生就是科學。我們看了這段話，便能了然他們不但只要積極的提倡民主主義，還要提倡科學，同時又要消極的去打倒孔家店。這樣的態度，連了提倡孔子化的梁漱溟先生，也禁不止的贊道：

從前人雖然想採用西方化，而對於自己根本的文化，沒有下徹底的攻擊，陳先生他們幾位的見解，實在見得很到，我們可以說是對的。②

陳獨秀這段言論很錯，然而影響也很大。足見影響很大的言論不一定就對。影響很大的言論有時可能很對，但有時可能很錯，在較多的情形之下，一種言論如因合於一時一地的情緒偏向和希望而形成了所謂「時代精神」而被普遍接受，那末錯誤的機會可能更多。這類「時代精神」式的言論，等到事過境遷，回顧起來，加以檢討或分析，往往發現是「時代的錯誤」。於是，我們過去對它的迷執是迷執著一個幻影，過去因它而興奮是白興奮一場。世事往往如此！這裡所引陳獨秀的這段言論便是好例。我現在要問：如果說必欲倒孔才能實現民主，那末西方國邦必須掃滅基督教才能實現民主。但是，何以西方國邦之實行

② 陳序經，《中國文化的出路》，第五章，〈全盤西化的理由〉，頁八七。

民主和信奉基督教各不相傷呢？我現在又要問：如果說必欲反對舊文學和藝術才能提倡科學，那末現代西方國邦科學這樣高度發達，是否同時停止究習古典文學和藝術了呢？顯然得很，陳獨秀這一段話是根本不通的。陳獨秀這一段話之不通固然是不通，但是附和的人卻那末多。甚至以喜好深思著稱的梁漱溟也是如此。③胡適對於陳獨秀這段言論也並沒有反駁，他只是嫌「太攏統了一點」，認爲須要加以發揮。④從知識社會學（the sociology of knowledge）的眼光來看，人的思想或見解是多麼不易避免他所在的時代的「意見氛圍」之影響。一個人要從他所在的時代的「意見氛圍」超拔出來，眞正作獨立的思想以始終從事獨立的評論，是多麼不容易的事。

也許有人說，基督教義與孔制不同。基督教義涵育著自由、平等和博愛，所以容易導出民主政治。孔制裡沒有這些東西，所以無從導出民主政治。因此，中國要建立民主，必須排除孔制，另闢途徑，我現在要問：孔仁孟義，再加上墨氏兼愛，爲什麼一定不能導出民主？可見問題不在這裡，而是別有所在。

好了！既然陳獨秀認爲要實行民主必須排孔並且要倡科學必須反對舊文學藝術的見解不通，而且從孔仁孟義及墨氏兼愛裡不一定不能導出民主，那末是否必須因此盲目捧孔並且恢復國粹呢？非也！從上面的話推演不出這個結論。是否折衷呢？非也！從上面的話也推演不出折衷的結論。都不是，那是什麼呢？什

③ 梁漱溟就抱負和行誼來說，可以算得是現代中國的蘇格拉底，可惜他弄學術簡直毫無辦法。他雖好思想，但他是一點也不會作嚴格思考的。他愈想愈不通。他對人生往往有極深的體驗。可是，體驗不透過思想技術的處理，不能成為知識。他常常分不清哪是自己主觀的揣測，哪是經驗的知識。他的著作，寫來寫去，表現得最強的還是佛學意象的浮現。他寫的《東西文化及其哲學》裡的「西方文化」只好說是「梁漱溟的西方文化」。他在中國現代思想界的影響頗大。然而，就對西方文化的知識甚至中西文化的知識來說，他的影響是錯誤的影響。

④ 同①。

麼是我們該走並目走得通的道路呢？這正是大家須要切實研究的重大問題。

二、傳統德目的今觀

中國知識份子歷來在「好古」的氛圍籠罩之下，用那末多氣力去「釋古」、「讚古」、「懷古」，為古人打圓圈。照現在看來，那無數的精力和時間大部分在古牢裡浪費掉了。到了五四運動前後，有許多新知識份子起來「疑古」。他們認為凡古皆非。其實古人也是人，那有那末值得捧入九天之上？我們想不出古人怎麼會有那樣神奇特異的稟賦，使他們得以在二千幾百年前能夠合理地規劃二千幾百年後我們的倫理生活。我們想不出任何理由來說二千幾百年前依古代社會而設計的倫範德目還能適於今日的變動社會。凡事說過了頭就難免有假。如前所述，我們中國文化份子遭逢巨大的動亂；內心焦急、徬徨，悵惘、失落；向前看不出一個玫瑰色的遠景。在這種情況之下，童年時代的崇古教育影響從潛意識界破閘而出，泛上心頭。正在這個時候，如果一個人可巧知道一點與古教相近的哲學，便很自然地在這一崇古心情上加一層哲學油漆，用哲學名詞鋪陳出崇古心情。在中國文化裡，任何一點情感因素，一用詩來表達便色調優美，一用哲學名詞鋪陳出來便成神聖莊嚴的大道理。對於這樣神聖莊嚴的大道理，一般人不明底蘊，常用一種過去讀經的心情去讀。任何人一旦本著讀經的心情去讀任何作品，便失去批評的能力和判斷眞假對錯的準繩。在這類懷思古之情的作品裡，將古物、古制，尤其是古人全理想化（idealized）了，任何東西，任何制度，任何人物，祇要一經理想化了，便脫離現實，非復原樣。其實，古物、古制、古人儘管尚有可供參考之處，但是那有理想化了的那末美妙！萊興巴赫說：「如果我們對偉大人物的錯誤附會其詞，使這些錯誤成爲後人能夠憑藉他們的知識來證明的神聖猜測，那末並不能增進哲學的研究。」⑤我們對於古代的倫理道德也當如此，我們與其費那末大的勁來維古，不如用多的努力來開新。

我在這裡所說的開新，並不是像五四運動前後的那許多知識份子之係受反偶像主義的推動，以致見古就打。當然，我們更不當作知識上和道德上的鄉願主義者，也不當作知識或道德上的折衷主義者。當著人在知識構造上想不通，在道德實踐上行不通的時候，不是容易流爲鄉愿主義者，就是容易變成折衷主義者。這種人永遠在瑣細和淺薄之間打轉。

唯有在思構時破除古今之界，才足以談道德重建。談道德重建時不受民俗情感的牽連，工作才能順利展開。道德節目有古今之別，道德原則無古今之別。道德實踐有古今之別，道德理想無古今之別。我們在重建道德時，所面對的不是那「古聖先賢」，而是眼前活生生的個人和社群。人並非爲道德而存在，道德是爲人而建立，所以，我們的道德是存在的道德。存在的道德之延伸，才是道德的理想。

前面所說主張恢復舊道德的人士所主張恢復的舊道德究竟是些什麼？怎樣恢復法？或者說，我們用什麼有效的程序才能使有待恢復的道德在現今實際的生活中發生實際的作用？任何道德節目是社會文化的產品。因此，任何道德節目的效能（efficacy）不能離開同型的社會文化場合。從中國古代社會文化產生並因應中國古代社會文化而設計的道德節目，怎樣繼續完全有效能於今日面目全非的社會文化？復次，如果要實行民主政治並不一定要全盤非孔，那末該怎麼辦？

孔制是中國舊道德建構的核心，儒家是孔制的總經理。所以，我們要批評舊道德，必須從孔制與儒家入手。我們的批評是以前面所列重建道德的評準作評準的。依據前面所列評準，儒家的德目有這幾種弊

⑤ Hans Reichenbach, *The Rise of Scientific Philosophy*, University of California Press. 1951, pp.14-15.

病：

第一，儒門德目有階層性。這一階層性隱含在君子小人之分、君臣之分等等劃分上。我們隨便舉個例樣：

……然則治天下，獨可耕且爲歟？有大人之事，有小人之事。且一人之身而百工之所爲備。如必自爲而後用之，是率天下而路也。故曰：或勞心，或勞力。勞心者，治人；勞力者，治於人。治於人者，食人，治人者，食於人，天下之通義也。……⑥

當然，這種劃分是由社會分工衍生出來。可是，這一分工所引起的階層觀念又凝固實際的社會階層劃分。這類「上下之分」的口氣，在儒門著述中簡直是隨處可見。儒門的君子和小人之分，不僅是單純指謂上下社會階層的記述名詞（descriptive terms），並且用成價值名詞（valuative terms）。結果，「君子」變成「在上位的模範人」；「小人」成爲「在下位的可輕鄙的細民」。

第二，重男輕女。中國社會文化裡重男輕女的約定俗成眞是由來已久。這一約俗到現在還有許多尾巴。原來《論語》的作者大有助於穩固這一約俗：

唯女子與小人爲難養也。近之則不孫，遠之則怨。⑦

⑥《孟子》，〈滕文公章句〉上。

⑦《論語》，〈陽貨〉第十七。

我想今天的女士們很少贊同孔老夫子的這一「婦女觀」。可是，男士們卻一直於有意無意之間拿這一「婦女觀」作偏待女士的「哲學基礎」。

第三，爲愚民政策立張本。中國歷代統治者的知識水位和被統治者的知識水位之位差，遠大於民主國邦政司和人民之間的知識水位之位差。⑧

子曰：「民可使由之，不可使知之。」⑨

這種思想，極其影響統治者對被治者的態度。愚民比較容易統治。帝王們總是樂於老百姓頭腦簡單。

第四，獨斷精神。我們且看：

子曰：「攻乎異端，斯害也已。」⑩

孔仲尼戒人「攻異端」，歐洲中古時代教權行「異端迫害」。東西的「正教」都排斥「異端」。「異端」也許是有害於人生的。不過，問題在什麼是「異端」。任何人都有權說反對己見的想法爲「異

⑧ 我並不是拿後者與前者作比較，而是拿後者作前者的參考點。
⑨ 《論語》，〈泰伯〉第八。
⑩ 《論語》，〈為政〉第二。

端」。「持異端」的份子是不能寬恕的。這麼一來，豈不是「異端」成了「異己」的別名？如果「異端」在實際上不過是「異己」，那末「異端迫害」豈不是成了「異己迫害」？如果兩造都藉「異端迫害」而進行「異己迫害」，並且都有武力作後盾，那末怎樣解決才好？這樣的戲劇，古今排演不盡。演員所受的禍似乎總比導演大。

孟軻在這方面表現得更較強烈。他說：

……世衰道微，邪說暴行有作。臣弒其君者有之，子弒其父者有之。孔子懼，作春秋。春秋，天子之事也。是故孔子曰：「知我者，其惟春秋乎？罪我者，其惟春秋乎？」聖王不作，諸侯放恣，處士橫議。楊朱墨翟之言盈天下。天下之言不歸楊則歸墨。楊氏爲我，是無君也；墨氏兼愛，是無父也，無父無君，是禽獸也。……楊墨之道不息，孔子之道不著。是邪說誣民，充塞仁義也。仁義充塞，則率獸食人，人將相食，吾爲此懼。閑先聖之道，距楊墨，放淫辭。……⑪

這篇話裡無論對於楊、墨是否「隨便謾罵」，確充滿了獨斷精神，孟軻常藉激烈言詞來別義利、辨人禽。例如他在〈滕文公章句〉上說：「飽食煖衣，逸居而無教，則近於禽獸。」這話確非對誰謾罵，而是對人下定義。但是，不對誰謾罵，並不等於無獨斷精神。對人下定義也可將對人所作獨斷的價值判斷藏在裡面。例如，古話「名臣不事二君」。這話翻譯成白話文就是「有名的臣於是不替兩個君王辦事的人」。這個定義暗藏另一個命題「替兩個君王辦事的人不是好人」。這個命題顯然是一個價値命題。我不明白爲

⑪《孟子》，〈滕文公章句〉下。

什麼替兩個君王辦事的臣子就不是好人因而不能得名。我的了解剛好相反，如果一個有名的臣子能替兩個君王辦事，豈不是更有名嗎？「名臣不事二君」這句格言，可能又是什麼理學夫子造出來防止人作「貳臣」的名教。可是，他們儘管宣揚這樣的名教，作「貳臣」的人還是照樣去作。孟軻在上面這篇言詞裡斥「處士橫議」，歎「楊墨之道不息，孔子之道不著」，他要「距楊墨，放淫辭」，將排斥異己的獨斷精神暴露無遺。這種精神有助於抑壓思想自由和言論自由。這種排斥異己的思想模式鑄成了，任何時代裡的任何權勢集團都可應用無礙。

第五，泛孝主義。儒門之教裡行不通的德目多得很。泛孝主義就是最顯著的例子之一。親子之間的合理情誼，頗有助於建立一個康正的社會，並且發揮互助的功能以及減少寂寞。但是，盲孝並且把下一代釘死在上一代的意志和好惡上，這有什麼可取？

> 子曰：「父母在，不遠遊。遊必有方。」
>
> 子曰：「三年無改於父之道，可謂孝矣。」⑫

現在提倡儒學的人，如果眞的要實踐孔氏之教的話，兒子至少不能急忙留學，而且父親做窮教書匠孩子有跟著做窮教書匠的危險！

第六，輕視實務。儒門輕視實務的態度簡直隨處可見。我且列舉一則最顯著的：

---

⑫《論語》，〈里仁〉第四。

樊遲請學稼。子曰：「吾不如老農。」請學爲圃。曰：「吾不如老圃」。樊遲出，子曰：「小人哉，樊須也！上好禮，則民莫敢不敬。上好義，則民莫敢不服。上好信，則民莫敢不用情。夫如是，則四方之民，襁負其子而至矣。焉用稼。」⑬

這種輕視實務的態度，經過儒門的建構化，遺害中國社會文化幾千年。結果弄得中國人的「奇技淫巧」遠落西人之後，現在必須「惡補」。

如果我們有興趣，我們還可以舉出儒門不適於今日社會的德目，我們不知道主張恢復舊道德的人士，是否把這些德目也列爲必須恢復之列。儒門的最大弊端還不在這些條款，自古以來儒門最大的弊端是與現實權力黏合。任何教條，即令再好，與現實權力黏合久了，便易於被權力壓變了形，或者失去了原味。儒門嚴於階層上下之分；講究「定於一尊」；主張「尊王攘夷」；掀起濃厚的權威主義的氣氛。這些要素無一不合於君王的口胃，容易用作治理萬民的建構框架，所以，儒宗終於戰勝了佛老，取得了統治的地位。歷代有些帝王對儒門表現得頗爲尊崇的樣子。我們且以康熙皇帝爲例：

己卯諭大學士等：帝王之學以明理爲先；格物致知必資講論。向來日講惟講官敷陳講章，於經史精義未能研究印證。朕心終有未慊。前曾諭內閣諸臣或朕自講朱註，或解說講章。內閣諸臣奏稱，朕宜隨便發明書旨，不必豫定規程。今思講學必互相闡發，方能融會義理，有裨身心。以後日講，或應朕躬自講朱註，或解說講章，仍令講官照常進講。爾等會同翰林院掌院學士議奏。尋大學士等議覆，講官進講時，皇上隨意，或先將四書朱註講，或先將通鑑等書講解，俾得仰瞻　聖學。

⑬〈子路〉第十三。

講畢講官仍照常進講，則理義愈加闡發，而裨益宏多矣。從之。⑭

又記：

庚戌　上親製日講四書解義序曰：「朕惟天生聖賢，作君作師。萬世道統之傳，即萬世治統之所繫也。自堯、舜、禹，湯、文、武之後，而有孔子、曾子、子思、孟子。自易、書、詩、禮、春秋而外，而有論語、大學、中庸、孟子之書。如日月之光昭於天；岳瀆之流峙於地。猗歟盛哉！蓋有四子，而後二帝三王之道傳：有四子之書，而後五經之道備。四子之書，得五經之精意而爲言者也。孔子以生民未有之聖，與列國君大夫及門弟子論政與學。天德王道之全，修己治人之要，俱在論語一書。學庸皆孔子之傳，而曾子、子思獨得其宗。明新止至善，家國天下之所以齊、治、平也。性教中和，天地萬物之所以位育，九經達道之所以行也。至於孟子，繼往聖而開來學，息邪說以正人心：性善仁義之旨著明於天下。此聖賢訓辭詔後，皆爲萬世生民而作也。道統在是，治統亦在是矣。歷代聖賢　業守成莫不尊崇表彰，講明斯道。朕紹　祖宗丕基，孳孳求治；留心學問，命儒臣撰爲講義。務使闡發義理，裨益政治；同諸經史進講，歷寒暑罔敢間輟。茲已告竣，與海內臣民共臻至治。特命校刊，用垂永久。爰製序言，弁之簡首。每念厚風俗必先正人心；正人心必先明學術。誠因此編之大義，究先聖之微言，則以此爲化民成俗之方，用期夫一道同風之治，庶幾近於唐虞三代文明之治也夫。⑮

⑭《十二朝東華錄》，〈康熙朝〉，康熙十六年，卷五。
⑮同⑭。

這裡最重要的義旨就是「萬世道統之傳，即萬世治統之所繫也」。儒門子弟聽到這兩句話大概最爲神往，鼓舞歡欣，不能自己。即令到了「共和民國」，他們還沒有放棄這一美夢的實現。可惜境物全非，河山易色，美夢終歸是美夢！

也許，如果有像吳又陵這樣的人起來直言揭指儒宗的可議之處，那末會受到儒門子弟的怒目相向。因爲，歷來「聖諭哲學」都是不受批評的。批評了它就是「有瀆聖教」。「有瀆聖教」的人是要受到懲罰的。就因此故，儒門需要一個現實的權力作靠背。而現實的權力也正需要這樣一個堂而皇哉的護符，使它在文化裡取得合法地位。在這種相互供求的關係上，形成了中國形式的「政教合一」。雖然「共和民國」早已在法律上構成了，可是這種「政教合一」的幽靈卻附在不同牌記的軀體裡一現再現。資深的幽靈是不易消散的。

在中國社會文化裡的人之常情是，當人受到直言指責時常怒目相向；可是，如果有人對你「請上座」，那末你也許飄飄然，人對處於對立狀態的人在心靈上的抗力大；可是對於阿附自己的人的抗力小。歷代現實權力之提挈儒宗。這在儒門子弟認爲是「理所當然」。上焉者也許認爲這是「行道」的正路；下焉者也許把這當做個人的出路。可是，這樣一來，儒道就被腐蝕了。

我們再看實際的情形：

二月丁已諭大學士等：「朕自沖齡篤好讀書，諸書無不覽頌。每見歷代文士著述，即一句一字，於理義稍有未安者，輒爲後人指摘。惟宋儒朱子註釋群經，闡發道理。凡所著作及編纂之書，皆明白精確，歸於大中至正。迄今五百餘年，學者無敢疵議。朕以爲孔孟之後，有裨斯文者，朱子之功最爲宏鉅，應作崇禮表彰。爾等會同九卿詹事科道，詳議具奏。」尋議宋儒朱子配享孔廟。本在東廡先賢之列，今應遵旨升於大成殿十哲之次，以昭表彰至意。從之。⑯

朱熹升宮，吃冷豬頭肉，都得靠皇帝授旨。儒宗斯文是由帝權來揚抑了。

仁皇夙好程朱，深談性理。所著幾暇餘篇，其窮理盡性處，雖夙儒耆學，莫能窺測。所任李文貞（光地）、湯文正（斌）皆理學耆儒。嘗出理學眞僞論以試詞林。又刊定性理大全、朱子全書等書。特命朱子配祠十哲之列。故當時宋學昌明，世多醇儒耆學。風俗醇厚，非後所能及也。⑰

理學的薰陶之下，產生出怎樣的人物呢？

近日士大夫，皆不尚友宋儒。雖江浙文士之藪，其仕朝者，無一人以理學者。轉於八旗之士，得二人焉。一爲松尚書筠，蒙古人，雖不以科目進，然品行廉能，立朝不苟。和珅當國時，嘗與之抗。純皇篤任之。居家好理學，程朱之書，終日未嘗離手。性孝友。某叔某虎而冠者也。侵佔其田，日相詬詈。雖公官至六卿，而其叔驅使之，無異奴隸。嘗命手執炊，公笑受之而已。人有代不平者，公曰：「倫常在焉，何可非也？」其孝友也如此。其一爲唐水部嵩齡，滿州人，成辛巳進士，曾任兗沂道。少時以才能稱。老而歸於理學，曰：「聊足以自懺耳。」理學之書，無不具在。余嘗借觀之。公驚曰：「君狂誕之士，而乃肄業及此耶？」蓋予素以清狂著也。二公雖官階出處不

---

⑯《十二朝東華錄》，〈康熙朝〉，康熙五十一年，卷十八。
⑰ 汲修主人，《嘯亭雜錄》，卷一，〈崇理學〉。

同，然於舉世不爲之時，尚能篤於伊洛。非知道之君子，不能爲也。⑱

這眞是一對典型的「理學廢物」！一個社會，如果有三幾個這樣的廢物點綴其間，那末表示這一社會有中印兩大文化綜攝的高級樣品存在。可是，如果這種樣品太多了，那末整個社會沒有不癱瘓之理，梟雄沒有不倡狂之理。

就我迄今所知，對於儒宗的批評超過吳又陸及陳獨秀這些民初人物的是韋政通。韋政通圍繞著儒宗對中國傳統文化作了初步的解析。⑲從他的解析，我們可以約略知道儒宗的泛道德主義對於文學發展的桎梏，對於政治的惡劣影響，對於經濟的空疏思想之形成，以及儒家道德思想的種種根本缺陷。在他所作的分析中，最深入而且與今天的我們的關係最密切的，要算他所說的儒家「對生命體會膚淺」：

通常皆知儒家的觀念方向是由「仁」做出發點，而仁又是就人之成德說的，故由仁出發必首先把握「生命」。因爲儒家自始就把握生命，且已積久至兩千餘年，所以新儒家可以毫不猶豫地說：「眞正的生命學問是在中國。」至於西方人，哲學方面不要談了，就是在宗教方面，也未能「開出生命的學問。」這顯然是根於中國傳統而來的偏見。因宗教教義主要的對象就是對付生命，所以世界上幾個大宗教，實際上是各自開出一套生命的學問，對生命的體會也各有其不同的方面和深度。……

……儒家在道德思想中所表現的，對現實人生的種種罪惡，始終未能一刀切入，有較深刻的剖

⑱ 同⑰，卷十，滿州二理學之士。
⑲ 《文星》，八九期，九十期。

析，根本的原因就是因儒家觀察人生，自始所發現者在性善，而後就順著性善說一條鞭地講下來。因此儒家的道德思想，對生活安適，痛苦較少的人，比較適合而有效：對生活變動幅度大，且有深刻痛苦經驗的人，就顯得無力。所以在過去靜態的農業社會，和理想單純的士大夫階級，這種人生思想，曾起過相當的作用。可是現代人生活變動的幅度很大，遭遇也極盡屈曲，人生活中感受的痛苦愈來愈深，儒家的一套偏於性善一面而構造的道德觀念，就很不容易與這一代人的破碎心靈起共鳴。現代人的普遍改變其祖先的信仰，你不能簡單地罵他們一聲忘本就能了事（如傳統主義者之所爲），你應該虛心檢討，中國那套古老的道德眞理，是否仍足夠應付現代失望不安和種種複雜情緒的人生？

基督教的人生智慧因來自對人類原罪的認識，所以從原罪流出的一些念，是負面的，非理性的，如：邪惡，貪婪，狠毒，兇殺，姦淫，偷盜，詭詐，仇恨，讒謗，怨尤，侮慢，狂傲，背約，妄證，說謊。基督教教義中，勸告世人的一些警句，無不是環繞這些概念說的。這一切所指控的事實，對資質醇厚，或善於自欺者來說，可能叫他們膽戰心驚，但這是充滿社會的事實，爲儒家人生思想所不加措意的事實。也許你習於自欺，而拒絕這些概念，但卻有大部分的事實爲它作證。基督教是一刀砍入人類罪惡的淵源，使我們可以認識人類罪惡的眞相。也許它所開治病的藥方，不是最有效的，但對人類病源的診斷，確有其獨到處。拿這個例子返觀儒家的道德思想，卻專門在治病的藥方上下工夫，對病情的診斷，卻不能深入——這證明儒家對生命人海探測的膚淺。

首先，我們要問：所謂「眞正的生命學問」是什麼？就我所知，無非是生物學、心理學、人類學、社會學這些科學。如果不是這些科學，那末祇能是對人生的一些直觀、體驗、自我觀察之所得。由這些功能所得到的「生命學問」，偶爾也有所見，甚至可能所見甚深，但論可靠程度則遠不及科學。如果所謂「眞正的生命學問」並此而非，那末祇能說是出於神的啓示，或異人傳授，這兩者非我們凡人所知，我們凡人所知祇有前二者。在前二者之中，關於「眞正的生命學問」的科學，中國文化裡即令不是沒有，也近乎微跡。這點微跡是不能與西方現代科學相提並論的。除非一個中國文化份子被前面第四章所說「我族中心主義」所迷蔽而不自知，否則他應該很容易看清這一事實。如果所謂「眞正的生命學問」是由直觀等等得來的，那末祇能算是科學前期的東西。科學前期的東西祇是科學的生料。科學的生料是不太可靠的。它必須經過科學程序的精製，才能夠使我們得到「眞正的生命學問」，那末究竟是什麼呢？那似乎不是現代文明人所可思議的。空大名詞常無眞實的內容。無眞實內容的空大名詞是經不起究詰的。近來講所謂「眞正的生命學問」的論著，似乎是這類名詞的大本營。其實，在一個學術水準稍高的社會裡，這些浮詞幻語是不會認爲値得一提的。

儒家所謂「性善」之說，根本是戴起道德有色眼鏡來看「人性」所得到的說法。因爲他們惟恐人性不善，所以說人性是善的。因爲他們認爲必須人性是善的道德才在人性上有根源，所以說性善。這完全是從需要出發而作的一種一廂情願的說法。如果這種說法能夠成立，那末性惡說完完全全同樣能夠成立。至少至少，就這年頭來看，如所已知，人要行善，簡直像把一塊大石頭向山頭推；人要作惡，簡直像把一塊大石頭向山下推。實實在在，人要實踐道德，一點也不自然，而是一件極其勉強，必須克服許多衝動，犧牲掉許多欲望才能達成的事。恰恰相反，人要作惡，祇是一彈指之間就辦到了。如果不然，古往今來，爲什麼所謂「道德的完人」比早晨的星還稀少？所謂「滿街都是聖人」，這話多麼天眞！多麼情癡！

就我們所知，所謂「性善」，如其有之，是文化涵化的結果。正如同所謂「性惡」，如其有之，也是文化涵化的結果。在一個良好的社會裡的人，平均說來，就是好些，在一個惡劣的社會裡的人，平均說來，就是惡劣些。假定任何社會文化對於一個人的涵化作用等於零，那末，我們不難想像，他既說不上什麼「性善」，又說不上什麼「性惡」。一個尙未進入文化的自然人或純生物人，是根本說不上「性善」或

「性惡」的。

也許有人說，蜜蜂的社會無所謂性善或性惡。之所以如此，是因爲一隻一隻的蜜蜂無所謂性善或性惡，於是由一隻一隻蜜蜂所構成的蜜蜂社會也就無所謂性善或性惡。而人的社會既有良好的社會，那一定是因爲構成這個社會的一個一個的個人有善根。這一善根是良好社會之所以良好的來源。這一善根是固有的。這種說法能否成立，我不在這裡分析。我現在要指出的是，即令這種說法能夠成立，也絲毫無助於道德。因爲，人的社會有惡。人的社會既然有惡，可見構成這個社會的一個一個的個人也有惡根。這一惡根是惡劣社會之所以惡劣的來源。這兩個論證的論證力完全相等。無論主張性善說的人士怎樣彎彎扭扭說了多少話以求有利於性善說，我們找不到特別有利於性善說的證據。我們充其量祇能說「我們希望人性是善的」。主張性善說者也許說，這句話所代表的就是證據，非也！希望不是證據。因爲，希望可能成爲事實，也可能不成爲事實。我們所要的是：拿事實來！

自來儒家對於事實層界沒有興趣。他們沒有將認知這個經驗世界當做用力的重點。但是，比閉起眼睛悟空的人來，他們較食人間煙火，關心人間倫事。不過，他們卻把人間看得太簡單。他們認爲那一套古方是「萬靈丹」，可治百病，然而，他們畢竟是失敗了，徹底失敗了，並且有人就在他們自身上失敗了。何以致此呢？重要的原因之一，就是他們把道德建立於空中樓閣式的性善觀上面，這樣的道德節目，正如韋政通所指出的，在簡單而靜態的古老社會裡尚可勉強維持，一碰到現代多變動而又複雜的社會就不靈了。現代人心靈的曲折、茫散、委曲、遊移、蒼白；颱風眼裡的安詳，氣油式的放浪，祇有精神病理學加上存在主義的分析才能捕捉。遲鈍而空懸的儒學性善觀很難和他們交切。儒教和現代人更陌生了！

三、我們所需的德目

然而，我們在以上的分析並不蘊含儒宗沒有依前述設準的可取之處。有的，而且不少。我找不出人造的東西有所謂「不可分的基本精神」。人造的學說固然不一定是機械，但也不是有機體，依此，我無從同意人造的學說「要接受就得整個接受，要反對就得整個反對」這種原始而又天眞的態度。我們現在所需的是分析的批評和依適合存在的標準所作的取捨。社會文化的發展是有其連續性的，於是抽刀斷水水更流，我們想不出任何實際的方法能將既有傳統一掃而空，讓我們眞的從文化沙漠上建起新的綠洲。我們固然沒有盲目維護傳統的必要；可是，如果傳統裡有許多規範和文化要件繼續發揮他們的積極功能，那末我們殊無理由因著要反傳統而把他們反對掉，一個無規範的（normless）社會是無法活下去的。何況在實際上這樣的傳統不可能一下子抹掉？例如，家庭制度，考試制度，文官制度，不管在多麼標榜「前進」的統治之下都是繼續存在的。爲維護傳統而維護傳統固然沒有意義，爲反對傳統而反對傳統也沒有意義，我們在這裡對於儒宗所要做的工作，既不是反對又不擁護，我們是要把它「是山還他一個山，是水還他一個水」。我們要依現代人生的需要來觀照他並且選擇他；我們尤須把他與權威主義與現實層界的權力分開。任何道德，一與權威主義及現實的權力親合，遲早會變成道德的背反，以致祇剩下一條蛇的空殼。

在事實上，儒宗有不少即令在今日還是可行的德目，也有偉大的道德原理。

子曰：「人而無信，不知其可也，大車無輗，小車無軏，其何以行之哉！」⑳

⑳《論語》，〈為政〉第二。

現在社會上的人太缺乏信。「民無信不立」。人際沒有信，整個社會就「立」不起來。許多提倡孔孟之道的人對於這一條似乎特別不感興趣。

子曰：「士志於道，而恥惡衣惡食者，未足與議也。」㉑

祇要不是唱高調而且保持在一適當限度以內，這一條值得我們讀書人參考。

子曰：「富與貴，是人之所欲也。不以其道得之，不處也。貧與賤，是人之所惡也。不以其道得之，不去也。君子去仁，惡乎成名？君子無終食之間違仁。造次必於是，顛沛必於是。」㉒

這段話對於現在的人是多麼重要！尤其對我們讀書人是多麼重要！我們應該把這段話當做座右銘。

子絕四：毋意，毋必，毋固，毋我。㉓

這種態度可以通向客觀精神，可惜時人幾乎全忘記了。不僅忘記了，而且有計劃的加工製造「意」、「必」、「固」、「我」。許多人真是武斷得出奇，「我執」強烈得令人不敢近。這類人物的生

㉑《論語》，〈里仁〉第四。
㉒《論語》，〈里仁〉第四。
㉓《論語》，〈子罕〉第九。

存類似從前北平民間玩的煙上火。煙上火有火氣，但沒有生根。煙了火了。

孟軻固然有強烈的獨斷態度，但也有極鋒利的道德判斷。他那種極不通融的堅持原則的精神，實在足為我們知識份子的範式。

孟子曰：「魚，我所欲也。熊掌，亦我所欲也。二者不可得兼，舍魚而取熊掌也。生亦我所欲也，義亦我所欲也。二者不可得兼，舍生而取義者也。生亦我所欲，所欲有甚於生者，故不為苟得也。死亦我所惡，所惡有甚於死者，故患有所不辟也。……」㉔

面臨義利關頭能舍利而取義，這是第一程的考驗。面臨生死關頭能舍生而取義，這是更進一程的考驗。有而且祇有通得過這兩程考驗的人才能頂天立地做個人。這樣的人纔能不為利動，不為名搖，不為死懼。不為利動，不為名搖，不為死懼的人纔能在必要時犧牲自我的一切以求實現道德理想。有而且祇有這種格調的人纔能撐危局，當大任，旋轉乾坤，為開創新時代而奮進。現今的人類最需要這種人物。但是，現今的世界最缺乏這種人物。這種人物是群魔中的天使，因此群魔時時要吞噬他。這種人物是黑暗中的光亮，可是黑暗中的魅影要撲滅他以成全黑暗。這種人物是腐爛社會文化的新生機，然而腐爛社會文化要腐爛掉他以延續腐爛裡的沉醉。清末以來，譚嗣同可算是這樣的一個人，雖然不免有些矯激，至於一堆一堆的廣告師，祇合與一群一群的油漆匠為伍。豪雨來淋，颱風來襲，廣告紙張，油漆粉刷，沒有不一齊剝落的。

㉔《孟子》，〈告子章句〉上。

在這種競利和鬥勢的時代，口頭「講道德，說仁義」是爲了宣傳，連道德都被編入競利和鬥勢的行列以及用成廣告詞令，眞是「哀莫大於心死」！誰要認眞講道德，不是被目爲傻子，便是認爲會吃虧。風氣已成，要矯正是很難的。一般人多少是受經驗影響的。他們在經驗裡獲致教訓。當著他們藉著切身的經驗而發現不顧道德就可得到種種便利和豐碩的酬報，但謹守德則便招致毫無補償的犧牲時，誰還有那樣超人的德力來謹守德則呢？當著人們發現敗德爲獲利的捷徑時，敗德之事即如江河之就下，沛然莫之能禦，這樣導演下來，整個社會文化就走向癌化（cancerization）一個社會文化到了這個地步，道德和不道德的界線泯滅了，於是過去藉消耗道德勢能（moral potentiality）而產生出來的若干負號的力量也爲之消失。因爲，積德和無德之間有一位差。這一位差可因積德的消耗而趨近於零。等到積德耗盡到與無德的位差等於零時，積德的勢能也必等於零。如果一個社會文化的積德被消耗到這種地步，那末藉消耗積德以圖利的人亦必無利可圖。我們可以瀑布發電爲譬。瀑布之所以能夠發電，是因水源和低處之間有一位差，而這一位差產生勢能所致。如果二者之間的位差因種種原因而消失，那末勢能也就消失。如果勢能消失，那末發電廠祇得熄火。不僅如此，一個社會文化的積德如因由這一方式而消耗，那末，如果僅僅用語言文字來作道德勸誡（moral exhortation），那末無異暗示人走向道德的反面，至少助使人產生道德冷感症。在這種情形之下，產生道德冷感症的人已算可敬重的人了。因爲他沒有起心利用道德勸誡來圖利。一個社會文化到此境地，便普遍發生勸誡免疫作用。這也就是說，除了口頭作必要的附和以外，一般人對放任何不關私利的「大道理」一概視若夸夸空談。再打個比方。一個賣假藥的人要大家信他的假話，必須在從未聽過假話的南太平洋上某一小島的部落裡才行。他這樣的語言，在紐約可沒有市場。因爲，紐約的市民對這類語言早已聽夠了。他們對於假話老早產生了免疫作用。在人事爛熟的社會文化裡，拿道德來敗壞道德的結果祇有整個癌化。曾國藩起而應付洪楊之變時即已嘗到這種苦果的滋味。當時他就覺得無兵不足憂，無餉不足慮，可痛者在難得一忠憤耿耿之士。這種症候，在未現形之先很隱微，人多不之覺；在既現之後敗象畢露，人人可見，但已經不是普通丸藥在短期可以治療的了。

孟軻所提示的人禽之分與義利之辨實在扣緊基本的德操。這一堤防沖破了，便是洪水橫流，世無寧日。不幸得很，有的地區這一堤防在滲水，有的地區這一堤防沖垮了許多段。問題實在嚴重。而玩弄道德，更增加這個問題的嚴重性。達格．哈瑪紹（Dag Hammarskjold）已經有見及此：

以自身的獸性為兒戲者必將淪為禽獸。以虛偽為兒戲者必將喪失獲得真理的權利。以殘酷為兒戲者必將喪失心神的敏感。

時至今日，我們已置身於一個人理模糊的時代。在目前的這個時代，是和非的界線不明了，善和惡常常易位，榮辱往往倒置。是，往往被弄成非；而非，倒取得主宰的地位。善的被烏雲遮住；惡的反變成司命之神。可榮的被說成可恥的；可恥的則被捧成可榮的。同樣，眞正的偉大消失不見；而實際渺小的倒是打扮得看來偉大。史達林們可以僭取上帝的寶座。蘇卡諾們居然登臺作法。欒戶的主人們可以披上賢人的長衫。說不盡的巧僞啊！

人類經歷了兩次殘酷的大戰。宗教、倫理、道德都還沒有隨戰爭以俱去；可是，卻多少走了樣，變了味。教會靠近青年會，倫理成了褪色的抽象畫，道德變成有力者口頭虛飾的修辭學。於是，任何實際反道德的人，可以毫不費力的篡奪道德的尊嚴；任何惡行者，可以化裝成普渡眾生的活佛。人間竟是這麼戲劇化。戲劇是給人觀賞的，值不得認眞。於是，誰還願為道德價值而犧牲呢？誰還顧到倫理準則呢？我們已經失去生活的理想了。然而，我們是生物，我們畢竟不能不生活下去。失去理想的生活，就很容易退回到生物邏輯的層界，而唯生物的生存滿足是求。我們既要活下去，還要求「出路」，更不能不「應付環境」。我們不能講求品質，不能講求格調。我們被擠到一個極狹窄的地帶，被社會經濟力迫著作邊際的區別（marginal differentiation），我們常常祇能徘徊於「有」和「無」之間，而不能在「有」和「更好」以及「最好」之間作選擇。

工業革命以來世界所發生的動力，大大小小的戰爭，各種飈風式的意底牢結衝鬥（ideological combats），輻輳成種種形式的權力爭奪。十九世紀維多利亞式的樂觀情調離我們日遠了。在權力爭奪的主調推動之下，幾乎每個人都被編入爭奪的隊伍。也許，我們的靈魂在印度聖山之巔，在太平洋之濱，在古長城上漫遊。然而，誰要我們的靈魂呢？這種歲月，靈魂是一個累贅，一個痛苦的泉源。我們的靈魂一落入塵寰，便被機輪輾碎了，便遭海怪吞噬了，便被公文程式割裂了。這個時代所需要於我們的是我們一堆一堆的細胞，一塊一塊的肉。靈魂是多餘的，甚至是礙事的。這個時代要把我們塑成祇會立即直接反應刺激的聽話機。它要配給我們每個人一式一律的基本價值觀念，一式一律的人生目的，和一式一律的歷史觀及世界觀。每個人從裡到外，從觀念活動到肌肉活動，必須毫無保留地投擲到意底牢結衝鬥的海洋上，化作一波又一波的浪花，消失到浩瀚無邊的汪洋裡。每個人所得到的，是數字，是整齊劃一的讚詞，是拍空氣般的掌聲。李耳似乎在二千五百多年前就預見到二十世紀初葉以來即已接連上演的這些劇本。卡萊爾（Thomas Carlyle）說：「照我看來，普遍的歷史，是人在這個世界所完成的歷史。這個歷史，說到底層，是在這個世界上工作的偉大人物的歷史。」卡萊爾所道稱的「英雄」或「偉大人物」，至少就歷史進入二十世紀而論，很少不是以萬民爲芻狗的巨匠。小匠流汗，巨匠留名！

巨匠高高站在時代巨大的旋力輪子上的時候，正是我們每個個體的生命意義、價值及道德原則受到嚴重考驗的時候。我們每個人面臨一個重大的抉擇：如果我們要求動物性的生存，那末就得犧牲崇高的理想，犧牲道德原則，犧牲自己的抱負。如果我們要保持崇高的理想，保持道德價值，保持自己的抱負，那末就難以活下去。這種情形正是孟軻所說的「生亦我所欲也，義亦我所欲也。二者不可得兼」。我們正陷於這一十字路口：是「舍生而取義」呢？還是「舍義而取生」？這是人生最大的難題。每個有意識的人可能碰到這一難題。

孟軻所立「義利之辨，人禽之分」是一種二分法的建構。這種建構祇是一種理範。在實踐中，情形就不是這麼簡單。爲著容易瞭解起見，我們可以設想一個例子。假定像蘇俄所常有的事：有人要某甲出售你的師友。對於這宗交易，你可能處於三種情況之下。第一，某甲本來豐衣足食，但他想取得某些便利或高宮厚祿。某甲出售他們便可輕易得到這些，否則得不到。第二，某甲的物質生活處於困境。他如出售他們便可因獲金錢酬報而輕易解決這種困難。他如不出售他們的話，還得繼續在生活困苦中掙扎。第三，某甲處於某種性質的危險之中。如果他出售他們，那末這種危險就解除。不然的話，他經常被置於這種危險的陰影籠罩之下。就距離生物邏輯而言，這三種情形的「梯次」不同，一層比一層緊。因此，某甲的「道德人格」一步緊一步地受到考驗。我們還可用別的例子來說明這種考驗。茲假設有一個人生於太平治世，並且因曾受良好的人理教育而具備相當的道德修養、純潔的心志，和高尙的情操。可是，當他到了中年，忽然遭逢巨大的社會文化的突變。在這一突變裡，道德原則失蹤了，倫理盪然無存，美感也低落了，代替它的是淒厲的號角聲。講品格，成爲嘲笑的資料，說眞話，是到墳場之路。講義氣，正好被人當做傻子來利用。撒謊，變成與呼吸新鮮空氣一樣輕鬆的事。投機取巧，成爲生存的正常途徑。重操守，祇有與餓鬼爲鄰。堅持理想，結果祇有與幽靈爲伍。置身此情此境，這個人怎樣選擇？在這種情形之中，他所碰到的是一個兩難論式（dilemma）：如果他堅持道德原則和崇高理想，那末他就難以活下去。如果他要活下去，那末他就不能不放棄道德原則和崇高理想。結果，他不是難以活下去，就是必須放棄道德原則和崇高理想。可是，放棄了這些所換得的生活與豬的生活在基本上又相差無幾。

在因戰亂、外力侵凌、經濟崩潰，人口播遷等等動因所引起的社會文化變遷中，作爲一個大量現象來看，道德倫範和人生理想失去了現實的基礎。這裡所說的現實基礎，即是人類學家所說的「生物文化的」基礎。鐵硬的事證告訴我們，這個基礎一經動搖，則以它爲必要條件——雖然不是充分而必要的條件——而建立的道德倫範及人生理想沒有法子不隨之動搖的。這種情形在一個主位文化驟然遇到在許多方面優勢的外來文化衝擊，使其生物文化基礎動搖時可以看得清清楚楚。我們再進一步推論：如果一個文化之生物文化的基礎煙消雲散，器物委棄於荒煙蔓草之間，只供後人憑弔，那末這一文化中的道德倫範和人生理想也一定跟著煙消雲散，更不用說能發生何種實際的積極作用了。當著一個社會文化的道德倫範和人生理想日益失去了支持的基礎時，它的實踐和實現之難也一定與日俱增，在這種情形之中，作爲一個大量現象來看，一般人常相應地降低道德水準或一部分人生理想以求生物邏輯的生存。當然，這種時候「現實主義」成爲流行的觀念形態。可是，如果此時尚有相對的少數人物勉力維持原有道德水準和理想程度，那末他們的處境便像洪水淹沒的城市中的危樓高聳。在這樣的時分，這類文化精華份子的寂寞、孤獨、委曲，焦慮，以及所受環境陸沉的心頭壓力，不是忙亂的俗人所易體會得到的。然而，自古以來，人類曾經歷過不少次的洪患。洪患過後，大地甦新，生命又在劫後發芽。如果道德倫範和人生理想有復蘇發煌的一天，那末也許靠的就是那幾粒爛泥裡留下的種子。

我在上面舉了兩個例子以明維持道德原則和滿足生物邏輯的生活二者發生不能兩全的情形時，人所面臨的選擇之困難，以及這種選擇的困難之

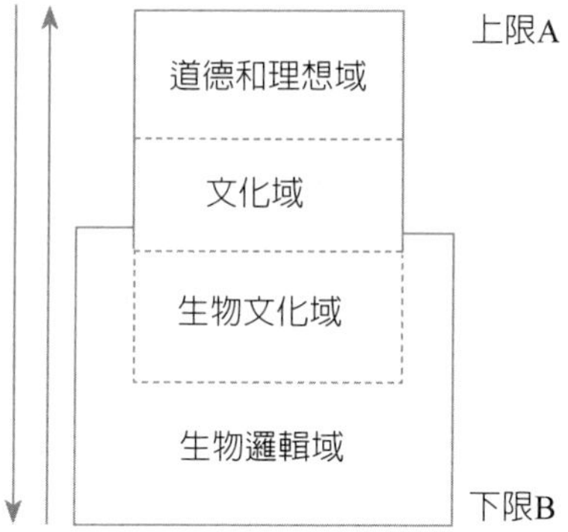

所以發生以及劇增之社會文化的背景。我們現在要從結構方面來瞭解這個問題。站在我在以上所陳演的事例背後的，有一個共同的結構。這一個結構是前述道德原則和生物生活衝突時人據之以行選擇的場所，也是這種選擇的極限：

文化的行爲和生物的行爲有所不同。但文化是建立在生物邏輯的基礎之上的。如果連生物邏輯這一域都不存在，那末還談什麼文化？可是，在文化域和生物邏輯之間有一界際域。這一界際域是文化諸力和生物諸力交互影響而構成的。我們管它叫做「生物文化域」。我在這裡用「域」而不用「層」，爲的是怕引起一個印象，以爲各層各不相干，這個圖解表示：第一，任何選擇祇能行之於所示結構以內。這好像打球祇能在球場似的。第二，任何選擇祇能行之於上限A和下限B之間。這好像打球祇能在球場周圍鐵絲網以內似的。復次，從生物邏輯域經過文化域而到道德和理想域，是一極複雜而艱難的歷程。從舊石器時期算起，人類的文化演變到現在，道德倫範的建立經過許許多多創發、吸收、修正和揚棄等等程序。可是，要從道德和理想域「跌落到」生物文化域相對地就容易得多——有點像小朋友滑滑梯，不費什麼氣力。許多人修行，必須幾十年；要破戒，祇需一刹那的功夫。這眞正是「成之百年不足，毀之一旦有餘」。

從上面的分析，我們就可明瞭道德力量和反道德力量對演之難易。顯然得很，維持道德遠比破壞道德難——尤其是在一個大動盪時代和權力衡鬥的氣旋中。敵對雙方所採用以致勝的手段是利用道德而又毀壞道德的。在這一關聯中，即令致勝的目標是爲了保衛道德原則，衝鬥者也陷於目標和手段的衝突之境。這一情境使道德原則的保持比平時倍加困難。然而，人間如無道德秩序，則一切行動可能受盲力的驅策。如果人的行動受盲力的驅策，那末活地獄就在地球上出現。因爲，人類的道德力容易消失，但是技術的成就卻不易忘記。我們無法返回到舊石器時期的技術水準。如果人類的道德力消失，但是智術又這樣高超，那末人類很容易變成自我毀滅的類族。目前的世界正在這個邊沿上冒煙。所以，道德問題的緊急，實在千百倍於往古。

四、東西道德的整合

依照上面的分析，我們可知「道德重整」實乃人類今後最重大的基本問題，當然也是中國文化最重大的基本問題。怎樣重整呢？並非復古。根據前面所一再指出的，復古是走下通的路，也毫無必要。並非趨新。所謂「建立新道德」祇能看作是一種要求。提出這種要求時如果同時沒有列出切實可行的藍圖和運作程序，那末祇能算是對「舊道德」反動的表現。反動的表現常常是激烈的，但也常常是空泛的。「建立新道德」這種說法固然給人「除舊更新」的感覺，但同時也給人一個印象，即是以爲從前的道德傳統一概要不得而必須一刀割斷。這既無必要，又無可能。一個道德而成爲傳統，原因之一，是在一長久的時序中經歷了或多或少社會文化變遷形成的。既然如此，足見它或多或少有整合於社會文化及「人性」的部分——當然，依人類學看，也有不能整合於「人性」的部分，但祇因其成爲一文化要件故致被傳下來。復次，一個道德既然多少有其功能，即令是殘餘的功能，也比完完全全的道德眞空略勝一籌。在這裡我並沒有忽略一種實際的情形，當著道德傳統發生負號的作用時，就出現「僞道學夫子」，道德言詞成爲作僞的幌子，道德的餘威被欠誠實的強人利用作控制弱者的鉗子。在這類的情形之下，往往有人對道德傳統極其厭惡，認爲這個樣子的道德傳統不如沒有還好。這是憤世嫉俗之談。這樣的憤世嫉俗之談何以發生？還不是因爲一股道德感在他心中起鬨？假設有一個完完全全的道德眞空出現，以現今詐僞技巧之高超，和金錢運用之法力無邊，這個世界還成什麼世界？爲了道德功能的持續，即令一個道德傳統祇有殘餘的功能，也須任其發揮，以待給它以充實的內容與新的活力。在這種「接續」之交，祇要我們不立意爲著自己現實的利益而打道德官腔，而誠意的持執道德原則，對提高人群的生存總有所助益的。

中國近幾十年來由於宣揚「革命」而衍生出一種革命主義（revolutionism）。這種「革命主義」裡涵蘊一種意識，即是以爲「舊的不除，新的不生」。其實，這祇是行動人物的一個口號。這個口號，要徹底執行起來，結果眞是「寂寞的宇宙」，空無所有。認眞說來，作這種主張的人士連「舊的不除，新的不生」這八個字也不能用。因爲這些字導源於古代，已經「舊」得很了。舊的制度並非必然百無一是。祇有「泥於」舊的制度，祇有「墨守」成規，祇有「食古不化」，或認爲「非古不足爲法」時，才構成災禍。近幾十年來有許多中國知識份子倡言「新道德」，我們看那些說法，多屬道德的烏托邦，並沒有與中國的社會文化現實整合。這也就是沒有社會文化的基礎。沒有社會文化基礎的道德主張，怎能付諸實行？

所謂「道德重整」，既非復古，又非趨新，更非三條大路走中間式的浮面折衷，而是調整（accommodatin and adjustment）。我們談「調整」，不可茫茫然的調整，而必須明文地定立調整的目標。調整的目標定立起來了，再研究調整的程序，羅素說：

> 良好的生活是爲愛所激發並爲知識所指導的生活。㉕

這一句話也可以看作一個道德的設準。這個設準將道德調整的目標和程序都陳示出來了。我在以後要依這一設準作起點來進行分析。

從這一設準出發，我們在調整道德時，所要顧到的次元如後：

(1) 既有的社會文化場合。

㉕ *The Basic Writings of Bertrand Russell*, edited by Robert E. Egner and Lester E. Denonn, 1961, What I Believe, p.372.

(2)既有的社會文化裡所含有的道德。既有的社會文化裡的道德常含在它的文化理想、宗教建制、經典教條、風俗習慣，以至於民俗歌詞、故事裡面。

(3)民主及科學。

我們調整的順序和取向是：

從自己的文化和道德出發向世界普遍的文化和道德整合（integration）。

爲著易於瞭解和易於分析，我們現在作一個圖解在下面：

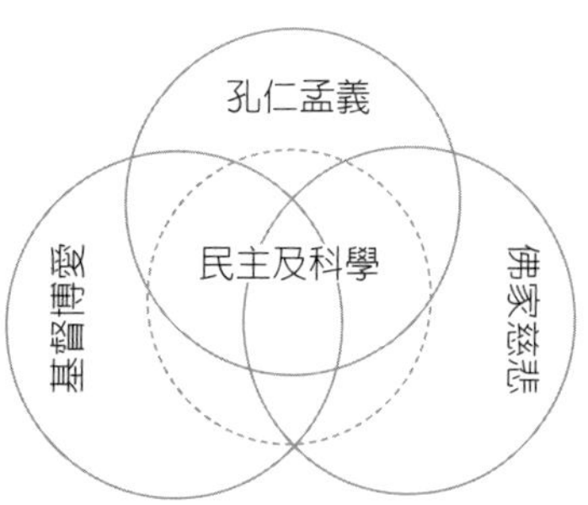

對於這個圖解，有幾方面我們必須注意：

第一，民主及科學的範圍之所以用虛線畫出，是表示在調整道德時，民主及科學居於必要的動因（agents）地位，而且調整所涉範圍並不固定。我們用民主及科學來調整道德所涉範圍究有多大，全視需要而定。

第二，孔仁孟義、基督博愛和佛家慈悲各成範圍，但有交會界域。三個圓相交的界域就是三者交會的界域。這表示三者各有特點，但也有共同的地方。

我們在這裡所說的民主，就是第一、二章裡所說的老資格的「正牌子」民主。這樣的民主，既是一種能伸張眾意、調和眾益的衛生程序，又具有自由的內容。在有自由的民主制度裡，道德才不致充滿了權威主義的氣氛而被權威利用作鉗制人的工具，並且成爲社會文化以及各個人之有生意的內化的信持與規範。我們在這裡所說的科學，如前一樣，指稱行爲科學的全部：經濟學、社會學、人類學、心理學；尤其是心理學中的社會心理學、性格心理學、精神分析學，以及精神病理學等等。道德的玄學家常好侈談「人性」。如果離開了這些科學來談人性，格外到那裡去談，而且又不流於虛玄，那末實爲不可思議的事。道德離開了知識，不是與現實人生毫下相干，便是根本行不通。這樣的道德，不是枯死，便是因需假借現實權力來行使而成爲虛式。我在這裡所說的知識，不多也不少，就是科學。除了科學以外，我不知道地球上還有別的知識——不然就是科學前期的東西，或壞科學。科學的本身不是道德。但是，科學有助於德目的釐訂和實行。這也就是說，科學並不是建立道德之充足而又必要的條件，可是科學是建立道德的充足條件。這也就是說，有了科學可能對德目有所增益；但是，沒有科學並非即無德目。一個道德學家一點人類學和心理學也不懂，那末他怎能懂得人性？如果他不懂得「人性」，那末他怎能建立人可順利行之的德目？那些是人喜好的，那些是人所厭惡的，這在特定的社會文化域裡可以測定。這種工作就是科學所做的工作。某一條道德規律會產生什麼樣的實際效應，這也祇是科學去研究的事。一個社會文化的道德要求所加於個人的壓力有多大，個人的行爲怎樣與社會文化規範作整合，這些祇能作實際的社會調查以求了解。「女子從一而終」是否「好」，不「從一而終」是否「壞」，這類德目之確定，不能請教古道德家，而需就商於心理學家。一個人一輩子坑在一個政黨裡「好」，還是自尋出路好，這類問題不須請教政治家，而是必須請教政治科學家。

我們在前面曾經指出，在道德傳統中有些德目不適於現代社會。但是，這並不表示道德傳統中的道德原理也不適於現代社會。道德傳統中有些德目固然不適於現代社會，但是道德傳統中的道德原理依然適於現代社會。這是什麼原故呢？這與道德原理之先驗、後驗，絕對、相對，永恒不永恒這些說法不相干。道德傳統中的道德原理之所以依然適於現代社會，係因他們廣涵，所斷說的少，而且可作多樣的解釋。例如，「別善惡」。在這一律令中，「善」及「惡」都未特指何善何惡。但是，並不因此而有人能明目張膽反對「別善惡」。所以「別善惡」也就不因此而失其爲道德原理。經典語言常有此妙。孔仁孟義、基督博愛和佛家慈悲都是這類道德原理。今日要挽人類於浩劫，必須使這三者整合起來以發揮協同的道德力量，再用這深厚而又龐大無比的道德力來推動西方世界自工業革命以來所形成的巨大經濟力與器用力，這個世界的危疑震撼局勢才能由穩定而改觀。當然，這三者各產自下同的社會文化背景，因而各有不同的色調和不同的涵義，不過，孔仁，博愛和慈悲是可以通約的共同核心。這一共同的核心也就是三者整合的眞實基礎。自由世界並不缺乏經濟力和器用力，但是在道德上總是打不起精神的樣子。自由世界的道德力之萎縮，抵消了它在經濟上和器用上的優勢。這是自由世界的弱點之基本的所在。可是，這個弱點並非不能移除。移除的契機就是振起道德的精神。自由世界要能振起道德的精神，除了以佛門的慈悲爲懷和孔仲尼的仁照以外，最不可少的就是孟軻的義峙。如果當今自由世界的有力人士能爲自由而「舍生取義」，作持久而堅毅的努力，那末我有理由來預料，世界目前的烏雲終會一掃而光，整個的大局終會逐漸好轉，人類的前途終會在極權制度威脅之下解救出來。

我作上面的思考時，我的視野是擴及世界的。在這星際交通遙遙在望的時代，以地球作單位來考慮人類的問題已經是最小單位了。因爲，時至今日，全球已成一個「動理」的單位。地上這一部分的事件之發生常常影響到地上的另一部分。萊布尼茲（Leibniz）所想像的情形在今天已成事實。可是，談世界文化問題，並不涵蘊不談地域文化問題。所謂「世界文化」，無非是這個地球上各個文化的集合。沒有這個地球上各個文化的集合，那裡還有什麼「世界文化」呢？而除了「狼人」之流以外，任何人不在這個文化裡就在那個文化裡。所以，談「世界文化」的人士，不要祇看見那遠在天邊的「世界文化」，而竟忘記了近在身旁的自己文化。中國文化是「世界文化」大家庭的一個份子，而且確實是一個重要份子。何況中國文化在道德方面過去曾有重要的建樹？作爲中國文化份子之一的人，有義務也有權利將中國文化在這一方面的優長加以更新。關於這一方面的意義，我們一看上列圖解及其前後左右的論列就可明瞭。

然而，時至今日，文化的「閉關主義」已經行不通了。如果我們像過去那些人士一樣，關起門來談中國文化以自慰，而不問世界文化，也不向世界文化整合，那末不僅談不通，而且也不會有前途的。至少自第二次世界大戰以來，人類一切古老的觀念和制度被戰爭所激發的巨力搖撼而加速改變。舊的王室沒落了，舊的統治形態崩潰了，舊的價值觀念也失去活力了。在這一全面性的改變之中，宗教也不能不跟著改變。宗教改變的大方向，就是俗世化和普遍化。宗教俗世化之一墜落的形式，就是有些和尙廟幾乎變成觀光旅社。當然，並非所有的宗教變成這個形式。無論怎樣，基督教已經不是一個「封閉系統」，而慢慢向著「開放系統」之途修正它自己。促成這一發展的一種導力是反神話化（demythologization）。在這一趨勢之下，古代近東地中海沿岸流行的創世傳說、奇跡故事、生死觀等等，都漸失去作用。近年來羅馬公教前後出現了兩位胸襟豁達而且眼光遠大的人物。前有教宗約翰，後有教宗保祿。他們都致力於宗教之俗世化和普遍化。他們關切著社會福利和民生疾苦。身居聖職的人的婚事至少已經不是不能談的問題。節制生育的問題已被正式討究著。約翰的氣度打開了羅馬公教和基督教四百年的凍結。保祿則更進幾步。他朝拜聖地時，和希臘正教的大主教亞塞那哥拉斯（Athenagoras, Greek Orthodox Patriarch）握手言歡。他訪問回教地區，疏導基督教和回教之間的隔閡。[26]他的行程更遠及印度，在那裡溝通基督教和非基督教的情誼。這些行誼溶解著一個一個人爲的狹小圈子，而可導世界逐漸進入大同之境。

實現世界大同，並非無根的幻想，而是實實在在有科學根據的。除了上述世界性的宗教衍出的偉大道德力可以穩步溶解人爲的藩籬以外，人類學等等科學可以提供我們以具體的途徑。我們在前面說過，各個文化雖有不同的特徵，但是有幾種文化特徵正在普遍化。這幾種正在普遍化的文化特徵是認知特徵和器用特徵。認知特徵之最精采而又可靠的部分是科學。器用特徵是工業和經濟。這幾種特徵所構成的巨大動力正在從根本上改變藝術特徵如電影工業等等，甚至動搖到規範特徵。這一巨大的新力量導源於西方世界。

[26] *See The National Geographic Magazine*, Vol. 120, No. 6, December, 1964.

世界其他部分，在情緒上，利害關係上，或基於自尊的理由，無論是否反西方，都不能不受這一巨大力量的衝擊，都不能不爲了生存起而學習工業並且發展經濟。這種情形，在第二次世界大戰以來，尤爲顯著。戰後亞非新興國邦對西方科學、技術、工業和經濟之急起直追，已經蔚成風氣。在可見及的將來，後開發的亞洲和非洲，將和西方國邦分爲世界勢力的金字塔。國邦的主權觀念固然劃分著各個勢力範圍，不同的歷史統緒也攝持著不同的單位，但是上面所說橫切面的力量卻滲透並洞穿著這些勢力壁壘，而使他們在橫切面不能不逐漸走向天下一家。美國人愛吃俄國魚子醬，魚子醬裡可沒有馬列主義。俄國人喜喝美國可口可樂，可口可樂裡並沒有「資本主義的罪惡」。東歐諸國標榜「實行社會主義」，但是他們所歡迎的金元，和英國所歡迎的金元，並沒有兩樣。我們的世界是在彼此抗拒中求整合。人類的希望在此。

莫達克（George Murdock）說，就歷史上或民族學上而言，已知的文化都有下列共同的節目：年資、運動、體飾、曆法、分工、合作、舞蹈、求婚、守信、禮節、儀式、解夢、饋贈、居住、倫理、髮型、清潔訓練、社群組織、宇宙觀、食物禁忌，以及親子性忌（incest taboos）等等。之所以如此，係因各個文化的生物邏輯基礎是相同的：第一，所有的文化在兩性的結構上和功能上的差異都是一樣。第二，養育嬰兒的時期較別的動物長。第三，受飢餓、口渴和性欲等所產生的有機驅迫都一樣。第四，都經歷自幼而少而壯而老的程序。第五，歸於死亡。因此，儘管各個文化的發展各有不同的特色，他們仍有基本的共同之處。文化的差異無論怎樣多，可是總沒有民族以吃自己的排洩物爲樂，婦女代表總不能裸體參加聯合國大會。就憑這些基礎及其向上延伸時的擴大和交流，人類文化遲早會有混同的一天。文化的混同是世界大同的眞實基礎。從一長遠的過程著想，我倒不憂慮未來的世界各個文化不歸於混同，我憂慮未來的世界文化混同得太徹底。因爲，各個文化的特殊形色，正是創造力的泉源，如果世界各個文化徹底混同了，那末意即它們的特殊形色消除。如果各個文化的特殊形色消除，那末創造力也就終止，至少會大打折扣。

當一切都歸於整齊劃一時，刺激的來源也是整齊劃一的，當刺激的來源整齊劃一時，反應就遲鈍。反應遲鈍的人，怎會有什麼創造力？所以，如要使人類文化富於創造力而且多彩多姿，那末必須把文化的整合保持到一個必要的限度以內：雖然整合必不可少。

五、新人本主義

我在前面所說的是偉大的宗教和道德的共同之處，以及世界文化發展的整合趨向。現在，我們必須明瞭，這些動因正在匯集而為自由、平等、幸福、友善、正義、合作，增進人群利樂，以及尊重個人的生命與尊嚴等德目的實現努力。這一努力也就是對人類普遍價值的追求。這一追求，正合科學的人本主義（scientific humanism）的主旨。㉗

科學的人本主義的主旨已被前面所引羅素所說的那句話包含無遺。「良好的生活是為愛所激發並為知識所指導的生活。」在實質上，我們必須把「愛」作為人生之最基本的出發點。從這　出發點向外四射，我們像沐浴在春天的陽光裡，像游泳在溫暖的溪流裡。在愛的境地，我們相忘於無形。我們不必互通姓名，互道身份，就開始談天。空中的飛鳥共賞，地上的瓜果同享。人間沒有了愛，到處像陰霾的天氣，疑雲四合，滿眼盡是陌生人。枯乾的心田，像失水的魚。強顏為歡，彌補不了心靈深處的孤寂。你和我同桌吃飯，但貌合神離。雖然滿街是霓虹燈，但抵消不了臉上的蒼白。溫泉到處有，怎奈澆不暖冰冷的心頭

㉗ 我在這裡用「主義」一詞，完全是一個語言上的偶然（linguistic accident）。除了這個記號以外，我找不到其他的記號來表示我在這裡所要表示的意思。我在這裡所要表示的意思是說，「科學的人本主義」沒有強迫性，沒能權威陰影，而只是一個價值系統，一個觀念系統，一個理想系統。

何？到處是歌舞，到處是酒肉，然而席終人散，大地卻像火山爆發過後的悽涼死寂。金錢可以買到歡笑。豈道金錢來時，情感就溜去也。權勢和財富的確可以製造許多看來像是那末回事的光景，但這畢竟衹是代用品，代用品畢竟不是眞貨色。人類靈魂的深處，權勢和財富是到不了的。我們要向心靈深處探幽。我們要在這一深處去發掘愛，生命的精華，人生的要素。我們要用理知的光來照耀人生。科學的人本主義不是粗淺的唯物主義。科學的人本主義是依自然論的觀點來解釋人的存在。科學的人本主義是以現世的人爲本位。依此出發，它要在地上和現世增進人類的幸福，而不把現世生活看作是達到來世生活的過渡。人間有這麼多悲劇，吾人並不諱言。可是，我們並不因此對人類感到失望。恰恰相反，從愛出發，我們要努力設法改善。作爲科學的人本主義者，我們要能從無私及仁慈得到內心深刻的滿足。

目前的世界，火車和汽車倒都是在軌道上走；可是，人的價值觀念、人生的理想、道德標準，卻在迷茫的海上飄盪。雖然如此，市面所宣傳的「唯物主義」卻不是我們的出路。赫胥黎說：

> 自兩次世界大戰以後，人類現在經歷著一個不安的幻滅時代。在這一個時代，我們親眼看見種種傳統信仰之處處破滅。可是，大家也逐漸認識到純粹唯物主義的看法並不能給人類的生活以一個適當的基礎。㉘

唯物主義是芻狗萬人的策略。唯物主義之不適於人生，批評的人已經很多，唯物主義不行，赫胥黎提出他的看法：

㉘ See Julian Huxley, The Humanist Frame, in *The Humanist Frame*, edited by Julian Huxley, New York, 1961, p.13.

如果人類的現況不是要引起混亂、失望或逃避的態度，那末人類必須在一個適當的觀念系統的架構以內把生活重新統整起來。爲要達到這一目標，人必須縱覽他所能得到的種種資源。這也就是說，他必須縱覽他所能得到的外界資源及在他內部的資源。他藉此界定他的目標，繪出他的地位，並且計劃他未來行程的大綱。他必須盡他最大的努力來運用他的知識和想像力來建造一個思想和信持的系統，藉此系統來作爲他支持現在生存的架構。這個系統也是人類未來發展之最後的或理想的目標，並且是實際行動和設計的指導。[29]

人的生活如果要與豬不同，而是要有點目的和意義，就需要一個觀念系統。但是，可能的危險也在這裡。[30]這樣的觀念系統不能是由權威配給的，祇能由民主自由的教育培養出來，而且要確實合於人生的個別需要。所以，人本主義注重導向的程序，而非靜態的機械式的建構。依此，人本主義者不作觀念之繭以自縛。人本主義注意到個人的差異，而不注重到量和整齊劃一。人本主義和絕對主義無緣。這也就是說，人本主義和所謂「絕對的安全」無緣，與「絕對的權威」更無緣。但是，人本主義認爲我們可以在科學的基礎上找到一些標準，藉以適當地聯繫我們的行動，而且依此個人和社會可以找到更好的方向。人本主義疏遠權力。它反對爲增加效率而犧牲人，也反對經濟的剝削。它要把人的較大成就作爲眞正努力的目標。人本主義特重個人的品質。赫胥黎說：

我現在談品質。重視品質，乃吾人的信持系統之主要的概念。我們是拿品質不凡和內容豐富來

---

[29] 同[28]，p.14.

[30] 參看陳伯莊，《卅年存稿》，香港，一九五九年，〈二胡論〉。

對抗重視物量和整齊劃一。雖然，我們的新觀念型模必須是首尾一致的，可是它不必要是狹隘的，也不應該是狹隘的。我們也不可將文化弄得單調和整齊劃一。……文化內容之多彩多姿，無論是在整個世界或在各個國邦，乃人生的香料。然而，時至今日，文化上的多彩多姿，被大量生產、大量交通、大量的整齊劃一，以及一切求整齊劃一的力量所腐蝕。整齊劃一是醜惡事物的一個醜惡名詞——我們必須努力來保存文化的多彩多姿，並且從而助長它。㉛

在這種歲月，一個人的思緒很難逃出大量紙張、廣告和音響織成的網羅以外。時代的風尚是一個人觀念的鐵幕，能夠逃出這類鐵幕的人似乎比能夠逃出柏林圍牆的人一樣少。在目前的世界，經濟發展和技術競走既成主調，整齊劃一成了「時代精神」。在這一「時代精神」的壓力之下，個人變成泡沫，個性成爲稀世之寶，文化的多彩多姿成爲土產禮品。人，淪爲街頭蠕動的蟲。在這樣的時代，人本主義強調個人的特殊品質，強調文化的多彩多姿，可謂眾醉獨醒，對症下藥。

在生物演化的歷程中，個人是最高的成品。我們要肯定個人，拿個人作眞實的最初起點，逐步向外延伸。一個人除了爲團體盡義務以外，他可以較充分地發揮他自己的能量（capability）來自我實現。世界民主的理想只有在一具世界規模的人本主義的架構上，才能得到實質的而非僅形式的實現。人本主義的架構是對個人生存權利的肯定，對人的尊嚴的肯定，對道德價值的肯定，對自由的肯定，以及因此對開放的心靈和開放的社會之邁進。

㉛ 同㉘，p.23。

第十五章 知識份子的責任

知識份子是時代的眼睛。這雙眼睛已經快要失明了。我們要使這雙眼睛光亮起來，照著大家走路。

一、怎樣才算是知識份子？

照《時代周刊》（*Time*）的時代論文所說，[1]得到博士學位的人早已不足看作是知識份子。即令是大學教授也不一定就是知識份子。至於科學家，祇在有限制的條件之下才算是知識份子。該刊在兩個假定的條件之下來替知識份子下定義：

第一，一個知識份子不止是一個讀書多的人。一個知識份子的心靈必須有獨立精神和原創能力。他必須爲追求觀念而追求觀念。如霍夫斯泰德（Richard Hofstadter）所說，一個知識份子是爲追求觀念而生活。勒希（Christopher Lasch）說知識份子乃以思想爲生活的人。

第二，知識份子必須是他所在的社會之批評者，也是現有價值的反對者。批評他所在的社會而且反對現有的價值，乃是蘇格拉底式的任務。

一個人不對流行的意見、現有的風俗習慣，和大家在無意之間認定的價值發生懷疑並且提出批評，那末這個人即令讀書很多，也不過是一個活書櫃而已。一個「人云亦云」的讀書人，至少在心靈方面沒有

---

① *Time*, May 21. 1965.

活。

如果依照上列《時代周刊》所舉兩個條件來界定知識份子，那末不僅中國的知識份子很少，即令在西方世界也是寥寥可數。在現代西方，羅素是十足合於這兩個條件的。史迪文遜（Adlai Stevenson）顯然是一個知識份子。在中國，就我所知，明朝李卓吾勉強可作代表。自清末嚴又陵以降的讀書人堪稱知識份子的似乎不易造一清冊。而且，即令有少數讀書人在他們的少壯時代合於這兩個條件，到了晚年又回頭走童年的路，因此不算知識份子。

維斯（Paul Weiss）說，眞正的知識份子沒有團體，而且也沒有什麼朋友。赫欽士（Robert Hutchins）認爲一個知識份子是試行追求眞理的人。

這樣看來，做一個眞正的知識份子是要付出代價的，有時得付出生命的代價。蘇格拉底就是一個典型。一個眞正的知識份子必須「祇問是非，不管一切」。他祇對他的思想和見解負責。他根本不考慮一個時候流行的意見，當然更不考慮時尚的口頭禪；不考慮別人對他的思想言論的好惡情緒反應；必要時也不考慮他的思想言論所引起的結果是否對他有利。一個知識份子爲了眞理而與整個時代背離不算稀奇。旁人對他的恭維，他不當做「精神食糧」。旁人對他的誹謗，也不足以動搖他的見解。世間的榮華富貴，不足以奪去他對眞理追求的熱愛。世間對他的侮辱迫害，他知道這是人間難免的事。依這推論，凡屬說話務求迎合流俗的讀書人，凡屬立言存心譁眾取寵的讀書人，凡屬因不耐寂寞而不能抱持眞理到底的讀書人，充其量祇是讀讀書的人，並非知識份子。

海耶克說，知識份子既不是一個有原創力的思想家，又不是思想之某一特別部門的專家。②典型的知

---

② F. A. Hayek, The Intellectuals and Socialism, in *The Intellectuals*, edited by George B. de Huszar, Illinois, 1960, p. 372.

識份子不一定必須有專門的知識，也不一定必須特別有聰明才智來傳播觀念。一個人之所以夠資格叫做知識份子，是因他博學多聞，能說能寫，而且他對新觀念的接受比一般人來得快。

海耶克的說法沒有《時代周刊》的時代論文那末嚴格。我對這兩種說法都採用。依照海耶克的說法，中國文化裡的知識份子倒是不少。《時代周刊》的時代論文所界定的知識份子是知識份子的精粹。海耶克所說的知識份子是知識份子的本幹。前者是一個社會文化創建的前鋒；後者是一個社會文化創建的主力。時至今日，知識份子自成一個佔特殊地位的階層之情形已經近於過去了。今日的知識份子，固然不限於在孔廟裡，也不限於在學校裡，而是分布在各部門裡。因此，我們現在談文化創建，已經不是狹義的侷限於拿筆桿的人的事，而是廣義的擴及社會文化的各部門的優秀人物。在一現代化的文化建構上，經濟工作者、工業工作者、農業工作者以至於軍事科學工作者，都不可少。可是，在傳承上和方便上，以研究學問爲專業的人是「搞觀念的人」。我在這裡所要說的種種是以這類人士爲主。當然，這一點也不意含其他方面的工作對文化的創建不重要。

二、知識份子的失落

中國近代的知識份子，自嚴又陵、康有爲、梁啓超以降，在推動中國現代化運動上和歷史性的變動上，無論是直接或間接，多多少少有所貢獻。到了五四運動，這一發展到達一個新的高峰。從清末到一九四九年爲止，就我們所知，中國知識份子對新知識的灌輸、新思想的介紹、新觀念的啓迪、新制度的推行、風俗習慣的改革，都表現了罕有的熱誠和高度的銳氣。中國近代和現代知識份子在近代和現代中國歷史的舞台上，曾扮演著新時代催生者的重要角色。然而，曾幾何時，面目全非，斯人憔悴！於今，一部分知識份子飄零海角天涯，一部分知識份子被穿上緊身夾克，一部分知識份子過著蹇蹙淡漠的歲月。這是一幅秋末的景象。涼風起天末，草枯木黃，無邊落葉紛紛下。祇有三幾片傲霜葉，高掛枝頭，在寒風裡顫抖，任漫步懷古的詩人悲吟！

中國知識份子是失落了！

何以失落？

這一大變遷不是偶然的，也不是簡單的因素形成的。這一大變遷是與時代的變遷息息相關而爲時代的變遷之一環。從知識份子的觀點來看這個問題，我們可以舉幾種重要的原因：第一，與傳承脫節。第二，與社會及家庭脫節。第三，與經濟來源脫節。第四，與現實統治建構及行動人物脫節。有這麼多的脫節，於是知識份子紛紛變成脫節人。關於第一、第二和第三這三種原因，從我在前面第三章、第四章和第五章裡所說的可以推論出來，我無須在這裡進一步作瑣細的分述。我現在所要說的是第四種原因。

中國近幾十年的巨大變動帶有濃厚的群眾運動之色彩。群眾性的運動之發展趨向，通常經由三個階段。第一個階段是宣傳。第二個階段是組織。第三個階段是新的權力形態可能出現。在頭兩個階段，有兩種人物居於主導地位：一種人物是狂熱份子；另一種人物是觀念之士。③當然，有時一個人既可以是狂熱份子又可以是觀念之士。我之所以把二者分開，有兩種理由，第一，在有些情形之下，有的人是狂熱份子而不是觀念之士，有的人是觀念之士而不是狂熱份子。第二，據我的經驗所及，如果一個人的某些觀念太清楚了，常狂熱不起來。在第二個階段裡，即在組織階段，常有一種潛在的行動人物（potential man of action）。這種人物常常隱身在組織中，職卑位低，不爲人所注意。到了第三個階段，如果有新的權力形

③ Eric Hoffer, *The True Believer*, 1958. p.15, Men of Words.

態出現，那末這潛在的行動人物可能脫穎而出，成爲實際的行動人物（actual man of action）。所謂實際的行動人物，意指行政官、司法官、計劃家，以及作最後決定的人等等。

在群眾性的運動之初期，除了狂熱份子以外，是觀念之士的黃金時代。所謂「觀念之士」即是「搞觀念的人」。例如，好談主義學說的人、愛演說的人、擅長寫文章著書立說的人。這一類的人物我們送他們一塊招牌，叫做「觀念人物」。群眾性的運動之初期所需要的是宣傳、煽動、激勵這一類的汽油。因此，這一期間所需要的新的觀念啓發、貶抑既存制度、對人眾提供理想社會的藍圖、作海闊天空式的諾言、開列偉大的空頭支票，種種等等。這些工作，觀念人物俱優爲之，而實際的行動人物不太高明。所以，在群眾性的運動之初期，觀念人物得以長才大展，頭角崢露。至少在表面上，這類人物此時居於主導地位。因此他們的人生得到最大的滿足。

然而，好景不常！等劃新的權力形態出現，就是該換主角演員的時候了。到了這一階段，就是實際的行動人物登台的時候了。可是，從初期階段到權力形態出現的階段，中間並沒有明顯的形跡可分，同時觀念人物滿腦袋還是幻想。在事實上，從權力的鞏固著眼，群眾性的運動確有收場的必要。因爲，群眾性的運動是像洪水一般的盲力。這股盲力既可被「革命」工程師導來沖垮舊的統治建構，也未嘗不可導來沖垮新的統治建構。在這一轉型的過程中，從事鞏固權力的實際行動人物首先要設計「收拾」的就是帶頭的狂熱份子，其次就是鼓動性的觀念人物。所以，緊接著舊的統治建構瓦解而新的流治建構成立時，往往發生內部的「權力鬪爭」或「整肅事件」。實際的行動人物富於對付人的經驗，頭腦冷靜，精於計算，且行動不爲自己口裡所標尙的主義所拘限。狂熱份子則沉醉於狂熱之中。觀念人物則執著於自己的觀念，從觀念的展望孔裡延伸出對將來世界的美麗圖象。這兩種人因用心之不同，在「權力鬪爭」中常非行動人物的敵手。托洛斯基（Leon Trotsky）和史達林的對弈就是很有名的例子。俄國革命成了功，波爾希維克黨人的政權已經拿到了手。史達林很現實地主張從事「一國社會主義建設」，而托洛斯基猶不忘理想，不尙權爭，高唱「不斷革命論」，終於被史達林打垮，流亡海外。接著而來的，是史達林所策劃的一連串整肅。在這一連串的整肅之中，始原的「革命人物」差不多都整完了。群眾性的革命運動像一個大食魔（Gargantua），爲了維持牠的生存和氣力，牠要吞食一個社會的一切才智、眞誠、希望，以至於生命。這個普遍的律則，在相同的基本條件之下，可以用來說明不同時空裡發生的實例。當然，表現的形態和程度的強弱可因時地之不同而不同。

中國近幾十年來，實際的行動人物和觀念人物之間的悲歡離合有發人深省之處。在中國的歷史和社會文化裡，依前所述，根本就沒有培養西方意義的「爲知識而知識」的純知識份子。小而言之，個人的名位利祿，大而言之，對國家、社會、倫教的責任感，在在都難使中國知識份子與現實政治絕緣。於這一關聯上，中國知識份子享有比較特殊的社會地位，也往往遭受比較特殊的挫敗。這類陷入的情形，自清末以來似乎更深。因爲，如前所說，社會文化的動亂逼著他們紛紛走出書房，爲脫節的他們自己尋覓新的安排。在這一情態之中，他們很難完全擺脫前人走過的舊路。在背後的這一因素推動之下，恰好又要拼命去追求如前所說國族諸大問題的解決。陳伯莊說：「最爲中國社會獨具的，而在中國歷史上佔了重要角色的便是士大夫。自從封建消滅而入於大統一的中國，無統治階級統治部族的特殊擁護，而孤立於上的皇室，君臨版圖極大而社會結構以宗法農村爲主體的中國，士大夫階級一直是中國的準統治階級。他們從政問政的性格最發達，不是想做『大臣』，即想做『權臣』。經過近代意識的轉變，『大臣』即是救國志士，『權臣』便是政黨領袖。……」④近代「打天下」需要「一套理想」。談「理想」是中國近代許多知識份子的

---

④ 陳伯莊，《卅年存稿》，香港，一九五九年，〈二張論〉。

樂事和特長。所以，在變革運動的初期他們得到實際的行動人物借重，因而這兩種人物⑤大致可以相處得不錯。可是，等到新的統治結構出現以後，實現的問題逐漸來臨，理想的問題逐漸退色，權力的一元化問題成爲轉變的樞紐。隨著這一轉變，行動人物和觀念人物無法不起分化。在觀念人物之中，比較能放棄理想而自認爲目的已達的人又變爲輔治階層。比較堅持原有理想而又天眞的人慢慢滋生一種被誘拐（being betrayed）的感覺。當有別的機會時，這類的人可能投奔別的公司行號。第一流而又有獨自思想的人，不是別立門戶，就是遺世獨立。

行動人物和觀念人物的這種分化實在是動理（dynamism）上不易避免的結果。因爲，行動人物和觀念人物不僅在基本的想法上不同，而且在性格形成方面也不同。他們是一個運動中的兩種異質要素（heterogeneous elements）。

行動人物的基本興趣是成功。至於怎樣成功的，使用什麼手段成功的，是否由於因緣時會，是否由於巧取豪奪，對於這些問題他們認爲是些空洞的問題。他們對於空洞的問題向來不感興趣。行動人物在必要時也標榜一些主張。他們之所以如此，主要的作用是把主張當做結納精幹並吸引人眾的工具。至於標榜的主張是否實行，那要看對他們同他們的團體是否有利。他們口裡似乎也強調理想，但是他們更重視現實的人身崇拜。當著理想可以用作人身的裝飾時，他們拉攏理想。當著理想妨害人身崇拜時，他們可以翻修理想，不然就束之高閣。所謂意底牢結，他們弄成一種制度化的心理。所謂制度化的心理，就是一個團體

⑤ 我在這兒把「觀念人物」和「行動人物」分開，是把二者當做兩種造型來處理。這樣的處理有許多方便，雖然同時也有許多不方便。在無法兩全的情形之下，我取前者而捨後者。在實際上，這裡也有四種排列組合。以甘地為例，他固然是觀念人物，但也有行動，所以也算得是行動人物。

或組織以內的每個份子必須共同承認的成文的甚或不成文的那些前提。既然如此，他們不太注意到這些前提的本身是否爲眞，而祇注意到是否爲團體所要求而且大眾是否承認。即令這些前提是假的，但是，既然團體是這麼要求而且大眾又這麼承認，所以也就是眞的。既然這些前提是眞的，於是勢力圈內的任何個人也得承認他們是眞的。這種「眞理觀」的作用是爲了抒發團體的意志，維持建制的尊嚴，並且延續組織的存在。在這一關聯中，所謂的「眞理」與權威是不分的。行動人物的這種眞理觀與科學上的眞理觀很不相同。科學上的眞理觀是，一個語句如果合於某一事實，那末它便是眞的。最低限度，這種眞理觀不受情感的撥動和意志的支配。行動人物的眞理觀是，因爲我們需要它是眞的所以它一定得是眞的，至於是否合於事實那是次要的問題。就事論事，這祇能算是一種團體的應迫。

正如霍弗爾所說的，眞正的行動人物並非要改造世界，他祇要佔有世界。⑥他的內在衝動是要掌握和控制，並令既得權力能夠行使。在這類要求之下，他要以制度來規範人眾的行爲。人眾的任何重要的自發活動都在可疑因而當禁之列。在對付人眾時，他們好訴諸鎭制力和官司制度。因爲，使用這類工具最可靠。爲了保持權力，他們可以用自己創造的方法，可以用外來的方法，可以用古舊的方法，甚至也可以用敵人的方法。這麼一來，彼等於不知不覺之間，變成了爲權力而權力。

觀念人物在一個動盪時代常削弱流行的信仰，批評既存制度的權威，爲新的信仰之普及而開路。眞正的觀念人物視追求眞理爲一重要的事。照他們看來，上述行動人物的眞理觀簡直荒謬到不能忍受。他們常視理想爲第一。人身常置於理想之下，一切爲理想，一切努力向理想集中。有些觀念人物好爭辯，樂於

---

⑥ 同③，p.17, The Practical Men of Action.

看到不同的思想之衝突。正如霍弗爾所說，他們提出一個主張時，用意在炫耀才華，或希圖驚世駭俗。⑦「語不驚人死不休」。一般而論，觀念人物渴望受到尊重。中國的觀念人物，受傳統影響，渴望出人頭地。當他們得不到這些滿足時，不是離異了自己，便是遠避了實現。

從上面的陳列看來，眞正的觀念人物和行動人物有內在心性上的不調和。當勢利抬頭時，眞理一定遠避。就一特定的情況而言，眞正的觀念人物是對付不了行動人物的。由於前面所提到的中國知識份子與傳承脫節，與社會及家庭脫節，與經濟來源脫節，再加上因與行動人物脫節而與權位脫節，於是變成脫節人。脫節人最易陷於脫序（anomie）的空虛之中。

柏遜思（Talcott Parsons）認爲脫序乃「倫範秩序之全部崩潰」。⑧他說建構有程度的差別，脫序也有程度的差別。麥爾頓（Robert K. Merton）把脫序視爲「不穩定」且與正式的「反道德化」，即「反制度化」有關。⑨

墨克斐（R. M. MacIver）很注意脫序問題。在他的一本名著中，他用兩章來討論這個問題。⑩從心理的次元著想，脫序是一種反社會的程序。脫序的人退縮到他的自我之中，他對社會的一切軌範都不信任。脫序並不止於無法律而已。脫序的心理狀態是由一個人的道德連根拔起造成的。脫序的人不再有任何標準，他祇受一些不相聯屬的驅力所驅使。他不復有連續感、義務感，及對群體的責任感。「他嘲笑別人

---

⑦ 同③，p.15, Men of Words.
⑧ Talcott Parsons. *The Social System*, Illinois, 1951, p.39.
⑨ Robert K. Merton, *Social Theory and Social Structure*, Illinois, 1959, p. 136.
⑩ R. M. MacIver, *The Ramparts We Guard*, New York, 1952. IX, X.

的價值。他唯一的信持乃否定的哲學（the philosophy of denial）。他生活在既無將來又無過去的一條窄線上。」「他們在年輕時代被他們的環境、他們的經歷、他們的夢幻、他們的希望所撕碎。他們必得面對吃力而又冗長討厭的工作，……」這是墨克斐對脫序者的描寫。⑪

他發現脫序人物有三種：

第一種脫序人幾乎完全喪失價值系統。他的生活因此變得沒有目的，失去前途的南針。他把他自己委棄於現在的一剎那，毫無意義的一殺那。他被一種疑慮多端的涼薄之感所侵襲，並藉此來寬解他的失落。當前的快感、唯覺主義、享受主義成了支配他的主宰。

他要在痲醉和忙亂中忘記自己。

第二種脫序人失去倫理目標，不復懷抱任何內在價值和社會價值。他所努力追求的是外在價值，追求手段而失卻目標，尤其愛好權力。他藉崇拜別人以壯大他自己；注重他所崇拜的權威之功利性的神話。脫序人成了無韁的野馬。除了「必要如此」或「現實的需要」以外，沒有什麼東西能夠限制得了他。除了因利乘便以外，別無所謂良心。

這種人物以能擺脫殘餘的道德倫範而達到目標爲得策。他對眞、善、美和高尚的情操一概報之以輕蔑的冷笑。他忘記了自己的脫序，而把人間一切善意都看作是坑害他的陷阱。悽涼，熱鬧中無限的悽涼！

第三種脫序人在基本上內心有一種悲劇式的不安全感。這種不安全感比焦慮和恐怖等困擾別人的因素還要深入他的內心。由這種不安全感衍生無望的失卻方向。他失去他過去的價值之根據。有時，他失去從前的社會關聯、從前的社會地位，以及從前的經濟支持。就最深的意義來說，他是「失所的人」。他惟恐

⑪ 同⑩，pp.84-85.

被人迫害。他極其因著未受人尊重、被人排棄、被人給予不公平的待遇，內心燃起怒恨之火，但有時又作不安的內省。

脫序是倫範互相衝突造成的一種社會情況。在這種情況裡，個人同時要適應兩種互不相容的倫範。例如，「爲公」是一種倫範，「爲家」也是一種倫範。在有的情形之下，這兩種倫範要實行起來會互相衝突。這種衝突到了某種程度，會使身當其衝者不知如何是好。這類衝突多了，就發生脫序的結果。在外來文化價值和主位文化價值衝突時，在社會文化激變時，在相當長期的混亂時，最易產生脫序的現象。脫序人在權威面前喪失了自己，又常爲極廉價的自我拍賣者。在學校裡教的是一套，進入社會行的是另一套，乃脫序之一源。在學校裡教的是重理想、進步、正義，要規規矩矩，是就是，非就非。進入社會行的，必得是重現實，要懂得怎樣「混」，要圓圓滑滑、勢勢利利，要明白是就是非，非就是是，要能對許多事視而不見、聽而不聞。這兩個價值系統背道而馳，使剛出學校的青年不易適應，甚至終於銳氣消磨。積累所及，會使整個社會缺乏活力。所謂「陽奉陰違」也是脫序的一個報告目錄。權威方面所說的話，所作的要求是一套。這一套不能實行，或不合執行者的利益；但是，又不能正面公開批評或反對。因爲，根據過去的實際經驗，批評或反對都有災殃。這兩個價值系統衝突。於是，分別辦理：「表面敷衍」的是一套；骨子裡實行的是另一套。在一個權威主義的氣氛濃厚而許多倡導又極不切合實際的社會文化裡，一定會出現這類脫序現象。而且，由權威所發動的極不切合實際的倡導愈多，則脫序的現象也愈多。於是，許許多多本應可以用來作有益貢獻的時間和精力悉浪費在應付權威倡導之中。這也就是說，於這樣的社會文化裡，在一方面權威的倡導勢在必行，可是在另一方面代辦又不能不巧爲應付。這樣一來，社會文化中許許多多份子的許許多多努力都在這兩個不相容的價值系統的衝突裡抵消了。社會文化中重要的價值系統因互相衝突而彼此抵消，結果之一就是脫序。脫序的結果就是許多人內心失去「平衡」及「穩靠感」。因而心身的馬達總不能像俾斯麥（Bismarck）時代的德國那樣開得足。在脫序過甚的社會文化裡，比較敏感的知識份子在心靈上常有一種說不出的茫然之感。人不能僅靠麵包活著。人是必須活在表裡如一的氣氛中的。

現在，許多知識份子蔑視過去的價值系統，並因而對一切價值系統存憤嫉的態度。他們自以爲步入一個價值的眞空地帶，不受一切系統的羈絆。他們似乎如釋重負。其實，根本沒有這回事的！人實在是一種最奇怪的動物。當著他們不能勉力向道德境界昇進時，就常會下降到受生物邏輯的作弄。當人的內心什麼必須信持的原理原則也沒有時，就有一種空茫無寄之感。自信力也就喪失了。他除了胃在蠕動，鼻子在呼吸，脈搏在跳動以外，好像什麼也沒有了。這時，他就成爲街頭的流浪者。信步走去，莫知所知。於是，任何人祇要擺出一點肯定的態度，他就可以跟著他一起走，盲目的走。他完全流離失所了。所謂流離失所，並非一定沒有房子住，也許他住的是高樓大廈，甚至出入汽車。然而儘管他的身體在教室裡，在辦事室裡，可是他的心田早已沒有生物需要以上的原則，早已沒有任何主張，早已無一點信持了。他放棄了自我，聽任某甲今天裝進什麼貨色就裝什麼貨色，某乙明天裝進什麼貨色就裝什麼貨色。一切都「滿不在乎」。多少知識份子，一忽兒被叫恭維某張，就恭維某張。一忽兒被叫詈罵某張，就詈罵某張。一切都「無所謂」。一切不和諧的動作都引不起劇痛。人，早已工具化（instrumentalized）了。他已經不是他的他了！這是最徹底的失所（dislocation）。雖然內心空虛，可是祇要活著一天生物邏輯卻一天不空虛。生物邏輯一天不空虛即一天要宰制他。[12]內部的價值沒有了，就追求外部的價值。孔雀要展屏。生物文化

---

⑫ 我們看尤國新所說的：

抗戰戡亂對於國家最大的殘害，在於中產階級之沒落。中產階級是社會的中堅。這些人過去都有退路，是以有所不為——大不了「回家吃老米」，所以能夠辨是非，全氣節。抗戰以後，情形不變。在政治方面本來是玩票的，現在——下海了；等到避地來臺，這情形越發嚴重，簡直像海洋中的溺者，手中扳持的那塊木板，將與生命一同存在，永不肯放手的了。在

驅策著知識份子追求虛榮和面子，不擇手段地製造空虛的聲威，輕易地把自己的生命和時光換油條吃。規格沒有了，風範隨著秋風以俱去，體統衹有在記憶裡去追尋。剩下來的是藉挫折他人以彌補自己的挫折，藉錐痛他人來醫治自己的創傷。多奇異的時代啊！羅素說，人是一種殘暴的動物。被生物文化層愚弄而脫序的人可能更殘暴。戈矛時代盛行身體殘暴，知識份子則擅能進行「觀念殘暴」。冷漠的眼光一掃，就藉虐待以取快，虐待異類不夠意思，虐待同類才夠味。於是，我們看見今日若干中國知識份子的一幅悲劇圖。

脫序，導引人們走向非洲的原野！

有許多人轟轟烈烈地活著，有許多人悲壯地死去，在一些角落地，也有許多人無精打彩地挨日子。生命對於他們似乎是多餘的，但是扔掉可捨不得。扔掉生命，需要比混著活有更大的勇氣。一些人感到人生味同嚼蠟。然而，嚼蠟畢竟佔有時間，也填充了空虛。所以，嚼蠟雖然沒有實際的營養，但有畫餅充飢的功效，它給人以象徵的滿足。於是，嚼蠟成了一種時髦。隔夜的餿飯、陰溝的積水、垃圾箱裡的渣滓，都捧出來作經典。在無何有中，一切廉價的代用品出現。低級的刺激比沒有刺激有助於驅走心田的疲憊，換來臨時的快感。脫序者的生命在灰色中打發過去。

此情況下，一切一切衹是為了生存。所謂氣節、尊嚴，都變成次要的了。（《春秋》，一九六五年，第三卷，第一期。標點符號稍有改動。）

這一段話說出了大部分知識份子的真相。我看了有空谷足音之感。我父執那一輩的讀書人是坐在家裡，要出外做事的話必須等著有人來請。若他是一個「名士」，那更須有人來三顧茅蘆。現在，當一名大學教授，多半還得託人說項，並且還要「審查資格」。臺灣外縣的中學老師被校長先生視同「屬員」。他的一張聘書掌握著老師一家人的生命線。這是怎樣的一種社會變化！又是多麼可歎！

三、時代環境的透視

中國知識份子一般的失落，如前所述，主要的原因，是時代的大震盪所致。在大震盪中，許許多多人迷失了方向，不知道去路究竟在那裡。有許多人的身體是安定下來了，可是心靈還是找不到安頓。稍有頭腦的人，誰都聽不進馬路上呫噪的聲音。在這個時代的氛圍裡，幾乎沒有任何一種震耳欲聾的言詞能夠沁入心靈的深處。於是，茫然之上祇有更加茫然了。於是，索興不去想它了。這是把自我放棄了一大半了。然而，「智者不惑」，「仁者不憂」，我們如果搬開眼前的雲霧而看到前景，如果對人生持執道德的肯定態度，那末就可從失落裡自救了。

(一)到奴役之路

中國的前景怎樣呢？要思考這個問題，我們的視野必須擴張到百年來中國的歷史和文化的全貌。依據前面第一章和第五章所說的，我們知道中國原有的樣子維持不住了，非變不可。怎樣變呢？本來有三條可能的路擺在中國人面前：第一條是英國式的道路，英國式的道路是和平的、漸進的、自由生長的及自發演變的。第二條道路是法國大革命式的。這種途徑是一種「武斷式的理想主義」的。[13]它把一個預先設想的型模強迫加諸他人。這種辦法，稍一不愼，就變成恐怖統治。第三條道路是以蘇俄的極權統制爲藍本。俄

---

[13] F.A. Hayek, *The Constitution of Liberty*, Postscript, p.409.
我不認為「武斷式的理性主義」是完全沒有語病的一個名詞。不過，這個名詞頗能傳達法國大革命時的心理氣氛，所以我還是有條件地用了。

國革命可以看作法國大革命之世界性的延續和推廣。[14]但是，俄國革命在法國大革命的型模上加了馬克斯哲學及列寧的權力技術。這麼一來，它的猛烈性、獨斷性、權變性，更遠甚於法國大革命。

在這三條道路之中，中國應須走那一條呢？從一個嚮往道德和自由的知識份子的觀點來看，撇開神話和激情，成熟一點地說，中國最好是走第一條道路。因爲，第一條道路最平坦，最不容易發生車禍。根據中國的歷史條件、社會文化特徵，以及國民性格的另一面來觀察，中國像一列長長的火車，這一列火車很不容易開動，開動了以後又很不容易煞住。依照這種條件，中國祇宜從事和平的、漸進的，自由生長的及自發的演變。也許有人覺得這條道路太慢了，緩不濟急。中國人的事最難辦。急是急不來的。與其因求急功而所得甚少，不如走得較慢而多得實惠。第二條法國大革命式的道路，論美聽是美聽的，論壯觀是壯觀的，可是要在中國的情形之下實行就頗危險。第三條俄國革命式的道路充滿了激情、血腥、陰森，恐怖。無論怎樣宣傳，在事實上，這是一條「慘厲之路」。這條道路是從宗教與道德之逆反（inversion）築成的。無論如何，中國人應須極力避免走上這條路。自一九二七年以來，曾國藩以後的人物確曾在這方面盡了最大的努力，而且在軍事上可有成功的希望。然而，「人間不如意事十常八九」，人類歷史中不該發生的事至少佔一半。如前所述，日本軍人的短視和貪欲，直接助使遠東的赤化勢力得到大好的膨脹機會。許多因素輻輳，加上戰後的虛脫，中國被大動亂的旋力身不由己地捲上這一條路。這是中國人民的劫難。

我作這一敘述，我有我的理由。在實際上，關於同一對象，現實的行動人物和觀念人物的出發點是並不一樣的。觀念人物常爲一理想來構思，來努力。現實的行動人物當有權勢和利益時，幾乎是本能地

---

[14] Consult A. J. Grant and Harold Temperley, *Europe in the Nineteenth and Twentieth Centuries*(1789-1950). Part VI, Chapter XXXIII.

（instinctively）爲保持其權勢和利益而努力。用幾何的名詞來說，這兩種人物的出發點和作風並不是兩個同心圓。《聖經》上說：「有錢財的人進上帝的國，是何等的難哪！駱駝穿過鍼的眼，比財主進上帝的國還容易呢。」（〈路加福音〉，第十八章，第二十四節）現實的行動人物之基本的著眼點是爲了現實的權勢，理想人物自然撤離。現實同理想不能變成同心圓，這是對抗共產制度擴張中的一個基本弱點。

馬列信徒自第一次世界大戰以來把人類搞得這麼緊張，這個問題已經是一世界性的大問題了。面對這一世界性的大問題，我們要求面對，我們的出發點總得與自由制度有共同的基礎才行，我們所持的理由至少總得使世界一半的人聽起來覺得不是「一孔之見」而眞是一「公理」才行。就我而論，像我這樣的知識份子，沒有一絲一毫現實的權利可與馬列信徒相爭。但是，我不同意中國走上俄國革命式的道路。爲什麼呢？實質的理由是我不能接受那包含共產思想在內的共產制度。我爲什麼不能接受共產制度呢？因爲：第一，這種制度一行，人就沒有自由，甚至沒有沉默的自由；第二，這種制度違反人的普遍價值；第三，這種制度違反眞理。所以，照我這個獨自的思想者看來，在這個地球上，祇要是一個要保持人的尊嚴的人就應拒絕這樣的共產制度。尤其是任可有自由傾向的知識份子，更應拒絕那造以擊潰清楚頭腦的共產思想，我的這一思想不是從某一特定的時空出發，而是可以從這個地球上任何時空出發的。

我所說的第一和第二種理由是人類賴以存立的理由。爲了人類得以存立，我們必須持執人的自由和普遍價值。關於人的普遍價值，我在前面十四章所說的道德整合及科學的人本主義裡已經摘示過了。我在這裡所說的人的普遍價值，無論富，貴、貧、賤、賢、愚，統統都得持執。可是，馬列信徒說不然。爲了從根本上動搖人類的心靈以做他們的政治俘虜，他們說道德倫理是「有階級性」的。「有階級性的」道德倫理是「有產階級」麻醉並統治「無產階級」的工具。而「有產階級」是「該打倒的」，所以他們的道德倫理也該一掃光。

從人類學上觀察，倫理建構的內部常成一個層級。例如從前的「君爲臣綱」，「父爲子綱」、「夫爲婦綱」。許多文化的調查都可證實這一點。然而，這並不是說富人有富人的道德，窮人有窮人的道德。道德而分窮富，尙得謂之道德乎？馬列信徒不知有否看到，歷來固然有富人藉道德倫理以作僞，但也有許多富人因欺壓窮人而在道德面前抬不起頭。事理不是馬列信徒所說的那末簡單。

馬列信徒因要達到一種新權力政治的目的，而不惜向人的自由及普遍價值挑戰。在人的普遍價值之中，生命是第一。柯赫（Adrienne Koch）說：「生命即令不是一個絕對價值，也幾乎是最逼近絕對價值的價值。」[15]古往今來的大倫教家，莫不以愛生命爲訓。我們看史懷哲（Albert Schweitzer）是多麼熱愛生命：「有一次，一隻河馬闖到他的醫院附近，把河裡的獨木舟推翻，並攻擊舟上的人。史懷哲就禱告上帝，請使這隻狂暴肆虐的動物，在被射殺之前知難而逃。又當一群豹子不斷地潛入他的田地想偷吃他養的小雞時，他也下令不得殺死牠們。……」[16]生命是人間一切價值的極限（limit）。踰越了這個極限，一切價值都失去支托。沒有了生命，財富有什麼用？沒有了生命，政治從何來？沒有了生命，講什麼主義？把生命消滅了，權力又向誰行使？但是，馬列信徒們偏偏不顧這個極限。爲了進行權力爭奪，他們毫無顧惜的消滅敵對的生命。爲了權力的鞏固，他們毫無顧惜的消滅無辜的生命。爲了權力的擴大，他們毫無顧惜的用生命作工具。據他們自己說，這都是爲了實現他們的政治制度。他們嘲笑一切「溫情主義」。照他們自己說來，他們所標尙的是「絕對眞理」。可是，照我看來，人間的政治制度祇有相對的好壞。我祇能說，依據經驗，有自由作實質的民主制度比獨裁制度較爲妥善。人類在「自然科學」方面已經發現了一些

---

⑮ Adrienne Koch, *Philosophy in a Time of Crisis*, New York, 1959, p.362.

⑯ 丁博均，〈無防備的瞬間〉，《文星》，臺北，九一期。

高度可靠的眞理；但是，在政治制度方面，幾千年來人類一直是在探索之中。關於政治方面的主張，迄今還是與神話、宗教和傳說難分：那一個眞有理知的人能說自己所持執的是「絕對眞理」？在這方面如有所謂「絕對眞理」，那末不是迷執，就是武斷。就我所知，從古到今，我們還沒有發現任何一種政治制度好到值得藉毀滅人的生命以求實現。如果眞有這樣的政治制度，那末我們寧可不要它。因爲，要藉毀滅人的生命才能實現，這就是一惡。手段和目標同等重要。如果共產制度眞是所宣稱的那樣好，那末爲什麼要築起幕來以防外面的人看破了究竟，又怕裡面的囚徒逃出？

我所說的第三種理由是自由知識份子特別重視的理由。共產思想祇是一套政治宗教的教條。共產哲學，照我看來，很少講得通；而且那種獨斷氣氛比倫敦濃霧還要使人窒息。共產哲學的眞理論（Wahrheit）不過是一種行動人物所需要的一種指導綱領而已。關於這方面的問題，不在本書的討論之列。我現在祇舉一個例子以明共產哲學的虛浮混沌。當我在昆明讀書時，流行艾思奇著的一本《大眾哲學》。這本書在那時已經發行到一百二十五版之多。這本書裡有這麼一則妙論：「一塊雲加一塊雲還是一塊雲。」這說法可謂極盡攪混之能事。如果我們問一個單純的算術問題「一加一等於幾」，我想三歲的小弟弟也答得對的。可是，這位艾先生爲了拿一個感覺——這裡是視覺——來推翻數理，就這樣把「感覺內容」和「數理界域」攪混在一起。居然有許許多多知識份子的認知被他攪亂了。亂天下者自亂理始！他的這點「理論魔術」何以得售呢？第一，非有多少哲學的訓練不易很快地將「感覺內容」和「數理世界」劃分清楚。第二，毛病出在「加」字上。如果這個「加」字是算術中規規矩矩的演算意義，那末艾先生要問我「一塊雲加一塊雲等於幾塊雲」，我請他轉問任何一位正常智力的小學一年級生。如果艾先生用「加」字時的意義是「看來合併在一起」的意義，而且「等於」意即「變成」，那末他要問我「一塊雲加一塊雲等於幾塊雲」，我會爲他介紹任何不是近視眼的人去「看」，而不是去「算」，這樣的問題，有而且祇有靠「看」去感覺；根本就不是一個算術問題，所以無法藉「算」來解答。瞎子不會看，但卻會算。看與算，怎可混為一談？就我現在的記憶所及，那本《大眾哲學》裡充滿了諸如此類的攪混和魔術。可是，居然有那末多的青年知識份子、中年知識份子甚至昆明以外的若干大學的哲學教授，覺得這類「哲學」眞是「奇妙得不得了」的「道理」，那樣認眞的去究讀，甚至受其推動。

問題談到這裡，我們對中國文化的脆弱的一面不能不稍作考察。我們在聖化社會的文化，方範的思想（prescriptive thinking）曾有突出的發達。如前所述，方範思想突出的發達，就壓抑了別種思想的發展。在中國文化裡，認知的思想（cognitive thinking）即令不是沒有，也被方範思想壓抑，從來抬不了頭，成不了主流。⑰直到現在二十世紀六十年代，中國文化份子能夠把方範思想和認知思想相當劃分清楚的人，似乎還是非常之少。不僅如此，而且有人還故意依一「哲學基礎」把二者混同起來。這眞是「俟河之清，人壽幾何」？作為一個正統的主流來看，幾千年來，中國的讀書人非經書不讀。經書所載，主要是方範思想。這樣便弄得認知思想薄弱不堪。從古昔以至現今，中國一般知識份子看經驗世界，不是根據古往傳說作範疇，就是眼光中充滿了詩情畫意，近幾十年來更增加了外來的若干哲學體系和各種「主義」的套子。至於能夠把這一切的一切統統從內心刮掉或擺脫掉，運用比較純淨的認知作用來分析事理的人，眞是少之又少。自新式教育實施以後，習科學的人的認知思想是有若干進步了。可是，這種進步主要限於物理科學方面，離著蔚成社會風氣的日子還遙遠得很！而且，即令是習科學的人，他們的認知思想多侷限於所研究的專門範圍。一離開了專門的範圍，他們也多天眞得很。中國社會文化裡的認知思想這麼脆弱，於是對外

⑰ 方範的思想祇問應然，不管實然。認知的思想祇問實然，不管應然。前者沒有真值；後者有真值（truth-value）。前者形成道德價值；後者形成科學知識。

來或內發的「理論魔術」的抗力沒有辦法不也脆弱。一般而論，中國近代知識份子之對外來的思想觀念是依這幾個條件而定迎拒：第一，合於自己先在的那幾個大觀念或大間架。第二，合於自己強烈的要求，例如救國救民的需要。第三，好新奇的心理。後二者我在前面已經一再說過了。拿這樣的一些「底子」來迎拒外來的思想觀念，那裡會有認知的把握！在認知上沒有把握的人，無論拒絕外來的思想觀念，還是迎接外來的思想觀念，都是「不由自主」的。「不由自主的」人之所想匯成的「時代精神」，又怎能不危險！近半個世紀以來的經驗事實夠教訓的了。

在知識份子的況位言知識份子，中國的馬列信徒十六年來對知識份子是夠不客氣了。一個讀書人，除了頭裡裝的那一點東西以外，還有什麼更寶貴的呢？可是，現實層界的政治氛圍變了，他們頭腦裡裝的那一點東西也被認爲「要不得」，必須洗乾淨，連保持沉默也不行。何其苛暴！照事實看來，那群脅迫知識份子變更觀念思想的人物祇能算是打亂仗的亂世人物。他們所擅長的充其量祇是師傅列寧的那一套。他們並沒有多大的學問。中國近代學人裡比他們學問好的夠多了。是否要學問好些的人接受學問糟些的人的教育呢？而且，每個人的思想和價值觀念是他的人格尊嚴之基礎。凡人都是人格平等的。馬列信徒根據什麼「資格」來藉此打擊別人的尊嚴呢？他們憑什麼顚撲不破的理由硬是要別人換上他們認爲「眞理」時想法和價值觀念呢？我實在想不通。如果說，分析到底層，無非是因爲他們有槍，那末予欲無言。

我現在略舉出於親身經歷的報告，作馬列信徒迫害知識份子的例證。我所引的祇限於我實在認識因而確知其人的例子。張東蓀是中國哲學界的前輩。馬列信徒首先選擇他作「清算鬪爭」的對象。張氏給人題書面引用西方一位作家的話「如果在共產主義與絞刑之間，叫我有所選擇，我寧願選擇絞刑」。這話成爲嚴重的把柄。於是，他在燕京大學大會上作了三次「檢討」，不許他「過關」。結果，他被以「反革命份子」定罪，判決軟禁。周炳琳做過昆明西南聯合大學的教授。他被「鬪爭」得最激烈，因爲他「抗戰」最激烈。他在受「檢討」時不肯「自我批評」，不肯罵自己的祖宗三代。結果弄得下不了台。於是，共產集體發動他家裡的人圍攻他。終於，這隻頑強的鐵牛「變成了沙漠中的孤寂者」，「剩下給他的祇有悲哀」。華羅庚是一位天才數學家，也曾是昆明西南聯合大學的教授。他在被「鬥爭」之餘，最後因爲他還保存著原有的出國護照，這一下不得了，引起對他無情的「鬥爭」，被迫自殺未遂。潘光旦是失去一隻腿的名學人。他做過西南聯合大學的教務長。他前後被「檢討」八次，硬說他有「思想暗流」，弄得他痛哭流涕。⑱最糟糕的是梁漱溟事件。梁漱溟在思想和學術上雖然沒有辦法；可是，我在前面說過，他的行誼，他的風範，他的眞誠，無疑構成他是中國現代可佩的知識份子之一。他這個人祇堅持他的理想，絕少實際政治興趣。他在現代中國的精神影響力頗大，共產集體給他的窘辱也很大。在一次會議中，梁漱溟據實說鄉間的鄉民很苦。誰知這話觸著共產統治的痛處，「搞統戰」的人物不問他說的話是否合於事實，祇說他的話裡含有「陰謀」，接著介紹他的「反動歷史」，說他在山東辦村治是得「軍閥韓復榘的支持」。會議的主持人罵他「有臭氣，有臭骨頭」。梁氏站在台上繼續發言，台下怒吼著：「反動份子下台來！」「打死反革命分子」。⑲我在這裡所舉的例子顯然祇是「九牛之一毛」。可是，即令這「九牛之一毛」已夠發人深省。過去宗教迫害中有所謂自我酷評（self-castigation）這種程序。現在馬列信徒所編導的「清算鬥爭」就是「自我酷評」的新版。在這一程序中，他們造成一種群眾聲威，讓你在這一聲威的氣氛鎭懾之下自譴、自責、自恨、自愧、自悔、自慚形穢。於是，你積年學養累成的「精神武裝」完全被解除了，人格尊嚴完全零化了。在人群中你變成一個一無所有的裸體兒，無助地暴露在一個組織的巨靈之前，毫無

---

⑱ 上面的例子，引自周鯨文，《風暴十年》，香港，一九六二年，第三版，第六章，〈不斷的鬥爭〉。

⑲ 同⑱，第十一章，〈民主自由的絞刑〉。

抗拒地任他擺佈。

人類有許多策術實行起來的利弊得失不是一朝一夕看得清楚的，而是必須在相當長久的時期中藉著一序列的事件紀錄所構成的函數曲線才看得清楚。馬列主義的政治宗教制度的實驗將近五十年了。這將近五十年的經驗足夠使人類發出這樣的一些疑問：爲了試驗這種制度人類已經付出血和淚的代價，但是除了形成一些苛酷無比的權力建構以外，好處究竟在那裡呢？一般人所得到的除了鐵鍊子以外，還有些什麼呢？如果所付出代價是生命，而所收入的祇是配給的澱粉，那末這樣的「交易」是否值得呢？強制多數人爲了求取最低的生存而放棄人生理想、道德價值、美的情操及個性發展，這對社會文化的進步有什麼幫助呢？馬列信徒是靠強調改善經濟而起家的。茲假定彼等對一般人的生活確實是提高了。正在彼等一隻手提高生活的同時，另一隻手卻收繳自由和民主。這不是先套上籠頭再吃飯嗎？尼魯（J. Nehru）說印度所走的路不是把「民主的制度犧牲在經濟進步的祭壇上」。他認爲：「在一長遠的過程中，因追求經濟的繁榮而否定人的自由和尊嚴，是不會使一個國邦長久存立的。」這眞是既抓住了立國的要點又有遠見的話。一個國邦即令經濟繁榮，可是人都失去了人的自由和尊嚴，充其量來不過是一個充滿了蜜糖的蜂窩而已。在共產制度之下，即使眞是遍地黃金，用珍珠嵌街燈，天天吃山珍海味，出門有汽車代步，但它隨時祕密逮捕，不許人保有個人尊嚴，不許思想自由，不許言論自由，不許學術自由，甚至連隱居的自由也沒有，我們知識份子怎能接受這種制度？

也許有人說：「因爲你是一個自由主義者，所以照你的眼光看來共產制度簡直無一是處，事事都不順眼。共產制度誠然有你在前面所指出的短處，你是否考慮到共產制度也有它的長處？它如果毫無長處，何以能造出核子武器？在共產制度之下，力量能夠高度集中，辦事迅速，建設能夠徹底計劃化。因爲它有這些長處，所以才能在一個科學落後的國家造出核子武器。」

不錯，我是一個自由主義者，但我是一個理知的自由主義者。理知的自由主義者的重要特色之一，就是講理。什麼是講理呢？我所說的講理，並不是事先「站穩自由主義的立場」，然後再援引論據或製造說詞來保衛這個「立場」。我所說的「講理」，更不是一上來就預先立了一個否定對方的腹案，然後再搜求證據或製造說詞來支持自己對於對方的否定。這是拿「講理」作不講理的程序。這種程序裡包著蘇俄黨爭四十年的方程式。這個方程式的常數是，自己永遠是對的，自己的「立場」絕對不能放棄或動搖；而對方永遠是錯的，所以他的論據絲毫不必考慮。這個方程式的變數是，怎樣或拿什麼來保衛自己的立場並壓倒對方，可因時、因人、因地、因題而制宜，毫無拘泥之處。這個樣子的「講理」，縱然講到宇宙的末日，也講不清的。這完完全全是「鬪爭」的一種形式，既是，「鬪爭」就要求勝。決定勝利的最後因素是權力，既然如此，從事辯論，不過是把這一權力的孫悟空搖身一變而深藏在語言詞令裡面罷了。在戰場上用槍炮「鬪爭」，在會場上用語言「鬪爭」。表現的方式有文有武，但其爲「鬪爭」則一。既爲「鬪爭」，有什麼眞理好講呢？

理知的自由主義者所說的講理，完全不是這麼回事。理知的自由主義者出發的基地是一個開放的心靈。開放的心靈有兩大特徵：第一，沒有禁忌。這也就是說，無事不可以談。既然無事不可以談，於是就沒有偶像，沒有權威，也沒有任何學說及制度或人物可視爲「閒人免進」的禁地。第二，理知的自由主義者並不在未討論之前就有意無意的自以爲站在正統的地位，也不先肯定別人不對，而無寧假設別人可能是對的，再分析他的論據。如果全部是對的，那末全部接受。如果有一部分是對的而有一部分是錯的，那末一部分接受一部分不接受。如果全部是錯的，那末祇好全部不接受：一切以「理」爲本。作爲一個理知的自由主義者，我不事先對人間任何觀念、思想、制度預存偏見。我是研究了再下判斷的。

共產制度既然狂風似的吹遍了半個地球，當然有很複雜的原因。可是原因（cause）並非理由（reason）。依前所述，可知共產制度是脫序、挫折、焦慮、失望、失所、動亂，乘以狂想曲（rhapsody）的產品。它爲這些病疾提供了一種極猛烈的治療方案。這一治療方案的副作用實在太大了，大到抵消了正作用而有餘。可是，這方面的問題不在此時的討論範圍以內。我們現在所要做的工作是，本於上面所說的理知的自由主義的態度，來解答前面所提出的問題。

第一，認爲共產制度可以有助於造出核子武器，這根本是不合邏輯的想法。請問美國是否實行共產制度？如果不是的，怎麼也造出核子武器？而且造得更多、更好、更早？

如果要共產制度有助於造出核子武器這話能夠成立，那末必須證明有共產制度就有核子武器而且沒有共產制度就沒有核子武器。事實並非如此。事實是，固然有共產制度可以有核子武器，而沒有共產制度也可以有核子武器。既然如此，可見共產制度之有無與核子武器之有無各不相干。相干的是什麼呢？相干的是科學與技術。有科學與技術才能造出核子武器。可是，科學與技術是中立性的東西——與特定的政治制度沒有關聯。

第二，我們評論一件事情的得失，不能忘記道德原理。如果置大群人沒有褲子穿於不顧，即令造出幾顆核子彈來，這又有什麼道理呢？中國近百餘年來的重要問題是對外要睦鄰，對內要改善人民的生活，要現代化。如果不此之圖，一心招事，這豈是一般人民之福？

第三，人的判斷常受「選擇的注意」所支配。一個事件發生時假定有a、b、c、d、e，f等等方面。在這些方面中，如果我們的興趣衹在e，那末我們往往衹注意到e，對於其餘的a、b、c、d、f我們常常「視而不見，聽而不聞」。亞洲人能造出核子武器，其爲一高級的科學及技術的成就是任何有常識、理知，及尊重科學的人所不能盲目否認的。然而，我們有沒有同時記得造核子武器的地方正是有清算鬪爭、勞動改造、極權統治、集中營、奴工營、迫害、飢餓等等的存在？

有些中國文化份子對於極權統治似乎特別曲予原諒。他們也承認極權統治是一惡（evil），不過他們認爲極權統治在中國是一必要之惡（necessary evil）。這些人士所持論據是說「中國人的事不用強制手段搞不好」。可是，這些人士又常說「中國人是一優秀民族」。一個優秀民族的起碼條件是不接受別人的強制而且也不必別人強制。他們能自動、自律、自愛。如果一個民族不能自動、自律、自愛，而需要一個強大的統治集體作泰山壓頂式的強制，那末怎能算是「優秀」呢？在事實上，從清末到一九四九年以前，中國人自動起來做了許多社會改革、教育普及、學術提倡、物質建設的事。在這幾十年間做這些事體，很少有強制的情形。怎麼又行得通呢？

第四，假若有人聞爆而欣，不問主持者的動機是什麼，不管是在什麼條件之下舉行的，那末是什麼力量在支配他？中國人自八國聯軍入侵以來，京師被陷，割地賠款，喪權辱國，主要原因之一是科學技術不及西方。這種奇恥大辱，沉澱到一般中國人的潛意識裡。今有人的表現能與歐美並駕齊驅，便頗有揚眉吐氣之感。這種情形是由於潛意識內的「民族情感」被人抓住了。飄零海外的人士尤其容易做「民族情感」的俘虜。一談到「民族情感」，彷彿是「行人止步」，神聖不可侵犯，殊不知即令是「民族情感」也有兩種。一種是理知的；另一種是盲目的。如果民族情感是出於良知的，那末任何人有任何舉措，民族的任何份子有權利也有義務來批評，看這一舉措是否切合整個民族的需要。如果民族情感是盲目的，那末祇要有人打起「民族」招牌，頭就昏了，不敢仰視。即令有人搬出「民族」的大帽子，做出不利於民族的事體，也不敢批評。這種盲目的民族情感是很容易被激發的、被利用的，因而像古黃河之水也是很危險的。根據民族實實際際的利益，我想不出造核有何必要。任何民族要挺起來，必須在改善人民的生活並提高文化水平這二堅實的基礎上挺起來。置這一層不顧來發展武器，便是打腫臉充胖子：顧政權不顧人民。

根據以上分析的種種理由，至少傾向自由的知識份子可以明瞭共產制度是不足取的。共產制度是古代奴役制度的新版。這樣的制度不是解決中國問題的一個溫暖的方案。

(二) 吾人的大環境

我們中國知識份子生當今之世，身逢這種際會，必須對我們置身其中的時代環境有一個眞切的了解。有一個眞切的了解，才能作立身行事的張本。中國社會文化目前的遭遇，眞是「三千餘年一大變局」。就西方世界來說，目前的變局是回教勢力勃興以來的第上一大變。回教勢力從第七世紀開始發展，極盛時期建立了一個橫跨歐、非、亞三洲的大勢力圈。一四五三年鄂圖曼土耳其人攻陷君士坦丁堡，滅掉東羅馬帝國。回教勢力達到一個高峰。一五二九年回教勢力第一次包圍維也納；從一六四五年到一六六四年與威尼斯長期作戰；一六八三年又包圍維也納。在這樣長久的歲月，回教勢力構成對基督教的重大威脅。直到一六九九年鄂圖曼帝國與奧國訂立卡洛維翅條約（Treaty of Karlowitz），才不復成爲歐洲的有效威脅。綜計回教勢力從第七世紀開始到第十七世紀之威脅歐洲，前後達千年之久。我在前面說過，歐洲赤潮有退落的徵兆。可是，大病往往不是短期可以痊癒的。世界規模的任何動亂無一不是由來已久而且植根也深。這種動亂的消弭一定得從它由之而發生的根源之消弭開始。可是，它由之而發生的根源之形成既然經過相當長的時間，所以由這根源所發生的動亂之消弭也往往需要相當長的時間。世界規模的赤熱症也是如此。共產世界和自由世界對敵不過五十年左右，再敵對五十年實在不算稀奇。整個東亞的形勢今後也不能自外於世界的這一基本形勢。推理和希冀是不同的。

如果世界的政治、經濟、技術和意底牢結等等條件化合而成的動理照目前的情形繼續發展下去，那末世界今後的形勢可以分述如下：第一，歐洲方面，共產制度將首先被軟化、鬆化、馴化。在內容上，它將逐漸與西方同化；可是在形式上，它還會保持空架子到相當長的時期。第二，美洲方面，赤色勢力的滲透、顚覆，及破壞活動還會繼續。不過，這些努力會被美洲國邦的聯合行動中和到不足爲害的程度。從遠大處著眼，赤色勢力的滲透、顚覆，及破壞活動未嘗沒有好處。「聞名不如見面」。在未曾領教過共產制度的人幻想起來，也許認爲共產制度是窮人的救星。等到他們親身領教過赤色活動及其統治方式的種種等等，便感覺到其味欠佳。古巴是很好的一個陳列館。從這個意義來說，古巴之實行共產制度，算是替美洲打了一次防疫針。第三，非洲方面，非洲人在一方面有若干接受過世界較高的文明洗禮，在另一方面保有原始的活力。剛從殖民主義解放出來的非洲新國，對前途充滿了自信力和進取的銳氣。非洲黑人一點也不笨，祇是我們不想跟他們結婚而已。在經濟方面，非洲走向新型的計劃制度。在政治方面，非洲成為自由國邦和共產國邦競爭的場所。赤色活動將被自由勢力抵消掉，而不致一邊倒向共產勢力範圍。第四，亞洲方面，情況比較混亂，問題比較複雜，亞洲防赤問題的主要關鍵，在自由而又高度工業化的日本，及人口眾多、既有眞正民主制度和高深文化且又領土廣大的印度，印尼的背向也頗舉足輕重。顯然得很，促成亞洲赤潮的退落，將是自由勢力的最後一課。

古往今來，人類的歷史就是有治有亂。根據齊布利茲（Victor Cherbuliez）的研究，從紀元前一千五百年到紀元後一千八百六十年止，人類所簽訂的和平條約不少於八千個。每個條約之訂立都是爲了永久和平。可是，每個條約的效力平均祇有二年的壽命。中國從戰國到現代的戰亂之頻爲數也是可觀的。我們殊無理由說亂世是變態，而治世是常態。我們祇能說亂久望治是常態。既然大家望治，就得從根本上講求致治的道理。

四、知識份子的責任

什麼才是中國應走的道路？怎樣才能使中國有個光明的遠景？依照我在本書裡從一開始到現在所陳示

的種種，關於這些問題的解答可以濃縮成八個字：

道德，自由，民主，科學。

祇有實現這四目，中國才有希望。我們要實現這四目，必須積極的努力於新的文化創建。要努力於新的文化創建，必須有健全的知識份子作努力。怎樣的知識份子才算得是健全的知識份子？一個知識份子要成爲一個健全的知識份子，必須同時滿足兩個條件：

第一注重德操；第二獻身眞理。

在目前的社會風氣之中談道德，不是被人譏爲迂闊，就是容易被人認爲虛僞。的確，在談道德的人物中多的是這兩種人。可是，我們不能因此就不要道德。有沒有人因市面流行假鈔票而根本不用鈔票？我稍一反思，現在的道德問題實在嚴重。在這迷茫失緒的世界裡，人事朝夕變幻多端。我們把握著什麼？我們靠什麼作定力？我們必須怎樣才能免於失落？各種無定向的風在亂吹，一忽兒東，一忽兒西，令人何所適從？我們怎樣站穩腳跟？現在，有些人在權勢面前是一套，轉過背來對弱小是另一套。臉譜的變換，比戲台上還要快。他們到張家是這個樣子，到李家是那個樣子，中間一點聯貫也沒有，一點共同的基本原則也沒有。自己跟自己不一樣。自己把自己在各種不同的應付人事的場合撕成碎片。結果，自己不見了，祇剩下一張名片。這樣的存在，像馬路邊灰塵般的存在，像汽車後面排出的煙似的存在。我們最核心的需要是始終維持自同（selfsameness），是保持內部鞏固（inner solidarity），是靜悄悄地作自我綜合（ego-synthesis）。[20]這就需要德操作中主了。我們處身在這樣一個光怪陸離的時代，要像屹立海岸的奇崖，任

---

⑳ Erik Homburger Erikson, The Problem of Ego Identity, in *Identity and Anxiety*, edited by Maurice R. Stein, Arthur J. Vidich and David Manning White, 1962.

它風吹雨打，魚蝦相戲，狂浪拍擊，我則屹立不移。堅固道德的完整，方可收斂散漫的心靈。祇有照著道德原則的指標走去，才可免於掉進遠遠近近大大小小的鱷魚潭。我們能否見小利而不忘大義？我們能否處貧困而不改素志？我們能否視馬路上的富貴若浮雲？我們能否堅持理想而不受誘惑？我們能否不把廉價的恭維當做「精神食糧」？我們能否在無端受侮辱與迫害時處之以寧靜？凡此等等問題，都是知識份子常常遭遇到的問題，而且在實際中必須認眞面對的。這些問題在紙上解答都是容易的，坐而論道也不太難。祇有在實際的情況出現，身歷其境，受到臨場的考驗時，才可測出一個人的德操之深淺高低。在這種虛華而又淪喪的歲月，一個知識份子要保持道德原則，實在是難上加難。但是，功夫就在這裡。

如第十四章所述，道德而無相干的知識作充足條件時是盲目的。我們處身在這個魚龍混雜的時代，不可少的是分辨能力，據斯泰因（Maurice R. Stein）和維底奇（Arthur J. Vidich）說，[21]莎士比亞劇中描寫的哈姆雷待（Hamlet）的中心性格，是到一個社會裡去尋求個人的眞實性。而在他所到的社會裡，集體的眞實性已不復能夠認爲沒有問題了。於是，他的追尋變爲尋求他個人的認同。這也就是說，他祇能去找和他相同的個人，團體已經不可靠了。但是，他發現這祇能藉著細心考查他與他周圍之眞實的和想像中的人之關係才能得到。結果，哈姆雷特發現男女人們把最光榮的儀態和角色當做眞實的，尤其是把合於並保衛他們所喜愛的自我影像的人當做眞實的。在《阿塞羅》（*Othello*）裡，莎士比亞告訴大家，有些人的情感導引他們把「虛假的」自我影像和角色當做眞實的，以致毀掉了他們的生命。伊亞哥（Iago）裝得像是一個顧問和朋友的樣子，來導引阿塞羅走入歧途。其實他充滿了邪惡的動機。阿塞羅回答伊亞哥的假殷勤，而且受自己被抑壓的情感之驅使，他與一個謀殺者同流，並把德士底摩納（Desdemona）和他自己毀

㉑ 同⑳，Maurice R. Stein and Arthur J. Vidich, Identity and History: An Overview.

掉了。不過，莎士比亞細心弄明白了，阿塞羅並不止是一個謀殺者而已，他也是很神聖而高貴的。可是莎士比亞所注意的，是這樣的高貴之如朝露，阿塞羅往往表現著兩面性格，他沒有內在的調和。

在這個時代，伊亞哥這種腳色以形形色色的姿態出現。我耽心知識份子變成阿塞羅。

際此時日，眞是歧路亡羊，是非不明。是非不明，社會沒有不亂的。所以清理是非是一百年大計。這件事是知識份子責無旁貸的。中國時傳統一向是知識份子乃社會的南針。是非被保持在知識份子那裡，而且眞正的知識份子把是非之分際看得非常嚴重。正因此故，每次大亂過後總可保持一點命脈。清末以來，政事議論、國家大計，也莫不以士流清議爲重。行動人物有時也以知識份子的是非爲是非。[22]然而，近幾十年來逐漸搞倒了頭。知識份子逐漸放棄自己的見地，讓出自己的思想主權，以行動人物的是非爲是非。甚至民國初年以來知識界的若干健將，也失去獨自思想的能力，以流行的意見爲眞理。之所以致此，說來眞是話長。我現在祇提出幾點：第一，有些知識份子所見本來不深。不深的見解易被大眾的意見聲威所懾伏、所轉移。第二，發言投機取巧。這種言論經不起考驗。第三，在大震盪之中喪失定見，結果把是非的判斷交給果決的行動人物。這是弗洛門所說「逃離自由」[23]的一面。另外也有知識份子的是非沒有完全跟著行動人物的是非走。彼等之所以如此，並非基於認知，而是以承繼道統自命，抱緊聖像不放。這類人士倒是有點是非，可惜是「向後看齊」的是非。這種玄古的制式是非，很少切合當前的實際，和創新文化的需要。

㉒ 如果一個人既是知識份子又是行動人物，那末他應以知識份子為重。這樣方不致迷失在現實的混亂中。

㉓ Erich Fromm, *Escape from Freedom*, New York, 1958.

在長期混亂的時代，人陷於不定的情況之中時，即令是珍愛自由的人，也難免放棄自由而照著強制的規定行事。

近幾十年來，行動人物的是非和觀念人物的雖然不是完全違離的，然而究竟是兩個不同的類。關於這兩個類之不同，從我在前面所指陳的行動人物和觀念人物之種種不同，可以推論若干出來。眞正的觀念人物重理想；行動人物重實際。某一個時代，在許多不同類型的人物之中，究竟是那一類型的人物居於導演的地位，這是各種現實情勢造成的。這樣的結果，我叫做「歷史的偶然」。關於「歷史的偶然」，我現在沒有什麼可說的，這祇有留待別的機會去討論。如果歷史是人類的舞台，那末似乎本來就是昨天某甲登台表演，今天某乙來表演，明天又不知是誰來表演。同是搞科學工藝的，過去叫做「疇人」。這是一個不被聖化社會重視的類。可是，到了今天搞科學工藝的被叫做「專家」。「專家」幾乎是人上人了。同樣是弄表演藝術的，過去叫「優伶」，我們由「與倡優同蓄」這一句話可以看出他/她們的社會地位是夠低了。可是到了今天，「歌星」是被捧的對象。據說有的歌星一支曲罷所得，勝過一位教授一月的薪金。在人類歷史舞台上的某一幕中，行動人物登台獻演，這祇好說是「時勢使然」。然而，如果說行動人物的是非足爲天下後世法，並且知識份子的是非也得跟著走，那就似乎有點「越界築路」，行動人物中之最優秀的，所作所爲的重點祇在事功。事功上的道理侷限得很。更何況有時是離題千里！行動人物的是非，揭開優美的修辭學來看，根本多屬從局部的感情、利害、得失、聲威要求、個人及團體的意氣出發的。我不知道這些因素與知識有什麼相干。然而，這些因素經過細心經營而且建構化以後，居然成爲是非的標準。影響所及，似乎不是歷史上一幕兩幕就能過去的。

我們在知識份子之間可以很顯著地看到這種影響。當梁啓超的新說風靡時，當早期的陳、胡倡導的新潮澎湃時，有許多人贊同，也有不少人反對。贊同的是眞誠的贊同，否則不會產生那末廣大的影響。反對的也是眞誠的反對，否則保守勢力不會那末頑強。這種眞誠，到現在似乎愈來愈微茫了。時至今日，知識份子似乎愈來愈彼此陌生，而且互相懷疑彼此的動機。㉔若干知識份子之狂熱追求個人的煌大，遠甚於追求眞理。彼等一般的對個人聲名的飢渴，遠甚於對眞理的飢渴。於是，知識方面的工作被用爲達到這類目標的手段。評論往往變成捧或罵的化身。末羼入私人因素的文字實在難逢。現代生活日重享受，彼此之間的競爭不易避免。個人的現實需求擠走了對無關利害的客觀眞理之追求。這一趨勢，把人們的思路引向一條死巷子：一切思想言論幾乎已無客觀效準可言。一切思想言論都依利益或人事關係來解釋。祇要是在同一條線上的，便捧入九天之上；祇要不是在同一條線上的，便踩入九地之下。彼此的語言不通，彼此不了解，也不求了解。各人努力的方向像光線的漫射。彼此努力的成果流失在相互的抵消中。幾十年來現實權利爭奪所鑄成的意識型模已在知識份子之間隱約可見。現今的若干知識份子一般的把個人或團體的情緒當眞理，把一時流行的意見當是非的準繩，而思想則隨著流行的音樂打轉。所以，知識界成爲一個失血的人。他除了製造大量的統計數字以外，剝落了昔日的光和熱，更未能給人以新的展望。

社會總要有些知識份子來累積、保存、再製，並傳授知識。知識份子是一般地失落了。要救起知識份子的還祇有知識份子自己。每個人有而且祇有一個一生。這一個一生極容易自己浪費或被別人浪費掉了。無論是自己浪費或被別人浪費掉了，既已逝矣，即永不再來了。回顧這幾十年來，在時代的大播動中，比起別國的知識份子，中國知識份子的浪費委實是太多太大了。人生不能僅靠反什麼而活。祇有積極的努力所產生的積極成果才能在當今之世發生自救救人的眞實作用。就知識份子而論，努力於知識和眞理的探求是中心的任務。從一長遠的過程和根本的培養來說，一個社會文化還有什麼比知識和眞理更重要呢？然而，我們必須認識清楚，眞理是吃素的。當財富太多時，眞理就逃走了。當權勢臨頭時，眞理就遠避了。

㉔ Consult Karl Mannheim, *Ideology and Utopia*, New York, 1954. Preface by Louis Wirth.

財富可以購買金山，但買不來一條定律。權勢可以使人在它面前諂笑，可以使人在它面前歌頌，可以使人在它面前屈膝，但是製造不出眞理。一切靠權勢支持的「眞理」都是可疑的。一切從權勢裡分泌出來的「眞理」更屬可疑。權勢可以毀滅人的身體，但是毀滅不了眞理。有而且祇有這樣的眞理才是值得我們追求的。古往今來，獻身追求眞理的人，常能和寂寞爲友。眞理是輕微的聲音，他要訴說與清醒的心靈。太好熱鬧，不甘寂寞的人，周旋在雞尾酒會裡，聽一片喧笑，到哪裡去找到眞理的蹤影？眞理不靠權威成長。大眾的起鬨祇有把眞理嚇跑了。牛頓定律不產生於群眾大會。愛因斯坦的相對論並非集體創作。羅素的哲學更不是遵照什麼路線走出來的。獨自的探索，是通向眞理的幽徑。多數的協作和討論可以給人啓發，但最後的吸收和創造，還是著落到個人的獨自思考。

從人類望治的心情來說，赤色的動亂是和平致治的最大障礙。至少從理知的自由主義的觀點來看，共產制度是自由的創建自由文化的一大枷鎖。但是，如前所述，世界的赤熱症不是一下子治得好的。中國所患赤熱症又是世界赤熱症的一個區域。中國不僅是世界赤熱症的一個區域，而且是一個發高燒的區域。這種大病，不是古方草藥可治，也不是僅用普通外科手術可治。治這種奇症的特效藥世界還未發明。世界有心人士正在苦心焦慮來發明這種藥。這種藥之難於發明，係因它必須能內外兼治。這也就是說，這種藥除了能用於外科，還必須能夠用來醫治心靈。就我的了解，在醫治赤熱症上，醫治心靈尤爲重要。可是，這種藥還很少——雖然宗教可能代替一部分。世界現在缺少這種藥，所以在面對赤化勢力時，在觀念思想上總顯得缺少活力。維特夫哥（Karl A. Wittfogel）說：「你不能拿無何有來對抗什麼東西。在一個危機的時代，任何思想的眞空，正像任何權力眞空一樣，足以招致災害。」[25]他是抓住了這個問題的要點。

---

[25] Karl A. Wittfogel, *Oriental Despotism*, Yale University Press, 1957. p.10.

海耶克也很關心這個問題。他說：

> 在爲獲得世界人民的道德支持的奮鬥裡，西方人自己缺乏堅定的信持。因此使西方世界陷於重大不利之中。西方知識界的領袖們的心情長久以來一直是對於西方的原理原則感到幻滅了。他們輕蔑西方的成就，並且一心一意要創造「較好的世界」。西方人士自己的心情如此，我們就不要希望別人跟著我們跑了。如果我們在目前世界觀念的大衡鬥中想要獲致成功，那末我們首先必須知道我們信持的是什麼。如果我們要不隨風飄搖的話，那末我們心中也得明白我們所要保持的是什麼。我們與別的人民發生關係時也必須將我們的理想明白說出。時至今日，我們的外交政策上的問題，主要就是我們的政治哲學能否勝過別人的問題。而且，我們的生存端賴我們能否在一個共同理想之下集結世界足夠堅強的部分。㉖

在西方世界，同樣有理想虛渺的問題。所不同的，是西方世界的學人不粉飾自己，正視問題，而目提出來認眞討論。

然而，這並不是說，我們要提出一個文化理想，就是自創一個什麼意底牢結，或者是關起門來爲世界設計一個什麼「藍圖」。這個時代已到尾聲了。㉗我們要樹立一個文化理想，有人的普遍價值之實現作遠景，有現成的科學知識和技術可資利用。關於這方面的種種，已經蘊含在前面幾章的討論裡了。

就中國的社會文化所出的大病症來說，中國的知識份子首當其衝。既然中國知識份子首當其衝，於是有必要也有義務在世界的配景之中來研究這類問題。中國的問題既然根本是出於社會文化上，於是要解

㉖ F. A. Hayek, *The Constitution of Liberty*. The University of Chicago Press, 1960, p. 2.

㉗ See Daniel Bell. *The End of Ideology*, New York, 1962. The End of Ideology in the West: An Epilogue.

決這個問題也祇有在根本上從社會文化的創建著手。這裡所說創建社會文化，就是從頭創建一個適於大家生存和發展的現代文化。我們需要從目的社會（teleological society）走向波柏爾所說的開放社會（open society）。在這樣的社會文化裡，我們的思想和行爲，不再受無謂的前例、禁忌、複雜意結、人身神話等等的束縛；而是以合於人生的德目及理知爲指歸。一談到這些問題，事體就大了，端緒就多了，可努力的方向就多了。首先，我們在從事這一金字塔式的工作時，我們的胸襟必須是「爲萬世開太平」而鋪路。我們希望透過自由文化的默運力，中國終於能夠消解目前的種種暴戾之氣，而出現一個重道德、有自由、行民主的境象。就知識份子來說，還有什麼事比這更值得做？還有什麼工作比這更巨大？還有什麼境界比這更開闊？照我看來，將我們的才智和努力安置在這一配景之中，我們就會覺得人生有了意義，人生有了價值，人生有了確實的目的。

當然，從事社會文化的創建，正同從事一切根本之圖一樣，收效是比較緩慢的，但確會宏大。讓一切短視的現實主義遠離我們。我們應須走一條沉長的路。除了這一條遠路以外，別無近路可抄，也無近功可圖。曾國藩說：「天下之事，有其功必有其效。功未至而求效之遽臻，則妄矣。」[28]孟軻說：

> ……今之欲王者，猶七年之病，求三年之艾也。苟爲不畜，終身不得。……[29]

七年之病，需求三年之艾，百年大病，最少需求三十年之艾。

---

[28]《曾文正公全集》，臺北版，頁四七九。

[29]《孟子》，〈離婁章句〉上。

附錄　有關《中國文化的展望》的幾個問題
——並答許倬雲先生

殷海光

一

我著作的《中國文化的展望》一書在今年一月一日出版後，我從三種方式收到反應：第一，口頭的表示；第二，私人的通信；第三，公開發表的評論。公開發表的評論，截至我執筆寫這篇文字的此刻爲止，我接觸到的有二篇，一篇是金耀基先生寫的〈殷海光新著《中國文化的展望》我評〉；另一篇是許倬雲先生寫的〈讀殷海光著《中國文化的展望》〉，載在《思與言》第四卷第一期。金文因不在臺灣發表，一般讀者不易獲讀。如果我在這裡和他討論，那麼一般讀者將不知我究何所指。我現在要提出討論的，是許先生的這篇評論。

二

一個社會的學術及思想要有進步，必須有健全的書評制度。換句話說，健全的書評制度，可以有助於一個社會的學術及思想之進步。我們要建立健全的書評制度，寫書評的士人，除了必須具有相干部門的學術及思想訓練以外，必須心思單純。這裡所說「心思單純」，意即作書評的士人至少正在作書評的時候，除了學術上的問題以外，不攙進任何雜念。許倬雲先生的這篇書評，庶幾近之。雖然，就嚴格書評的標準來衡斷，他所說本書是「上乘作品之一」、「高舉雙手贊成」、「小瑕不掩大瑜」、「好書」等等詞藻也可以不必要。

三

許倬雲先生（爲表示消掉人身關係起見，以下一概稱作「評者」）對《中國文化的展望》一書所作論評條目可以分作下列三類：

第一，對本書所作指摘，指摘得正是的——或者，至少，我認爲指摘得正是的。

第二，未能確定爲說得正是的或正下是的——或者，根據甲標準來說對而根據乙標準來說不對的。

第三，誤解了的：或者，必須作進一步分析的說明的。

對於這類的情形，我的處理方式如下：

㈠既然指摘的正是，除非正碰到必要的情形，我不作進一步的分析。

㈡既然未能確定爲說得正是的或正不是的，我認爲無從討論。這類的問題在學術範圍裡很是不少的。如果我們有興趣討論他們，那麼只好留待別的機會。

㈢對於誤解了的或必須作進一步分析的說明情形，我認爲可以提出討論。我在本文所涉，主要是以這爲範圍。不過，即令是這一類的，我的討論也只以我認爲重要的爲限。

四

任何評者和有興趣的讀者如果要能對本書有比較深徹的瞭解，必須明瞭它的建構程式。我現在將本書的建構程式用圖解表示出來：

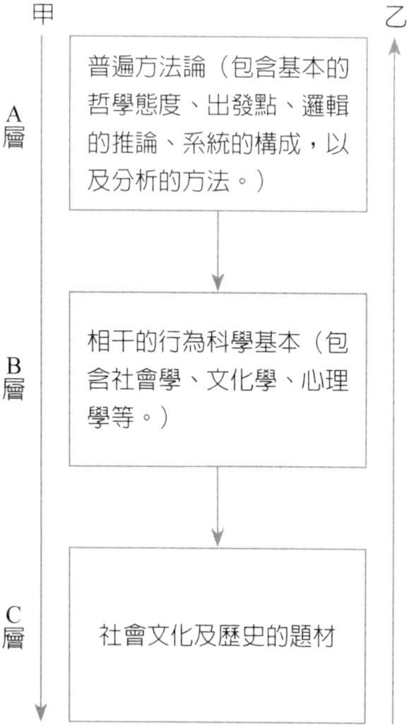

這個圖解所示的，可以從甲及乙兩個對反的方向觀察和運用。第一，如果一個人已經有相當的哲學訓練和相干的行爲科學的基本知識，那麼他可以「俯衝而下」，運用這些「本錢」來選取、組織、並說明社會文化及歷史的題材「這是走圖解裡箭頭（甲）所示的程序。走這個程序的人，有他易犯的危險：如果他的哲學態度和出發點是空泛的，那麼他從根就不會有結果：除了塗畫出如穆勒斯（C. Wright Mills）所說「混亂的空詞」（confused verbiage）來淆惑視聽以外，終究一無眞實的認知果實可得。然而，如果他的哲學態度和出發點趨向於實在，例如他一開始就採取經驗哲學，那麼他一開始就會因對經驗知識有一種緊迫感而吸收並運用經驗知識來光照社會文化及歷史的題材。順著這條途徑下去，我們可能一開始眼睛就是亮的，看得清全盤局勢和事象的底裡。這樣一來，既可減少暗中摸索之苦，又可比較容易獲致可靠的果實。第二，像一般的情形一樣，如果一個人從「材料」的搜求入手，那麼他可能到達的等級有三：一、停止在搜求的「材料」這一層次上。在這個層次上的研究者常視理論的說明爲空談。停止在這個層次的人，雖然常常視野狹小，而且所見不深，但努力往往不致落空——他可以做個不壞的檔案管理員，或是揣摸字句的考據之士。二、從搜求材料這個層次更上一個層次，即是拿相干的行爲科學知識來光照材料。三、從此更上一層樓，他正式地或非正式地定出他所據以出發的一般方法學的設準，從而穩固他的研究程序，度量他的結論的可靠程度。這是走的圖解裡箭頭（乙）所示的程序。我在本書所走的路線是頂著圖解裡箭頭（甲）所示的程序的。任何人如果要對本書有所評論，我希望他首先瞭解我據以建構本書的這個程序。

五

如第三節C條所說，我在本文所涉，主要是以評者對於本書的誤解或必須作進一步分析的說明，同時又是我認爲重要的地方。關於這一方面的問題，我將分作以後的幾目來討論。

(一)關於文化的「時間深度」問題

評者說本書「缺點中最嚴重者爲忽視文化的時間深度，只劃分爲過去（傳統）與現在兩個平面」。我很乍聞此語，幾乎使我驚出了一身冷汗。我的爲學和思考，甚至作人和交友，都缺乏時間深度的意識。我很少有「連續的意識」。一個人的觀念和思想及知識成長，相當地受他的教育過程與環境的約制。我在進入大學的時候，究習邏輯和知識理論，當時深受我的老師金岳霖先生的薰陶。他說邏輯和知識理論是歷史性的東西。他講學時有一句口頭禪，他動不動說：「我要把這個問題放在平面來看。」我的思想模式深深受這句話的影響。於是，二十多年來，我一運思，總是容易想到抽象的、普遍的、形式的和系統化的次元上去；而對於具體的、特殊的、個別的有元，多少總有意或無意存著輕忽的態度。當然，我並非不知後者對於歷史研究之重要。可是，我在接觸歷史材料時，也往往要把它放在理論的架構之中，我才放心。不過，這種作法，要既不成爲「材料的貧血症」又不流於空泛的「理論迷」，是一件不易實現的企圖。一個人小的錯誤自己容易看出，大的錯誤自己就很難看出；枝節的錯誤自己容易看出，基本的毛病自己便很難看出。比如說，我爲學由於順著「平面主義」的路線發展，於是總有意無意拒絕讀文學創作。可是，我自己一直未曾自覺到這一基本毛病——如果算是毛病的話。「旁觀者清」，後來，經過林毓生先生明白指出，我才恍然大晤。可是，二十多年卻一飄就過了。現在，評者說我「忽視文化的時間深度」，這可以算是對我作這類批評的第二次。這類批評，對我在思究有關歷史和文化的問題時，確實有著警惕的作用。

不過，如果特定地就本書所指涉的「時間深度」而論，似乎並不發生評者所提出的這種缺失。因爲，本書並未指涉「『由十四世紀』到二十世紀」這麼長的「時間深度」。我在本書的「序言」的頭一句話說得清清楚楚：「這本書的主題是論列中國近百餘年來的社會文化對西方文化衝擊的反應。」當然，這裡蘊含著對於歷史和社會文化發展的處理問題。波拉克（F. Pollock）和梅特倫（F. W. Maitland）有名的警語說：「任何人企圖述說歷史中的一個事件，他必須感覺到當著他說第一句話時，他就是把歷史之無縫的網撕破了。這就是一切歷史的整一性。」我們知道，在歷史中是沒有克魯伯（A. L. Kroeber）等人所說的「恆常基本單位」的。所謂「歷史事件」與／或「歷史階段」，嚴格地說，只是語意的劃線（semantical circumscribing）。我們無法在所謂「這個歷史事件」和「那個歷史事件」，或「這個歷史階段」和「那個歷史階段」之間，劃出一條幾何的界線或邏輯的界線。「不盡長江滾滾來」，人類的歷史與社會文化自在那裡發展。把它劃分成什麼「事件」或什麼「階段」，這是後世歷史家的事。後世歷史家本著種種需要，根據它的某一或某些特徵（例如改朝換代）或社會文化裡可辨識的羅聚形態，而把它分作什麼事件或什麼階段。這，主要地是一種方便。依此，如果中國近百餘年來的社會文化之特徵包含著「『由十四世紀』到二十世紀」的社會文化特徵，那麼我就方法地拿前者作為對西方文化衝擊時反應的「基線」，而不再涉及其他。

(二)關於「本土運動」的類型問題

評者說：「……另一個概念是文化變遷階段中所產生的本土運動，不過，殷先生把本土運動只簡單的區劃為存續性的拒絕外來文化與同化式的吸收外來文化二大類，言下之意又頗以為前者不當，而以後者為健康，甚至認為在發動之初，後者固難免『反偶像的、浪漫的和有掃蕩性的，但卻富於衝力』，……似乎殷先生把本土運動分為這種對立的兩分法，造成了他對第二類的偏袒，……我們以為本土運動應該具有更多的類型，本刊上一期李亦園的〈東南亞華僑的本土運動〉（《思與言》三卷六期三四頁）即將Ralph Linton與Anthony Wallace的分類，合併為1.以傳統文化為重整目標；2.以外來文化為重整目標及3.以烏托邦為目標的三大類，每一類下又分為巫術的與理性的兩個分類，合成六個類型。殷先生只認明了巫術的以傳統文化為目標及理性的以外來文化為目標兩種，遂不能避免其中的偏倚和褒貶。」在以上的徵引裡，實在含有性質極不相同的兩種問題。一種問題是方法學方面的問題；另一種是價值觀念的問題。我現在分別展示於下：

1. 方法學方面的問題。在西方文化裡，大的哲學傳統常從思想的基本觀念和基本思想模式上影響科學的發展。自柏拉圖到亞里士多德的傳統是最顯著的樣品。自柏拉圖到亞里士多德，及順著這一條路下來的實在論者，把共相、類簇等等實化（reified），說他們「潛存」。這種說法頗影響後世許多學人對於喬琪（A. Church）所說的「抽象元目」的看法，因而使他們將一個玄學問題和方法論的問題攪混在一起。共相、類簇等等，是否「潛存」的問題，根本是一個玄學問題。這個問題和經驗知識的獲得毫不相干。我們要獲得經驗知識，必須運用認知的方法。在致知程序裡，我們所要求的是知識的果實；至於運用什麼方法，這完全視方便與否及成果之多少而定，毫無先驗的拘泥。依此，林頓先生對本土運動所作對分，及李亦園先生所作六分，固然是以經驗題材作基據，可是，既已建立以後，我們就不復「限於」把這二者看作對本土運動的「經驗記述」而已，而且還把二者看作兩種「建構」（constructs）。我們依照這些「建構」從事對別的本土運動思考和觀察，這才是對本土運動更作研究（further study）。也唯有如此，林、李二人的類型分別，才說得上是「類型」，而不是舉例。也唯有如此，文化人類學才有能成爲科學的希望。既然如此，於是我們在處理或安排本土運動這類事象時，究竟是採用林頓先生的分類，還是採用李亦園先生的分類，這全看需要如何而定。就我所要處理的本土運動的題材而論，只用林頓先生的分類就夠用，我看不出有採用李亦園先生的較細的分類之必要。因爲，義和團運動中沒有具支配力的烏托邦，五四運動裡更少。這好像你上咖啡廳時，如果只有二人，那麼只到雙人座上就哈好，用不著因爲有六人座空在那兒硬要佔上去一般。

2. 價值觀念的問題。前引評者謂「似乎殷先生把本土運動分爲這種對立的兩分法，造成了他對第二類的偏袒，……」「二分法」怎樣「造成偏袒」。這眞是不可思議！評者在這兒所說「二分法」只能有兩個意義：一個是「對分法」（bifurcation）：另一個是「二値法」（dichotomy）。「無論是那一個，都無法用作「偏袒」任何本土運動的工具。評者如果不信，不妨自行試驗一下。任何嚴格的方法都不助長任何價值觀念，亦猶它之不打擊任何價值觀念。方法對於任何題材都是中立的。評者又說：「殷先生只認明了巫術的以傳統文化爲目標及理性的以外來文化爲目標兩種，遂不能避免其中的偏倚和褒貶。」這一個「遂」字，眞不知從何說起？如果這個「遂」字可以譯成「於是」，那麼上述命題等値於「殷先生只認明了巫術的以傳統文化爲目標及理性的以外來文化爲目標兩種，於是不能避免其中的偏倚和褒貶」。在這個命題裡，前件既是「認明」，於是顯然是一認知的陳述詞（a cognitive statement）；後件「偏倚」和「褒貶」云云，所示顯然是一價值的述詞（a value statement）。這兩種不同質的陳述詞是分別屬於兩個不同的世界。前者有眞値（truth-value）可言；而後者則無。既然如此，我們怎能藉著區區一個「遂」字，輕輕從「殷先生只認明了巫術的以傳統文化爲目標及理性的以外來文化爲目標兩種」，溜到「不能避免其中的偏倚和褒貶」？在這一關聯中，評者充其量只能說我把本土運動只分作「巫術」和「理性」二種的分法過於簡略，不足以安排本土運動的全部事實題材。（這一點我在前面交代過，我不以爲然。）可是，無論簡略或不簡略，都是「認知」方面的事，這與價値判斷是下相干的。

然而，這並不是說，我對於「巫術」型和「理性」型這兩種本土運動避免作價値判斷，一點也不！我對於這兩種本土運動是作過「褒貶」的價値判斷的。不過，這是在我「認知了」本土運動以後才作的。例如，我不同意中國知識份子對義和團運動的「看法」；我也不同意理學式的反應，而是提出我自己的看法。在「認知了」本土運動以後再對它作價値的評論，不僅不妨害認知，也許有助於作價値判斷。我的的確確貶抑巫術武的本土運動。我的的確確看不中一切以學術面貌出現的義和團觀念。我的的確確認爲形形色色出自「我族中心觀」的言論不過是一股子烏煙瘴氣而已。總而言之，從各殊的參預（participation）出發的觀念和言論，我看不出有何顚撲不破的「眞理」可言。太空時代展現在我們面前，以地球做單位來考慮問題，我還嫌太小了！

㈢關於文化的「計劃」問題

評者說我「致憾於中國缺乏『文化份子』之比較精密的，多少有計劃的和有意識的努力，來建造適合基本要求的文化」。關於這一方面，評者提出一連串的問題：「至於殷先生所用『有計劃的』一詞，甚易引起疑問：誰做這個計劃？計劃的目標是什麼？如何保證『計劃』的實現？」評者接著又論斷道：「在原作者意中，也許這個計劃人應是知識份子的思想家（參看下冊第十五章）。不過任何提出主張的人豈不都曾經自己『有計劃』、『有意識』的思考？像原書使用的一類句法，恐怕往往就會爲自己造成『舍我其誰』的使命感。使命感加上兩分法最易滋生獨斷的精神。」

評者這一下打中了我的痛腳！可是，卻正好促使我認眞思考這個問題。對於這個問題，我一直沒有清晰的輪廓：現經評者提出，使我感到困難重重。但，作爲一個認眞的自由思想者，我不能停止，不能不在困難中努力尋求解答。當然，我並不是說我現在已經尋到解答。這個問題是現代人所面臨之最基本而又重大的問題。這個問題所包括的層面實在太多了，因此我們要求得到解答，所需學識和訓練也太多。我目前沒有解答這個問題所必須的學識和訓練。不過，這並不能阻止我認眞思考這個問題。評者現在所做的這一挑激，至少使我把這個問題型定（formulate）得清楚一些。這個問題，最後分析起來，就是羅素先生所提「自由和組織」的問題，乘以「現代人的夢魘」的問題。關於前者，可看B. Russell, *Freedom and Organization, 1814-1914*。關於後者，可參看金耀基先生所著〈現代人的夢魘〉一文，載在《出版月刊》第十期和他所提到的幾部小說。

對於這個問題，我的困難之核心在那裡呢？

在「內心懷抱的自由價值」和「現代群式生活形態」二者之日漸難以相容。

這個問題並非少數哲學家沉思的產品。我想，任何有相當知識及生活經驗的人，只要他不是一天到晚跳舞，只要他不是一天到晚打麻將，而是稍有時間獨處來把自己的生活回味回味，便可能會從他的內心發出這類問題的。我是一個自由主義者。自由主義是一個價值系統。我所懷抱的自由主義的價值系統，逼到最裡層，是英國十七八世紀的一種觀念。這種觀念，在如今看來，古典味兒頗濃了。依照這一路的思想發展下來，以個人為「萬物的權衡」（借用Protagoras的話，但把他的意義擴大），於是，對政司總存戒懼之心，對組織總親善不起來，視國邦主持的大計劃為天羅地網。海耶克（F. A. von Hayek）先生最近寫了一個論題The Results of Human Action But Not of Human Design。在這個論題裡，他批駁歐洲思想中笛卡兒派的「理性主義的建構主義」（rationalistic constructivism），反對順著這一路的思想下來的計劃主義，而力言自發活動對社會演進的重要。他在*The Constitution of Liberty*第一部也力陳出於自發活動的調整性的演進對自由之重要。波柏爾（K. R. Popper）先生在他的名著*The Open Society and Its Enemies*，力言「烏托邦式的社會工程」的危險，而主張「點滴的社會工程」。這類思想，更加深了我對理知的自由主義的蘊懷。

然而，時至今日，我們實際置身於其中的是怎樣一個境況呢？我們的群式生活愈來愈組織化，於是而有懷特（W. H. Whyte Jr.）所說的「組織人」出現。就西方世界而論，許許多多西方人現在依然抱持個人主義的觀念，並且自以為是過著個人主義的生活；可是，一究其實，他們現今所過的生活是集體的。（參看懷特的名著*The Organization Man*。）依穆勒斯（C. Wright Mills）所想像的「奴隸船」，我們更可以有機器似的「訓練人」（discipline man）在這樣的船上，一切船奴的動作都合船主的規律，所以連執鞭以策的人都不太需要。這些局勢的形成，都是前人始料所不及的。在這種局勢之下，個人的活動能量相對地愈來愈小，而機器的活動能量相對地愈來愈大。於是，「計劃之神」愈來愈膨脹。在這樣時情形之下，古代遺留下來的自發活動的餘地越是被政司計劃與官辦制度所取代。既然如此，自由的價值怎樣保持和發揮？如何自由地創建自由的文化？我現在沒有能力解答這種問題。我祇是趁此機會將這種問題提出，讓有聰明才智之士大家認眞思考一下。

(四) 民主和自由的形式與內容問題

評者說：「第十二章『民主與自由』是殷先生對自由的重要分析。殷先生認爲民主與自由是兩種不同的東西，其歷史的發展卻不能截然劃分（470頁），不過殷先生把自由與民主配合成四種可能的正反組合，以爲居然還有『有民主而少自由』的制度，則似乎把形式上的假民主當了眞，也忽略了自由必須靠表現個人意志的民主來維護（472頁）。殷先生在比較民主的優點時，即於『數頭而不必砍頭』之外，提出『民主政制比較接近自由』，於『民主政制能使大家熱心公共事務』之外，提出『鎮制權的使用受到限制』（四八一—四九〇頁）。其中第二、第四兩點即在說明自由之民主保障。若然，殷先生把民主自由作正反四種組合，不免犯了純粹形式主義的毛病。」

當讓到這一段的時候，不禁懷疑評者是否看清楚了這一章的結構，我更懷疑評者是否吸進了這一章的意涵。第一，我要表示的，是我不願用「眞民主」和「假民主」這種詞彙。爲什麼呢？中國文化是一個泛價值的文化。因此，表現在語言文字方面的滿是價值和情緒染色。這種語言文字用久了，如果習而不察，便把價值和情緒染色帶進來，極其妨害純粹的認知作用，並且嚴重地阻挫著蘭格（S. Langer）女士所說的「析理式的討論」（discursive discourse）。當著一般中國文化份子用「是」、「非」、「眞」、「假」這類字眼的時候，往往將認知方面的「符合」或「不符合」，跟價值方面的「要得」或「要不得」混絞在一塊兒。這種情形使交通倍增困難。所以，只要情況許可，我總是儘可能避免在這類上下文裡用這類字眼。復次，如果「眞」和「假」之類的字眼用起來時不和價値判斷截然分開，那麼極易引起不必要的糾紛。臺北信義路至少有兩家「南京板鴨店」。他們互相指責對方是「假」的，不是「從南京搬來的」。這種爭吵，如果不是毫無意義的話，只有法律手續的意義，或歷史考證的意義。可是，這類意義，對於我們顧客又有什麼意義呢？我們顧客只問那一家的鴨子肥嫩。至於它是否「從南京搬來的」歷史問題，跟我們的口味之所好有什麼相干呢？當然，我並非說評者所謂「眞民主」和「假民主」沒有分別，正如所謂「眞南京板鴨」和「假南京板鴨」所做的板鴨可能同樣好吃之沒有分別一樣。我們可以承認，評者所說的「眞民主」和「假民主」二者不同。但是，這二者之不同，主要在「內容」而不在「形式」。這是我特別強調的地方「如果我們不注意到實質，而斤斤於「眞假民主」之辨，那麼可能陷於唯名主義（**nominalism**）之爭。唯名主義之爭，往往是空洞的！無謂的！

評者之所以對於我所說的自由民主問題作了前段所引的論斷，除了可能因係沒有看清楚我的那一章，並且可能因爲沒有吸進那一章的意涵以外，還可能因爲未曾接觸過這本「重要的著作」（借用海耶克先生語）：J. L. Talmon, *The Origins of Totalitarian Democracy*, New York。當我初次接觸這書時，看到它把「極權的」這個我深惡痛絕的形容詞和我心愛的「民主」聯在一起時，內心的不快眞是難以言傳。多少年來，我夢寐以求自由民主，正在自由民主的影子離我是那麼遙遠時，忽然又出現了所謂「極權的民主」，我實在沮喪極了！這本書嚴重地打擊著我所持的民主信念，攪亂了我在這方面的思想秩序，當然也使我內心的情緒一時失去平衡。碰到這種關頭，正是決定人的高下之分的時際。正如英國大史學家柏利（J. B. Bury）所謂人總不願他的思想秩序攪亂。大多數人敢於正視他們身體方面的傷害。當著他們的身體受到傷害時，往往毫不遲疑地求救於醫生。可是，說來有趣得很，大多數人的心靈受到橫逆時，反應的方式常常是「迴避」，或隨便抓一個「理由」糊過去算了；有的人甚至拒絕就醫。比方說，如果這裡有一位教師被學生問倒了，那麼他的反應通常是先一臉紅，然後說「我的年齡此你大一倍還多，當我做教授時你還沒有生，難道我沒有你懂？」有種人士可能時常自覺是「學術名流」、「老資格」。他們碰到這種場面，很可能板起面孔說：「這個問題，我在四十年前就知道了，你還是多多讀書再來談。」這樣一來，他們得救了，可是差不多的青年的求知慾就被阻嚇住了。人只要不把「是非眞假」（認知的意義的）之辨列爲最優先的考慮和最後的考慮，並且時時刻刻勤而習之，那麼要自衛和自欺的話，實在是廉價得很。我碰到「極權的民主」，在相當時間以內，心思上經過痛苦的掙扎。終於，我調整了自己心思上的秩序，撇開自己的基本情緒的困攪，毅然接受認知的果實。依照陶勒曼（J. L. Talmon）的研究，民土有兩個類型，一是「自由的民主」；另一是「極權的民主」。從十八世紀以來，這兩種民主一直是手牽手地同時存在的。自由的民主的基礎是經驗主義。極權的民主是彌賽亞式的；它和開空頭支票及作偉大的諾言常不可分。當然，二者之間的歧異，構成了近代及現代世界的緊張。相對於專制君主制度而言，我們不能不說二者都是民主形式。但是，自由的民主類型既具備民主形式又有自由的內容；極權的民主類型只有民主形式而無自由的內容。（不用說，這個樣子的民主是我們不敢當的。）依此，有民主而無自由的情形，並不可怪。依此，我說的自由和民主的四種排列組合，固然是出於形式的思考，但卻有經驗的內容與之平行。

雖然，評者因對自由和民主未曾深究而有上述誤解的地方，但是，既然評者提出了那樣的看法，可能一方面是由於我在某些關鍵之處的表達有問題，或者並沒有交代清楚。關於這方面的種種，我希望在將來有機會作一番整理。

(五)我「把自己的信念作為預測的依據」麼？

評者說：「第十三章『世界的風暴』，主要用於討論當代共產集團的弊病和由他們造成的災害，也討論了這個問題與近代亞非各地的民族主義。他並指出這些災害中包括泛政治主義及爲目的不擇手段。不過殷先生又樂觀的把自己的信念作爲預測的依據，認爲狂瀾已在退落，而且宣稱『歷史在自由的一邊』（五三三—五六〇頁）。他的樂觀也許會造成大眾的鬆懈——但願這只是杞人憂天！」。

這像是「猜心事」，不是論證法。評者要決定我所說「狂瀾退落」之論是否爲眞，在方法上不可過問我有否把「樂觀」或「悲觀」攙雜在文字裡，而是可只審察我作這種論斷時所根據的論據（arguments）是否爲眞。如果我所用論據爲眞，那麼建立於其上的「狂瀾退落」之論邏輯地亦必爲眞，不然便假。現在，讓我們來審察我所用以支持「狂瀾退落」之論的論據：㈠天堂的幻滅；㈡向眞理低頭；㈢向事實低頭；㈣人生的覺悟。如果這四者爲眞，那麼「狂瀾退落」之論也眞。今這四者爲眞，所以「狂瀾退落」論爲眞。評者如果要否認「狂瀾退落」論，就得把這四個論據一一推翻才行。現評者不此之圖，對於上述論據一字未提，只拿「樂觀」詞令輕描淡寫地帶過去，這未免太輕鬆了！復次，本書原文並未說「歷史在自由的一邊」，而是說的，「歷史應在自由這一邊」（五五九頁，十一行，標題）這一個「應」字如何漏得？評者自己創造的「歷史在自由的一邊」是一個「事實陳述詞」（factual statement）。我本人所說的「歷史應在自由這一邊」則是一個帶有價值觀念的應迫詞（imperative）。二者之質異，可謂風馬牛不相及也！

六

評者對於《中國文化的展望》一書的論評固然有前面所說可評的地方；但是，也有幾點對於釐清我在本書所涉及的若干觀念確乎頗有助益。因此，無論怎樣，我覺得我應該感謝評者。當然，我在這篇文章裡，對於他的評論還有些論點沒有討論到。例如，評者認為我分別用「理由」和「原因」來論斷保守主義，「似乎有褒理由，貶原因之嫌，犯了感情用事的毛病。」這又是一個「似乎」的誤會。這樣的「似乎」的誤會，也許是由於評者平素對理論哲學（theoretical philosophy）少有接觸的興趣，於是不太瞭解「理由」和「原因」二者的意涵。至少，在我用這兩個名詞時，我是沒有把價值及感情夾帶進來。不過，諸如此類的問題，如要分析起來，那又會「說來話長」。我這篇文章已經夠長了。我還是收尾吧！

——原載於一九六六年七月十五日《思與言》雜誌四卷二期

國家圖書館出版品預行編目資料

中國文化的展望／殷海光著. -- 初版. -- 臺北市：五南，2020.07
冊；　公分
ISBN 978-957-763-906-6(上冊：平裝). --
ISBN 978-957-763-907-3(下冊：平裝)

1.中國文化

541.262　　109002356

1C18 殷海光精選輯 03

中國文化的展望（下冊）

作　　者 — 殷海光
發 行 人 — 楊榮川
總 經 理 — 楊士清
總 編 輯 — 楊秀麗
系列策劃 — 楊榮川
副總編輯 — 黃惠娟
責任編輯 — 高雅婷
校對編輯 — 張耘榕
封面設計 — 姚孝慈
出 版 者 — 五南圖書出版股份有限公司
地　　址：106台北市大安區和平東路二段339號4樓
電　　話：(02)2705-5066　　傳　　真：(02)2706-6100
網　　址：http://www.wunan.com.tw
電子郵件：wunan@wunan.com.tw
劃撥帳號：01068953
戶　　名：五南圖書出版股份有限公司

法律顧問　林勝安律師事務所　林勝安律師

出版日期　2020年7月初版一刷
定　　價　新臺幣320元